グローバル化のなかの異文化間教育

異文化間能力の考察と文脈化の試み

西山教行／大木 充

〈編著〉

明石書店

まえがき

グローバル化する社会と異文化間教育

　本書は、グローバル化する社会における異文化間教育の課題を外国語教育や教育学の視点から論じるものです。グローバル化する社会と異文化間教育の間にはどのような関係があるのでしょうか。そこで、まずグローバル化とは何かを概観することから始めましょう。その上で、本書の各論を簡潔に紹介し、グローバル化と異文化間教育にはどのような関係にあるのかを考え、本書のまえがきにかえたいと思います。

「グローバル化」をめぐる二つの考え方

　日本語の「グローバル化」とは英語の globalization の翻訳で、外来語の例にもれずカタカナで表記されています。2006年に国立国語研究所は globalization に「地球規模化」という訳語を提唱しましたが、現在まであまり普及している形跡はありません。「地球規模化」という日本語は英語でのglobalization の語義をきちんと伝えるだけに、この訳語が一般化していたならば、それは「グローバル化」をめぐる現在の議論にも影響を与えていたに違いありません。「グローバル人材」という用語が「地球規模人材」となっていたのかなど、いささか疑わしく思います。

　これに対して、フランス語の世界では事情がすこし異なっています。フランス語にも英語の直訳借用である globalisation（グローバル化）という単語もありますが、その一方では、monde（世界）から作られた mondialisation（世界化）という単語もあり、この二つの単語の意味は明確に異なっています[1]。そこでこの二つの語義の違いに注目して、グローバル化の意義を探ってみましょう。

---

1 この前書きを執筆するにあたり、つぎの論考を参照しました。Cynthia Ghorra-Gobin (2014), « Comment les Anglo-Américains comprennent la mondialisation et voient le monde ? La mondialisation vue par les Anglo-Américains et par les Français », Diploweb.com : Géopolitique, stratégie, relations internationales et cartes ; https://www.diploweb.com/Comment-les-Anglo-Americains.html 2018年11月28日参照

フランス語に固有のmondialisation（世界化）とは経済活動だけではなく、社会や個人の生活の様々な局面に関わる複層的な概念であり、現代世界が「一つの世界」に向かうといった時空の縮約化を喚起するものです。「世界化」とはこれまでのように世界を国民国家の集合体として表象するものではありません。国境が消失し、また、その壁が限りなく低くなったことから、世界が「一つの領土」になっていると措定するものです。「世界化」の動きは国境を越えて留学をする学生の世界観にも認められるもので、移動をする学生は国境を越えるなかでアイデンティティを形成し、一つの国民の枠組みを超えようとしています。またヴァーチャル空間であるインターネットの世界も「一つの領土」を作っているという点では、「世界化」が具体的に出現した世界の一つです。

　一つの世界を目指す動きは21世紀になって初めて現れたものではありません。実に、15世紀以降の大航海時代から世界は一つに向かっており、新大陸の覇権や植民地の拡大も一つの世界へのプロセスと考えることができます。そしてフランスの地理学はこのmondialisation（世界化）という概念が、ローカル、地域、国、ヨーロッパ、ユーラシア大陸、世界という一連の空間の配置を段階的に包摂するものと捉えています。

　これに対して、globalisation（グローバル化）はもっぱら資本主義のある形態を追求する運動で、とりわけ新自由主義のイデオロギーのもとに進展している経済社会に結びついているものです。そこではデジタル革命により全世界がリアルタイムで結びつき、自由自在にコミュニケーションを行うことができるようになったために、ヒトやモノの流通が飛躍的に高まり、多国籍企業はその恩恵を享受し、経済活動を全世界に展開しているのです。このようなデジタル革命に支えられた発展に類似した経済活動はこれまでの歴史に認められないもので、21世紀になって初めて出現したと主張します。またglobalisation（グローバル化）の言説は、ローカルな価値観や文化が越境的な価値観や文化に次第に代替される動きを是認する傾向にあります。コカコーラやマクドナルドといったアメリカ起源の大衆型消費文化が世界を席巻しているのはその一例でしょう。このようにグローバル化をめぐり、「世界化」と「グローバル化」という二つの用語は世界の異なる現実を捉えているようです。

グローバル化と異文化間教育

　ではグローバル化をめぐる二種類の言説は本書が展開する異文化間教育とどのように関連しているのでしょうか。一つは、国境で隔てられていた世界が一つになり、人々の移動にともない異なる他者との出会いが生まれるという視点があります。また一方では、新自由主義イデオロギーのもとに、市場の自由競争が効率化をうながし、その自由競争は全世界にリアルタイムで展開するため、国際的競争力に優れた人材を育成する必要があり、そのような人材には異文化との対応能力が求められると語られています。このような観点では「世界化」と「グローバル化」のいずれをも異文化との出会いを無視することはできません。そこでグローバル化と異文化間教育の関連を確認したことを受けて、つぎに本書の各論を紹介します。

　張論文はこれまであまり注目されることのなかった20世紀前半のアメリカの教育者レイチェル・デュボワ（1892 – 1993）の教育思想を再評価し、デュボワの訴えた相互文化教育の現代性に焦点を当てます。グローバル化する現代世界に先駆けて、多様な民族や文化が集結したアメリカは、異なる人をどのように認識し、共生を考えたのでしょうか。本論文は他国に先駆けて「一つの世界」となったアメリカ社会を対象とする研究です。

　大木論文はグローバル化した現代社会の中での教育を正面から論じるものです。ここで前提となるグローバル社会は必ずしも経済的局面に限定されるものではありません。本論文は越境する人々や情報が生み出す異なる文化の所在に私たちのまなざしを向け、そこでの異文化間教育の重要性を訴えるものです。

　細川論文はグローバル社会の中での異文化間教育を論じるにあたり、その前提となる日本社会や異文化間教育、さらにはことばの教育や学習とは何かといった、より根源的な課題を論じます。

　西山論文もまたグローバル社会を正面から論じるものではなく、自らの越境体験を分析することにより、異文化間能力の所在がきわめて個人的なレベルに展開することを例証しています。

　『ヨーロッパ言語共通参照枠』（CEFR）の著者の一人であるダニエル・コストはそのインタビューで異文化間能力を越境する文化や他者との関連から論じ、グローバル化した社会が様々な他者から構築されていることを解明し

ます。ここでのグローバル社会は経済的局面に触れるものではなく、フランス語の「世界化」mondialisation の言説に連なるものです。

第二部の鳥飼論文はタイトルに「脱グローバル時代」を掲げることから推測のつくように、グローバル化を新自由主義的なイデオロギーに支えられた経済活動の一環と捉え、そこから発生した「グローバル人材育成」を批判的に乗り越え、多言語多文化社会へ向かう外国語教育を探求するものです。

英語教育を対象化する仲論文はグローバル化した現代社会を所与のものと捉え、その中での英語教育に認められるコミュニケーション能力観を批判的に検証します。グローバル社会において英語は誰にでも理解され通用する理想的な言語であり、この言語だけを習得することが理想的なコミュニケーションの実現に結びつくのでしょうか。

ドイツの言語教育研究者のメルケルバッハは越境する移民を包摂するヨーロッパ社会の言語教育を論じ、グローバル化によって生まれつつある一つの世界の実態の解明を試みます。

フランス語教育学者ベスのインタビューは異文化間能力を外国語教育の教室での実践から洞察し、異なる他者への関心や配慮をはぐくむ言語教育を構想するもので、新自由主義経済の進める世界観とは異なる観点に関わり、一つの世界へと向けた外国語教育の取り組みを提唱するものです。

これに対してスイスの言語教育学者リュディの論文はヒトやモノの移動が加速する現代社会のなかでの移民の複言語能力に焦点を当てるもので、世界化した社会のなかで経済活動を担う移民の言語能力を明らかにするものです。

斎藤論文はヨーロッパから一転して、アジアの都市国家シンガポールへとまなざしを向けます。シンガポールは多民族の移民社会として既に「一つの世界」を実現した国家であり、その意味で、異なる他者との共生を生きる社会を経験しています。このような社会にある学校教育のなかで、多文化政策をどのように実現することができるのでしょうか。

本書の末尾を飾るイギリス人言語教育学者のケリーはEUという「一つの世界」のなかでの異文化間教育を論じ、イギリスの学校教育における異文化間教育の重要性を検討します。

このように本書はグローバル化した現代社会のなかの異文化間教育を様々な局面から解明するものですが、決して一つのモデルを提示するものではありません。むしろその多様性を示すもので、読者が多様な異文化間教育の広

まえがき

がりを実感し、その上でそれぞれの文脈にふさわしい異文化間教育を構想する一助となれば、編者として望外のよろこびに思います。

なお本書は、2016年3月29日に実施した国際研究集会「異文化間教育の文脈化をめぐって」の成果の一部であり、科学研究費補助金基盤研究B「異文化間能力養成のための教材と評価基準の開発およびその有効性の検証」(代表　大木充)の助成を受けた研究の一部です。

西山教行

目次

まえがき（西山教行） ………………………………………………… 3

第1部　グローバル化する社会と異文化間教育

第1章　アメリカの相互文化教育運動に対する再評価（張　漢業）
1. 初の相互文化教育学者デュボワ ……………………………………… 14
2. 相互文化教育の政治・社会的背景 …………………………………… 16
3. デュボワの相互文化教育運動 ………………………………………… 17
4. 集会プログラムと集団対話 …………………………………………… 20
5. 相互文化教育に対する評価 …………………………………………… 24

第2章　異文化間教育とグローバル教育（大木　充）
1. はじめに ………………………………………………………………… 29
2. 異文化間能力とグローバル・コンピテンス ………………………… 31
3. 異文化間教育とグローバル教育 ……………………………………… 35
4. 異文化間教育の必要性はますます高まっている …………………… 37
5. 異文化間教育の実践 …………………………………………………… 39
6. 異文化間能力の評価 …………………………………………………… 45
7. これからの異文化間教育──他者との差異から学ぶ ……………… 50

第3章　日本社会と異文化間教育のあるべき姿（細川英雄）
はじめに …………………………………………………………………… 55
1. 異文化間能力とは何か ………………………………………………… 56
2. 「異文化間能力」は教えられるのか──テーマ生成のための場づくりの可能性 … 63
3. 改めて「日本社会」とは何か ………………………………………… 65
4. 「この私」の世界観をつくる──「よく生きる」という市民性の課題へ ……… 66

目 次

第4章　異文化は理解できるか──私の生きた異文化間性をめぐって（西山教行）
1．私にとってのフランス語のイメージ …………………………………… 71
2．ルワンダからみたフランス語 …………………………………………… 73
3．ギニアからみたフランス語 ……………………………………………… 79
4．フランス語教育・普及の倫理 …………………………………………… 82
5．セガレンから考える「異文化」 ………………………………………… 85
6．結語として ………………………………………………………………… 88

編者インタビュー　Part 1（ダニエル・コスト、倉舘健一訳）
外国語教育を支える異文化間能力の育成 ……………………………………89

第2部　外国語教育と異文化間教育

第1章　脱グローバル時代の英語教育に求められるもの（鳥飼玖美子）
1．はじめに …………………………………………………………………… 106
2．「グローバル人材育成」政策が生み出したもの ……………………… 107
3．グローバリゼーションの逆流 …………………………………………… 115
4．多文化多言語共生社会における英語教育 ……………………………… 118
5．これからの英語教育への試案 …………………………………………… 122

第2章　英語教育を越えて──異文化間教育は幸福に満ちているか（仲　潔）
1．はじめに …………………………………………………………………… 129
2．英語教育の教育観とコミュニケーション能力観 ……………………… 130
3．コミュニケーション能力観を問う ……………………………………… 137
4．道徳教育との連携 ………………………………………………………… 142
5．排除される学習者たち …………………………………………………… 145
6．おわりに …………………………………………………………………… 149

第3章　教育の潜在的葛藤場面における異文化間能力と言語能力
　　　　　　　　　　　　　　　（クリストフ・メルケルバッハ、大山万容訳）
1．導　　入 ………………………………………………………………… *151*
2．背　　景 ………………………………………………………………… *152*
3．教育環境における伝統的なパラダイム ……………………………… *153*
4．なぜ母語教育か ………………………………………………………… *156*
5．言語政策の新しいパラダイムの必要性 ……………………………… *159*
6．第3言語の習得 ………………………………………………………… *161*
7．文化的に規定されたプロセスとしての学習 ………………………… *163*
8．言語カリキュラムの課題 ……………………………………………… *165*
9．結　　論 ………………………………………………………………… *166*

編者インタビュー　Part 2（アンリ・ベス、関デルフィン訳）
　　　コミュニケーション能力と異文化間能力の関係 …………………… *172*

第3部　諸外国における異文化間教育

第1章　移民の複言語能力──受け入れ社会にとっての課題と利点（スイスの視点から）
　　　　　　　　　　　　　　　（ジョルジュ・リュディ、大山万容訳）
1．文　　脈 ………………………………………………………………… *182*
2．統　　合 ………………………………………………………………… *183*
3．「単一言語イデオロギー」に対抗する ……………………………… *186*
4．複言語主義の相補性モデル …………………………………………… *187*
5．複言語主義の利点 ……………………………………………………… *190*
6．コミュニケーション方略と複言語話法 ……………………………… *192*
7．異文化間教育 …………………………………………………………… *194*

第2章　多民族社会・移民社会における異文化間教育
　　　　　　　　──シンガポールの社会科教材から考える（斎藤里美）
　1．はじめに ……………………………………………………………… 200
　2．シンガポールの多文化政策とその歴史的、社会的背景 ………… 201
　3．シンガポールの高校社会科教育と多文化教育の位置 …………… 204
　4．官製シチズンシップとしての多文化リテラシー ………………… 206
　　　── *Upper Secondary Social Studies* にみる「多様性のための教育」
　5．おわりに ……………………………………………………………… 216

編者インタビュー　Part 3（マイケル・ケリー、松川雄哉訳）
　　EUにおける社会的状況と異文化間教育 ………………………………… 217

　あとがき（大木　充）…………………………………………………… 233
　著者・訳者紹介 …………………………………………………………… 236

第1部

グローバル化する社会と異文化間教育

第1章

アメリカの相互文化教育運動に対する再評価[1]

張　漢業（チャン・ハノップ）

1．初の相互文化教育学者デュボワ

　一般に、アメリカ、カナダ、オーストラリアのような英米圏では多文化教育が盛んで、ドイツ、フランスのようなヨーロッパ圏においては相互文化教育[2]（異文化間教育）[3]が盛んである（Meunier, 2007: 18）。ドイツは1960年代の外国人教育学（Ausländerpädagogik）の限界を克服するために相互文化教育を実施し、フランスは1970年代中盤に出身言語文化教育（enseignement de la langue et de la culture d'origine, ELCO）を通して相互文化教育を実施した。この二つはいずれも移民家庭の子女の言語問題と学業に関連したものであった。このように相互文化教育が学校現場から出発したことにより、その

1　この論文のための研究は、2014年政府（教育部）の財源による韓国研究財団の支援を受けて行われた。
2　フランスは1989年に起こったイスラム・ヒジャブ事件（ムスリムの少女がヒジャブを付けていたために、宗教的中立性に反するとの理由で登校を拒否された事件）以降、「相互文化的」という用語を教育部公文書で追放した状態である。だが、フランスは相互文化教育を発展させるのに大きく寄与した国であり、現在はこの教育を公式に中断した状態ではあるものの、市民性教育など多様な形で継続させている。
3　韓国でinterculturalは「相互文化」（정영근（チョン・ヨングン）2001、張漢業（チャン・ハノップ）2014)、「間文化」（허영식（ホ・ヨンシク）2015)、「文化間」（김진석（キム・ジンソク）2015）等と訳されている。しかし、最も広く使われている訳語は「相互文化」である。その主たる理由は、この用語が「間文化」や「文化間」に比べ躍動的な意味を伝達するからである。参考として、日本では「異文化間」、中国では「跨文化」と訳されている。

第1章 アメリカの相互文化教育運動に対する再評価

方向性の設定や実施は非常に恣意的で不安定なものであり、様々な問題点が現れた。その代表的な問題点としては、相互文化教育を移民問題と直結させること、用語を無分別に使用すること、問題に対して非常に感情的なアプローチをすること、文化的要因だけを強調して他の要因を疎かにすることがある（Abdallah-Pretceille, 1999: 45-51）。しかし、相互文化教育は 1980 年代に入って真剣な省察の対象となり（Porcher, 1981; Abdallah-Pretceille, 1986）、1990 年代にはある程度その枠組みが整い始めた（Clanet, 1990; Ouellet, 1995; Demorgon, 1996）。このようにドイツとフランスが相互文化教育を発展させ、欧州評議会がこれを広めたことで、人々は「相互文化教育」と言えば、即座にヨーロッパを思い浮かべるようになった。

　しかし、アメリカにも相互文化教育運動はあった[4]。そして「相互文化教育」という用語を初めて使用した国はアメリカであった。この用語は、1935 年にアメリカの女性教育学者 レイチェル・デイヴィス・デュボワが進歩教育協会内に相互文化教育臨時委員会を設置することによって初めて使用された。デュボワは「相互文化教育」という名前だけを作ったのでなく、自身が開発した全校集会プログラム（School Assembly Program）[5]と集団対話（Group Conversation）を通して、1920 年代中盤から数十年間に渡って相互文化教育運動を活発に展開した。そのため Montalto（1982）は「相互文化教育はレイチェル・デイヴィス・デュボワという名前と事実上同義語」（ibid. :77）であると述べ、彼女を少しでも知る人は彼女を呼ぶとき、迷わず「相互文化教育の創始者、相互文化教育の最も偉大な闘士」（Plasta, 2011: 89）と呼ぶ。しかし、残念ながら「デイヴィス・デュボワは今日においてそれほど記憶されてない」（Lal, 2004: 18）。さらに同国の多文化教育学者でさえ彼女の活動と業績についてほとんど言及しない。結局、デュボワは 1930 年代「相互文化教育」という用語を作り、相互文化教育運動をその誰よりも情熱的に展開したにもかかわらず、ヨーロッパの相互文化教育学者の間ではほとんど知られることがなく、また、同国アメリカの多文化教育学者たちにも満足に認められるこ

---

4 Banks（2004: 754）はアメリカの相互文化教育運動のなかに、デュボワの相互文化教育以外にスプリングフィールド計画（Springfield Plan）、協力学校内集団間教育計画（Project in Intergroup Education in Cooperation Schools）を含める。しかし、ここでは筆者はデュボワの相互文化教育を中心に議論を試みる。
5 学生を講堂などに集めて行う集団活動のこと。

とのない「悲運の教育者」であると言わざるを得ない。

これを受けて筆者は、彼女の相互文化教育運動をさらに詳しく調査し、それを現代において再評価したいと考える。

2．相互文化教育の政治・社会的背景

アメリカは代表的な移民国家である。しかし、アメリカ人の移民に対する態度はその集団と時期によって大きく異なる。19世紀前半までの移民は、主にイギリス、ドイツ、オランダ、スウェーデンなど、北ヨーロッパと西ヨーロッパから入ってきた。彼らの文化的、言語的多様性は承認されるだけでなく、奨励された。しかし、19世紀後半になり、南ヨーロッパ、中央ヨーロッパ、東ヨーロッパから移民が大挙入国してくるとアメリカ人の態度は急激に変化した。アメリカ人は、移民が自分たちより知的にも道徳的にも劣ると考え、自身の文化に同化させることを要求した。1881年から1914年までに約2,200万人の移民が押し寄せると、同化の圧力はより一層強まった（Banks, 2004: 754）。これは、この時期に流入してきた人々が民族的にも宗教的にも大きく異なっていたためである。彼らは、主流アメリカ人とは違って、カトリック、ユダヤ教、イスラム教、ギリシャ正教、ロシア正教を信じる人々であった。このような同化の圧力は、1892年から強要した「国旗に対する誓い」(Pledge of Allegiance)、イズレイル・ザングウィルが1908年に公開した「メルティング・ポット」という演劇にもよく表れている。1914年、第1次世界大戦が起こると、アメリカ人は新しく入ってきた移民たちを疑い、警戒し始めた。これらの移民たちは聞き慣れない言葉を使い、非アメリカ的と思われる文化的、宗教的、政治的信念と伝統を有していたためである。第一次世界大戦後の1921年と1924年には移民を制限する法律をも通過させた。1920年代および30年代、ヨーロッパが全体主義体制になると、すぐに主流アメリカ人はこれを民主主義に対する脅威と考え、移民にアングロ・サクソン系の価値と行動を受け入れることを再び強要し始めた。1920年代にはホレイス・カレンをはじめとする一部の学者たちが文化多元主義（cultural pluralism）を掲げて同化主義を批判したりもしたが、当時の文化多元主義は、メルティング・ポットの理念と同様、アフリカ系アメリカ人、アジア系アメリカ人、アメリカ先住民は含んでいなかった。このように、アメリカ内の同化主義は

1950年代の市民権運動、1960年代末の多文化教育が出現する前まで続けられた。アメリカの相互文化教育運動は、このような同化主義に対抗して、すべての民族集団の業績と寄与を認め、平和に生きていくことを推奨するために出現したのである。

3．デュボワの相互文化教育運動

　アメリカの相互文化教育運動の先駆者であるデュボワは、上述した時代的背景の中で生まれ育ち、活動した。彼女は1892年アメリカ、ニュージャージー・ウッズタウンの篤実なクエーカー派の農場で生まれた。クエーカー派および農場という二つの要素は、彼女の人生に大きな影響を及ぼした。クエーカー派の教理は、すべての人が神の前で平等であり、自分のなかに内在した神性を発見すればすべての者が救われるというものであったが、彼女はこのような平和主義的教理によって、人間関係において愛の力がどれほど大きいものであるかを伝えることに生涯を捧げた（Montalto, 1982: 77）。家族の農場には、特に黒人とイタリア人労働者が多く、デュボワは彼らが仕事をし、遊び、歌を歌うのを見ながら育った。彼女は「この経験は人種関係と相互文化教育に対する私の生涯における関心の始まりだったと思う。私の関心は異なった背景を持つ人々がそれぞれの持つ伝統のなかで最上のものを共有することで、より豊かな文化を作り、さらに、それを楽しむことを推奨することだった」（Dubois & Okorodudu, 1984: 5）と回顧している。

　デュボワは1914年に教師としてある高校に赴任したが、1920年に辞職し、その年ロンドンで開催された第1回国際クエーカー学術大会[6]に参加した。彼女はこの大会を通して、シカゴ人種暴動[7]に関して詳しく知ることとなり、一生を平和運動に捧げることを決心した。1922年にはハーグで開催された国際女性学術大会に参加し、ここでは戦争の弊害と女性の役割を新たに認識することとなった。彼女は1924年、フィラデルフィア年次総会の要請でサウスカロライナにある黒人学校を訪問した。この訪問は、デュボワがア

---

[6] 原語は"International Conference of Friends"。クエーカー派が互いを「ミスター」の代わりに「フレンド」と呼ぶことから名付けられた名称である。
[7] 1919年夏にアメリカ各地で白人によるアフリカ系アメリカ人への暴動が起きたが、シカゴでは特に多くの犠牲者を出した。

メリカ黒人の悲惨な生活を実感する良い機会となった。当時彼女は雑誌 *The American Mercury* に掲載された W.E.B.デュボイスの「人種と戦争」と題された論考を読み、「平和と戦争の核心的問題は人種問題」であるとの事実を悟った。1924 年 9 月、彼女は新しい教育哲学を持ってニュージャージーにあるウッドベリー高校に赴任し、校長の要請により、1925 年から 1926 年の学期中に実施するための全校集会プログラムを開発した。この集会プログラムは彼女の相互文化教育運動の始まりであり、核心であった。このプログラムについての詳細は後述する。

　1929 年、デュボワは人間の態度の変化に関してさらに研究しようと、学校を辞し、コロンビア大学教育学部に進学した。そこで彼女は、フィラデルフィアとその近隣 9 つの学校で、1929 年から 1930 年学期中に、4,000 人を対象として集会プログラムの効果を調査した。この調査から、人種や民族に対する学生たちの態度を変えるためには、何もしないよりは読書教材を使うほうが良く、集会プログラムを行えば、それよりもさらに良い効果が得られることを立証した。彼女はこの過程で、少数民族に関する教材が非常に不足している事実を知った。この問題を解決するために、デュボワはニューヨーク市にある中国文化院、日本文化院、アメリカ黒人地位向上協会など様々な団体を訪問し、膨大な資料を収集し、それらを多くの学校に提供した。彼女は「おそらく公立学校用の民族教育教材を開発した初のアメリカ人教育者」(Montalto, 1982: 92) であった。1933 年春学期にデュボワがボストン大学で行った講義は、アメリカの大学で行われた初の相互文化教育の講義であった。以後数年間、彼女はニューヨーク大学、コロンビア大学、テンプル大学、サンフランシスコ州立大学などで相互文化教育について教えた。そして、1934 年にコロンビア大学教育学部で社会心理学修士の学位を受け、当大学の支援のもとで、人間関係教育支援センター[8]を設立した。このセンターの目的は、「文化的、人種的集団間における共感的な態度を開発するために、学校に情報を提供して全国の教師たちからこの分野で成功を収めた活動事例を収集すること」(Dubois, 1936: 393) であった。このセンターは全国的な「初の相互文化教育組織」(Banks, 2004: 759) であった。1935 年 12 月には進歩教育協会

8　このセンターの名称は、1936 年「相互文化教育支援センター」(Service Bureau for Intercultural Education)、1943 年には「相互文化教育センター」(Bureau for Intercultural Education) に変更された。

が相互文化教育に大きな関心を見せ、その傘下に一つの分科会を作ることを提案した。デュボワはこの分科会を「人間関係教育分科会」と呼びたかったが、数ヶ月前に協会内に人間関係委員会を既に作っていたことから、その名前は採用できなかった。その代替案として出たのがまさに「相互文化教育分科会」である。この出来事は、彼女が相互文化教育を人間関係教育と同義のものとみなしていたことを推察させる。いずれにせよ相互文化教育分科会は翌年には委員会に昇格したが、その後再び分科会に格下げされ、2年間続いたものの、最終的には解体された。進歩教育協会との関係が円滑でなかった1938年、アメリカ合衆国教育省は、デュボワに Americans All – Immigrants All というCBSラジオプログラムの制作の手伝いを要請した。このプログラムは1938年11月から1939年5月まで、毎週日曜日の午後に30分ずつ放送されたが、デュボワの相互文化教育をアメリカ全域に広める良い機会となった。しかし、彼女の相互文化教育が広まるにつれて、この教育を批判する声も高まった。彼女は、多様な民族集団の業績と寄与を民族集団別に扱う「分離的アプローチ」に固執したが、多くの人々は、多様な民族が音楽、芸術、科学などの特定分野で寄与することを総合的に調査する「主題別アプローチ」を好んだ。この二つのアプローチを巡る葛藤は相互文化教育支援センター内においても発生した。1938年初めから支援センターを導いたE.A.バインやスチュワート・コールらはデュボワのアプローチを不適切だとし、ブルーノ・ラスカーは彼女の教材そのものを批判した。結局、デュボワは、1941年に自身の分身のように思っていた相互文化教育支援センターを去らざるを得なくなった。センターを去った彼女は、W.E.B.デュボイスをはじめとする何人かの同志とともに「相互文化教育研修会」を作った。この研修会では、成人を対象とした集団対話という技術を開発し普及させた。この研修会は1946年に「文化民主主義研修会」に改編され、1958年に解体された。彼女の最後の大きな教育活動はアメリカ市民権運動の時期に成し遂げられた。1965年、マーチン・ルーサー・キングは彼女に南部キリスト教指導者学術大会のアトランタ役員を委嘱し、それまで40年間広めてきた相互文化教育を市民権運動のために使ってほしいと要請した。1969年にこの活動を終了したデュボワは、以後、黒人と白人間の関係改善に献身し、1976年には故郷のニュージャージーへと戻った。1993年に生涯の幕を閉じた彼女を、人々は不屈の

意志を持った「アメリカの教育者、人権運動家、相互文化教育の創始者」[9]と哀悼した。

4．集会プログラムと集団対話

デュボワの相互文化教育は、1924年に開発した全校集会プログラムと1941年に開発した集団対話に分けることができる。まず、ウッドベリー高校で開発した全校集会プログラムは、個人的にも社会的にも非常に大きな意味を持つ。実際に彼女はこの1924年を彼女の「真のキャリア」(Dubois & Okorodudu, 1984: 48)の始まりと述べ、多くの学者もこの年を「相互文化教育運動の概略的な出発点」(Montalto, 1982: vi)と捉えるためだ。つぎに、1941年に相互文化教育研修会を通して開発された集団対話はマーガレット・ミードが「真の社会的発明」と呼ぶほど画期的なものであった。したがって、この活動を開発した背景、目標、内容、方法、評価などをさらに詳しく探ることにより、彼女が主張する相互文化教育とは何なのかを窺い知ることができると思われる。

まず、デュボワが全校集会プログラムを開発したのには大きく二つの背景があった。一つは社会的背景で、1920年代のアメリカには同化主義が社会全般に蔓延していた。もう一つの背景は教育的背景で、1924年における集会プログラムはそれほど良い状況とは言えなかった。「招請した講演者は学生たちにわかりにくい話をし、学生たちは騒いで少しもじっとしておらず、教師たちは彼らを静かにさせるのに汲々とした」(Montalto, 1982: 85)。これを不満に思ったM.トーマス校長は、デュボワに1925／26年学期に実施する新しい集会プログラムを構想するよう要請した。デュボワはこれを受け、1925年の春から教師・学生協議会を通して、秋の新学期から実施する集会プログラムを構成した。集会プログラムは1ヶ月に2回実施され、1回目の活動は特定の民族の講演者や芸術家が、2回目の集会プログラムは学生たちが行った。そして教師たちは、その月の集会プログラムに関連した内容を授業で教えた。彼女はこの活動を「統合型の集会プログラム」(Dubois & Okorodudu, 1984: 51)と呼んだ。

9　https://en.wikipedia.org/wiki/Rachel_Davis_DuBois

第1章　アメリカの相互文化教育運動に対する再評価

　この集会プログラムの目標は、アメリカ国内の多様な民族集団の優れた業績を紹介し、彼らがアメリカ社会に寄与したことを知らせ、学生たちが彼らに対して寛容な態度を持つようにすることにあった。デュボワはこの少し後「寛容」という言葉を「共感」という言葉に言い換えている。その理由は「寛容」という言葉が位階的な人間関係を前提にし、「誰もただ単に『寛容』だけを受けたいと思わない」(Dubois & Okorodudu, 1984: 55) と考えたためである。

　集会プログラムに招聘する集団は、アメリカ国内で最も無視され、差別される集団、そして学校内で大きな比重を占める集団から選んだ。このようにして選んだ集団は主に中国人、日本人、ユダヤ人、イタリア人、アフリカ系アメリカ人であったが、ここにアメリカの主流の集団であったイギリス人とドイツ人を加えた。選んだ集団に対しては、できるだけ彼らに関連した日に合わせて日程を組んだ。例えば、9月の集会プログラムにはイギリス人を招聘し、コロンブスの日のある10月のプログラムにはイタリア人を、収穫感謝祭のある11月にはアメリカ先住民を招聘し、12月にはクリスマスの元祖で知られるドイツ人を招聘する。1月にはユダヤ人を招聘するが、これには9月にイギリス人を招聘する際と同様に特別な理由はない。リンカーンの誕生日のある2月にはアフリカ系アメリカ人を、3月と4月には中国人、日本人、アイルランド人、メキシコ人の中から二つの集団を招聘する。また、世界同胞の日（World Brotherhood-Day）のある5月には一種の仮装行列を通して、すべての民族集団を一ヶ所に集め、彼らの間の相互関係を強調するというものである。集会プログラムは主に講演、公演、デモンストレーション、演劇などで構成された。例えば、1月にユダヤ人を招聘すれば、1回目の集会プログラムを受け持つラビ[10]が、ユダヤ人の宗教と人生について紹介し、講演後には選抜された何人かの学生たちとお茶や飲み物を飲みながら対話をする。つぎに、2回目の集会プログラムを受け持つ学生たちは、ユダヤ人が古代と現代文明に寄与したことを紹介し、アメリカ文学と演劇に及ぼした影響について発表を行い、ユダヤ人移民を描写する寸劇を見せる。このような活動の後には地方にあるシナゴーグを訪問したりもする。

　集会プログラムは、つぎのような三つの方法で成り立っている。前に明らかにしたように、このプログラムの目標は、学生たちの共感的態度を伸張さ

10　ユダヤ教の律法学者に対する敬称

せることであり、このような「共感的態度は哀れみでも寛容でもない。それは考えること、感じること、ともに行動することである」(Dubois, 1936: 391)。デュボワはこれをそれぞれ「知的アプローチ」、「感情的アプローチ」、「状況的アプローチ」と呼んだ。最初の知的アプローチは、主流集団から無視されたり差別を受けたりして周辺化された民族集団の業績と寄与に関する新しい情報を提供することである。当時の教科書や参考書はこのような情報をほとんど提供することができなかったため、このアプローチは主に授業時間において担当教師によって行われた。例えば、アメリカ史の時間に独立戦争を扱う際、教師はこの戦争の最初の犠牲者が黒人であったという事実、この戦争に全財産を捧げた人はユダヤ人であったという事実、主な軍指揮官のなかにはドイツ人、ポーランド人、フランス人もいたという事実などを教えるというものである。二つ目の感情的アプローチは、招聘した人や学生たちが行う演奏や公演を通して学生たちの感情に訴えるものである。デュボワは、感情は行動の源泉であり、感情を疎かにする教育は制限的にならざるを得ないと考えた。実際に、日本女性が伝統衣装を着て美しい日本式の生け花を見せたり、著名な黒人の詩人が自身の詩を直接朗読した際、学生たちは非常に積極的な反応を見せた。演劇の際には学生たちがあたかも自分が登場人物になったかのような感覚に陥るため、本来持っていた自身の感情や態度を改めるのに非常に効果的であった。三つ目の方法である状況的アプローチは、学生たちが新しく習得した知識と態度を実際の状況の中で適用してみるようにすることである。招聘した講演者や講師がプログラムを終えると、学生たちは彼らを茶や飲み物でもてなした。これは学生たちが異なる集団の人々に直接会って話す良い機会であった。このような状況的アプローチは現場を訪問した際にもそのまま適用された。例えば、学生たちはシナゴーグを訪問してその内部を見学したり、日系の学生たちが提供してくれた夕食をともにしたり、中華学校が試演する中華人形劇をともに観覧したりした。Dubois (1936: 391) が明らかにするように、この三つのアプローチはすべて結び付いていて、それらはある程度重なり合うものである。もちろん最も核心的なアプローチは感情的アプローチであるが、これは知的アプローチがなければ非常に主観的にならざるを得ず、状況的アプローチがなければ共感的態度の改善という究極の目的を達成することは難しい。デュボワはこの三つのアプローチを通して一種のシナジー効果を期待したのである。以上から、今日の多文化教育や相

互文化教育で強調される知識、スキル、態度、行動は、既にデュボワによって主張されただけでなく非常に具体的に実行されたと言うことができる。

　デュボワはこの三つのアプローチに対し何度も評価を試みた。まず、ウッドベリー高校で集会プログラムを2年以上実施した後、類似した背景を持つ近隣の学校の学生たちとの比較を行った結果、ウッドベリー高校の学生たちの方が近隣の学校の学生たちより国際的、人種的問題に共感的な態度を見せることを確認した。つぎに、コロンビア大学教育学部に進学した1929年から30年にかけて、多様なタイプの学校で集会プログラムの効果を検証した。この実験で肯定的な結果を得た彼女は、自身の集会プログラムをニューヨークおよびニュージャージー所在の多くの学校に広めた。

　一方、デュボワは1941年にW.E.B.デュボイスやレオナルド・コヴェロなど、何人かの同志とともに相互文化教育研修会を作り[11]、この研修会を通して「集団対話」という技術を開発した。集団対話の基本原則は、自己集団に対するアイデンティティを持つことが、他の集団の人々と生産的で調和のとれた関係を結ぶための前提条件と捉えるものである（Chalip, 1974: 32-33）。このような前提を持つ集団対話の目標は、様々な民族が一ヶ所に集まり、率直に対話をすることによって「人間家族は一つ(oneness)であるという事を見て感じ(中略)、多様性に内在した美しさ、重要さ、驚くべき優秀さに共感するようにすること」（Dubois & Li, 1971: 23）であった。集団対話の内容と方法は、25人から30人程度が集まれる比較的広い場所、例えば、家のリビング、教会の応接間、共同体センターの事務室などに、様々な人々が集まって季節の変化、家族生活、学校生活、就職してから数年間の経験など、参加者全員と関連したテーマについて率直に語り合うことである。この対話には老若男女、黒人と白人、オールドカマーとニューカマーが参加したり、仏教、イスラム教のようにキリスト教以外の宗教を信じる人々も参加することができた。彼女がこの対話で特に強調したのは共感である。様々な背景を持つ成人たちが自身の幼い頃の話をする時には驚くべき変化が起こることもあった。彼らは全員が共通して、心配なく過ごした幼少期を思い返しているようだった。このような集団対話は、すべての人が持っている共通の記憶を社会的な楽しみに変え、「皆が一つ」という感覚や友情を作り出した。

11　この組織は後に、文化民主主義研修会（Workshop for Cultural Democracy）となる。

5．相互文化教育に対する評価

　このようにデュボワの相互文化教育は集会プログラムと集団対話という二つの形で成り立つものであった。この二つは対象、方法などに違いがある。まず、集会プログラムでは青少年を対象にしていたが、集団対話では成人を対象とした。つぎに、集会プログラムが数百人を集めて、講演、公演、演劇などの形態により構成されたとすれば、集団対話は30人余りが集まって自然で率直な対話形式で行うように構成されていた。最後に、集会プログラムが多様な人種や民族集団の業績と寄与を民族別に紹介する分離的アプローチであったとすれば、集団対話は一つのテーマについて自由に話す主題別アプローチであった。

　全体的にみる時、デュボワの相互文化教育はアメリカの多文化教育とヨーロッパの相互文化教育が混在した様相を見せる。周知のように、アメリカの多文化教育とヨーロッパの相互文化教育を厳密に区分するのは難しい。特にこの二つの教育が出現してからこれまでの間に、その領域や内容は、持続的に拡大されてきたため、より一層区分し難くなっている。筆者は、ユネスコ（UNESCO, 2006: 18）の区分に従って、「多文化教育は他の文化を教え、その文化を受け入れ、もしくは、少なくとも寛容にさせる。相互文化教育は消極的な共存を越えて、多様な文化集団間の理解、尊重、対話を通して、多文化社会の中でともに生きていくことのできる発展的で持続的な方法を学ぶ」のように区分し、ここに焦点を当てて、デュボワの相互文化教育の再評価を試みたいと思う。

　一つ目は、デュボワの相互文化教育は多文化教育の重要な先例であるという点である。彼女が活動した当時は、アフリカ系アメリカ人をはじめとする少数人種および民族が白人から無視され、差別を受けた時代であった。彼女はこの現実を不当だとし、多様な民族集団の文化的業績と寄与を教え、少数の人種または民族集団に対する一般の人々の寛容的な態度を導こうと考えた。このような目標は、まさに前に引用した「他の文化を教え、その文化を受け入れ、もしくは、少なくとも寛容にさせる」という多文化教育の目標とほぼ一致する。

　二つ目は、デュボワが集会プログラムを通して強調した「寄与」はバンク

第 1 章　アメリカの相互文化教育運動に対する再評価

スの寄与アプローチとそのまま結びつく点である。バンクスは多文化教育課程改革のためのアプローチを寄与アプローチ、付加的アプローチ、変形アプローチ、社会的行動アプローチに分けたが、この中で寄与アプローチとは、シンコ・デ・マヨ[12]、黒人歴史週間、マーチン・ルーサー・キングの誕生日などのような祝日や記念日を通して、少数民族の寄与を教える方法である。このアプローチは、デュボワが集会プログラムにおいて実行したものとほとんど一致する。つまり、集会プログラムは、その目標だけでなく内容や方法においても多文化教育と非常に一致すると言うことができる。

　三つ目は、デュボワの相互文化教育が 1960 年代の市民権運動のために活用された点であり、これも見逃してはならない。周知のようにアメリカの多文化教育は市民権運動から出発した。この運動が活発に行われた 1965 年、マーチン・ルーサー・キングは、彼女をアフリカ系アメリカ人の市民権運動組織である南部キリスト教指導者学術大会のアトランタ役員に委嘱し、彼女が 40 年余りをかけて開発したプログラムを市民権運動のために活用するよう要請した。この提案を受けた彼女は 1969 年までその活動を続けたため、短期的には市民権運動に、長期的には多文化教育に寄与したと言うことができる。そのため Lal (2004: 18) は、彼女の相互文化教育を「1930 年代の多文化主義」と呼び、Montalto (1982: 97) は「多文化教育の最初の母体」と呼んだ。しかし、デュボワはアメリカの多文化教育学者からそれほど大きくは認められてはいない。Banks (2004: 231) は、彼女を 1930 年代の相互文化教育運動の主導者の一人として紹介し、彼女が集会プログラムを通して移民家庭の学生たちに民族的自負心を教え、主流の学生たちがこれらの文化を認めるように助けたと言及しているが、彼女の相互文化教育を、1940 年から 1954 年の間に成立した「集団間教育」(intergroup education) と同一視してしまう[13]。そして、この集団間教育は「現在の多文化教育運動の重要な先例であるが、この運動の実際的根元ではない」と言うことにより、彼女の相互文化教育と多文化教育の間に明確な線を引いてしまう。筆者の見解では、これはバンク

12　Cinco de Mayo はスペイン語で 5 月 5 日を指し、この日は 1862 年 5 月 5 日フランス軍隊を退けたメキシコ戦勝記念日である。
13　Banks (2004: 756) は集団間教育を相互文化教育と同等と捉えている。但し、「相互文化教育」という用語は 1940 年代以前に広く使われ、「集団間教育」という用語は 1940 年代以後に普及したと見ている。

スがデュボワの相互文化教育をやや過小評価しているためと思われる。何よりもまず、時期的に判断した場合、彼女の相互文化教育運動は集団間教育より15年も先に始まり、集団間教育よりもはるかに長く続いた。そして彼女の相互文化教育はバンクスが「私たちに信じさせるものよりさらに活発でさらに動的」（Cushner & Mahon, 2009: 307）であった。

　一方、デュボワの相互文化教育は、ヨーロッパの相互文化教育とはまったく別のものとして出現したが、この両者に一致する点は決して少なくない。言い換えれば、この二つの教育は単に音だけが同じ「同音異義語」ではなく、多くの部分において「同義語」であるということができる。

　その理由として、まず、二つの教育はいずれも文化を静的なものでなく動的なものとして捉えている。デュボワが活動した当時、多くのアメリカ人は文化を静的に捉え、アメリカ文化が世界で最も高い水準の文化だと考えていた。しかし、彼女はこの考えとは異なり「アメリカ文化は加工されておらず、不完全で本質的に流動的なもの」（Montalto, 1982: 229）と捉えた。そこで彼女は「私たちのアメリカ文化は完成されたもの、静的なものではなく、それは今も作られている途中で、私たちは（中略）これを作ることに参加しなければならない」（idem.）と主張する。このような文化観はヨーロッパの相互文化教育の文化観に非常に近い。ヨーロッパの相互文化教育によれば、文化は人々の間に存在し、人を通してのみ表現されるので、文化を隔離させて特徴や構造を把握することを拒否し、絶えず「意味を再構成しなければならない経験」（Abdallah-Pretceille, 1999: 54）である。

　つぎに、二つの教育は、いずれも文化自体より人々との関係を強調したものであった。デュボワは1934年に人間関係教育支援センターを設立し、1935年にこれを相互文化教育支援センターに改組した。彼女がこのようにセンター名を変えたことに特別な理由はなかった。先に述べたように、ただ単に進歩教育協会内に臨時委員会を作る過程で「人間関係」という用語を使うことができなかったため、その代わりに「相互文化」という用語を使用したのである。しかし、この出来事は、彼女が相互文化教育を本質的には人間関係教育だと考えていたことを推察させる。ヨーロッパの相互文化教育も、やはり本質的に異なった文化を持つ人々の関係に焦点を合わせるものである。これは相互文化教育において、「相互」という接頭語が「相互作用、交流、障壁の除去、相互性、真の連帯性」（Rey, 1986: 17）を意味することや、「重

要なのは知識というより他人と結ぶ関係」(Abdallah-Pretceille, 1999: 99) であることを通しても簡単に理解できる。

　最後に、二つの教育はいずれもとりわけ対話を強調している。集会プログラムの場合、デュボワは招聘した講演者や講師に対して、講演や公演後もしばらくそこにとどまり、選抜された何人かの学生たちと対話をするよう依頼した。このような方法によって、多くの学生たちがマイノリティの人種や民族集団の構成員らと対話をすることができ、それを通して自身が持っていた固定観念と偏見を大きく修正することができた。対話は集団対話においてより一層強調された。集団対話に参加した人々は、自身の幼少期、学生時代、職場経験などを話すことで、お互いが多くの部分において共通していることを知った。参加者はこのような共通の経験と記憶に基づいて互いが持っている差異を理解し、互いを尊重することができた。このような集団対話は文化間において共通する部分を強調する相互文化哲学や、異なった文化を持つ人々の間における対話を強調した相互文化的対話（intercultural dialogue）と一脈通じるものがある。

　このようにデュボワの相互文化教育運動は、アメリカの多文化教育とヨーロッパの相互文化教育が混在した様相を見せている。彼女の相互文化教育運動をあえて分類するとすれば、むしろヨーロッパの相互文化教育に近いと思われる。その理由は、文化を静的なものではなく動的なものとして捉え、（クエーカー派の教理に従った）個人的自律性を前提に、相互作用を通して個人や集団の関係改善に焦点を合わせ、その過程において対話と共感的態度を強調したためである。以上により、アメリカの相互文化教育はヨーロッパの相互文化教育とは別に成立したものであるが、単純な「同音異義語」ではなく、多くの部分を共有する教育として再評価する必要があると考える。

文献

Abdallah-Pretceille, M.（1999）. *L'ducation interculturelle*, Paris : PUF.
Banks, C.（2004）. Intercultural and Intergroup Education, 1929-1959, in Banks, J.& Banks C.（ed）.（2004）. *Handbook of Research on Multicultural Education*, San Francisco : Jossey-Bass, 753-769.
Banks, J.（2004）. Race, Knowledge Construction, and Education in the United States, in Banks, J.& Banks C.（ed）.（2004）. *Handbook of Research on Multicultural Education*, San Francisco : Jossey-Bass, 228-239.
Cushner, K. & Mahon, J.（2009）. Intercultural Competence in Teacher Education. Developing the Intercultural Competence of Educators and Their Students: Creating the Blueprints. In Deardorff, D. K.（ed.）, *The Sage Handbook of Intercultural Competence*, Thousand Oaks, CA: Sage, 304-320.
Chalip, A.（1974）. *A Descriptive Study of the Group Conversation Method of Rachel Davis Dubois,*

Unpublished masters thesis, California State University.

Dubois, R. (1936). Developing Sympathetic Attitudes Toward Peoples, *Journal of Education Sociology*, vol. 9, no. 7, 387-396.

Dubois, R. (1945). *Build Together, Americans*, New York : Hinds, Hayden and Eldgedge.

Dubois, R. (1946). The Face-to-Face Group as a Unit for a Program of Intercultural Education, *Journal of Educational Sociology*, vol. 19, no. 9, 555-561.

Dubois, R. & Okorodudu, C. (1984). *All this and something more. Pioneering in Intercultural Education*, Bryn Mawr : Dorrance & Company.

Dubois, R. & Li M.S. (1971). *Reducing Social Tension and Conflict*, New York : Association Press.

Lal, S. (2004). 1930s Multiculturalism, Rachel Davis Dubois and Bureau for Intercultural Education, *The Radical Teacher*, no 69.

Meunier, O. (2007). *Approches interculturelles en éducation. Étude comparative internationale*, Lyon : Institut national de recherche pédagogique. https://ife.ens-lyon.fr/vst/DS-Veille/dossier_interculturel.pdf

Montalto, N. (1982). *A history of the intercultural educational movement, 1924-1941*. New York : Garland.

Plastas, M. (2011). *A Band of Noble Women: Raciel Politics in the Women's Peace Movement*, New York : Syracuse University Press.

Rey, M. (1986). *Former les enseignants à l'éducation interculturelle ?*, Conseil de l'Europe.

UNESCO (2006). *UNESCO Guidelines on Intercultural Education*.

第2章

異文化間教育とグローバル教育

大木　充

1．はじめに

　グローバル化した社会では、交通・通信手段の発達により国境を越えて人・モノ・情報が地球規模でかつてなく迅速に移動する。社会の急速なグローバル化は、それに反対する孤立主義や自国第一主義を一時的、局所的に招くことはあっても、政治・経済面だけでなく様々なレベルでの相互依存関係は今後ますます深化、増大して重要になっていくであろう。例えば、我が国は少子高齢化による労働人口の減少を補うために外国人労働者に頼らざるをえない状況になっている。そして、職場だけでなく、コミュニティや学校で彼らや彼らの家族と接する機会が増えている。なぜいま異文化間教育が必要なのか。この問いには、OECD（経済協力開発機構）のシュライヒャーがグローバル・コンピテンシーに関する著作の前書きで的確に答えている。

　世界の相互依存関係が強くなればなるほど、私たちは仕事や生活の場で他者同士を結びつけることができる協力者や組織化できる人に頼るようになる。学校は、つぎのような世界に対して生徒に準備させる必要がある：様々な文化的出自の人たちとともに仕事をし、異なった考え、見方、価値観を認める必要がある世界：そのような差異を乗り越えて協力するために信頼関係を築く必要がある世界：人々の生活が国境を越えて伝播する諸問

題に影響を受ける世界（OECD, 2016a）。

　社会のグローバル化が進み、経済活動だけでなく、日常生活においても、異なる人々や文化に、直接的あるいはインターネットなどの情報伝達メディアを通じて間接的に接する機会が多くなっている。また、政府レベル、民間レベルを問わず、国境を越えて互いに協力して解決するべき課題も増えている。それにともなって、当事者間で衝突や軋轢が生じることもある。そのような事態に至らないようにするには、学校でグローバル・コンピテンシーを育成する必要があるとシュライヒャーは言いたいのである。グローバル・コンピテンシーについては、つぎの節で詳しく述べるが、グローバル・コンピテンシーに異文化間能力が含まれていることはこの引用からも明らかである。

　Beacco & Byram (2007) は、「異文化間能力」を「自分自身の文化での生き方、考え方の他に、別の生き方、考え方があることに気づき、それを理解し、認めるための知識(savoirs)、技能(savoir-faire)、態度(savoir-être)が組み合わさったもの」（英 p.114；仏 p.126）と定義している。[1] このような能力を実際にどのようにして養成するのか、つまり「異文化間教育」をどのように実施するのかは、Huber-Kriegler 他が教員研修用に作成した『鏡と窓——異文化間コミュニケーションの教科書』（英 2003；仏 2005）の開発目的に端的に示されていて、具体的でわかりやすい。

1）文化的に決められている自分自身の価値観、行動、考え方についてよく考えさせる。
2）価値観、行動、考え方の異文化間差異に気づかせる。
3）言語使用の文化的に決められている側面について気づかせる。
4）観察、解釈、批判的思考スキルを実践させる。
5）多元的世界観を身につけさせる。
6）異文化とうまく折り合いをつけさせる。
7）他者に対して、偏見をなくし、共感、敬意を育む。

（英 p.9；仏 pp.11-12：和訳（大木, 2014, p.74））

---

[1] 欧州評議会では、英語とフランス語が公用語になっている。その出版物にこの二つの言語の版がある場合は、両方の版に基づいて和訳した。「英」と「仏」の後のページ数は、それぞれの版のページを示している。

我が国の文部科学省の初等中等教育に関する書類では、「異文化間教育」という用語は使われていないが、それを含む「国際教育」あるいは「国際理解教育」という用語は使われている。そして、2005年に文部科学省が公表した「初等中等教育における国際教育推進検討会報告」では、「国際教育」は「国際社会において、地球的視野に立って、主体的に行動するために必要と考えられる態度・能力の基礎を育成するための教育」(p.3) と定義されている。そして、この教育により「初等中等教育段階においては、すべての子どもたちが、①異文化や異なる文化をもつ人々を受容し、共生することのできる態度・能力、②自らの国の伝統・文化に根ざした自己の確立、③自分の考えや意見を自ら発信し、具体的に行動することのできる態度・能力、を身に付けることができるようにすべきである」(p.2) と考えられている。

　たしかに、グローバル化する社会でのこのような能力の必要性はますます大きくなっている。にもかかわらず、実際には異文化間教育は、我が国ではそれほど普及しておらず、その重要性も十分に認識されていない。また、たとえ実施されていても、異文化を「理解する」教育にとどまっているように思われる。そこで、この章では、なぜいま異文化間教育が必要なのか、これからの異文化間教育に何が求められているのかをあらためて考えてみたい。

2．異文化間能力とグローバル・コンピテンス

　OECDが、2000年以来、3年ごとに世界の約80か国の15歳の生徒を対象にして実施しているPISA（Program for International Student Assessment：国際学習到達度調査）の評価項目に、2018年度は、従来の読解力、数学的リテラシー、科学的リテラシーの他に、「グローバル・コンピテンス」（Global Competence）があらたに加えられた。グローバル・コンピテンスとは、「地球規模の異文化間の問題を批判的かつ多様な観点から分析し、差異がわれわれの認識、判断、自他の観念にどのように影響するかを理解し、おたがいに共有している人間としての誇りに対する尊敬の念に基づいて、異なった背景を持つ他者と広い心で、適切で効果的な交流をする能力」（OECD, 2016a, p.4）のことであり、異文化間能力と部分的に重複する概念である。

　松下（2011, p.46）が述べているように「PISAの行っていることは、政策評価のための指標開発やデータ提供にとどまらない。世界経済の約9割に

及ぶ国・地域の教育システムを同一の指標によって比較可能にすることで、各国がグローバル化に対応する教育改革を行うことを、PISA は促進しているので」、評価項目にグローバル・コンピテンスが加えられたことは、各国の教育に大きな影響を与える。

グローバル・コンピテンスは、異文化間能力を包摂するより広い概念であるので、場合によっては異文化間能力が曖昧になり、軽視されてしまう可能性がある。そこで、ここでは二つの違いを明確にして、異文化間能力がグローバル・コンピテンスの土台になる重要な能力であることを確認しておきたい。

2.1 異文化間能力

「はじめに」で簡単にふれた異文化間能力についてもう少しくわしく見てみよう。異文化間能力の具体的な内容をめぐっては、様々な考え方があるが、ここでは Deardorff (2004) と Barrett 他 (2014) を取り上げることにする。Deardorff は、デルファイ法（同一の回答者にアンケート調査を繰り返すことにより多数の異なる意見を収斂させる方法）でつぎに示すような結果をえた。

態度
- 異文化を学ぶことや他の文化出身の人に対して広く心を開く
- よくわからないことに対しても寛容になり、関心を示す
- 他の文化に敬意をはらう
- （十分に理解するまでは）良いか悪いかの判断をしない
- 好奇心を示し、知ろうとする

---

2 2018 年 1 月 24 日付け BBC ニュースデジタル版によると、既存の評価項目の調査の他に、グローバル・コンピテンスの調査にも参加するのは 28 か国にとどまっている。また、2018 年 3 月 9 日付け朝日新聞夕刊によると、文部科学省は日本も 2018 年のグローバル・コンピテンスの調査には参加しないことに決めた。

3 異文化間能力が CAN-DO 型の能力記述文で書かれている代表的なものとしては、INCA (Intercultural Competence Assessment)、CARAP (Cadre de Référence pour les Approches Plurielles)、AAC&U (Association of American Colleges & Universities) のルーブリックがある。

4 回答は、「異文化間能力はどのような要素で構成されているか」という質問に対して、異文化について発言をしている 22 名の様々な分野の専門家から得られたものである。彼らの大部分はアメリカ合衆国の出身者である。(Deardorff, 2004, p.101)

知識と理解
- 他者の世界観の理解
- 文化に対する自己認識と自己評価能力
- （自分と他者の）文化に対する深い知識と理解
- 文化的多様性の価値に対する理解
- 文化の役割と影響およびそれに含まれている状況的、社会的、歴史的文脈の影響に対する理解
- 社会言語学的能力（社会的文脈における言語と意味の関係を認識）
- 受入側の伝統の文化的特性に関する知識と理解

　　スキル
- 聞く、観察する
- 分析する、解釈する、関連づける　　　　　（Deardorff, 2004, p.187; p.196)

　上の分類、「態度」、「知識と理解」、「スキル」は、アンケート調査によって得られた回答を、教育目標の分類方法の一つであり、KSA（Knowledge, Skill, Attitude）と呼ばれている「ブルーム・タキソノミー」に沿ったものである。Byram も同様の方法で異文化間能力を分類していてよく知られているが、KSA は、近年特に育成する能力を明確にして行う教育が世界的な潮流になっているので、異文化間能力に限らず、様々な分野で広く用いられている。このことに関しては6節で詳しく述べる。
　Barrett 他（2014）は、実際に異文化間能力の育成に携わる教師、教育行政の関係者を対象にして書かれたもので、KSA にしたがった詳しい記述もあるが（Barrett 他, 2014, 英 pp.19-21; 仏 pp.83-86)、ここでは異文化間能力の概要の説明を引用することにする。

　　異文化間能力は、態度、知識、理解、スキルを組み合わせたものである。そして、それを用いた行動は、一人か他の人と共同してつぎの目標を達成することを可能にする：
- 自分とは異なる文化に属していると思われる人たちを理解し、尊重する
- そのような人たちと交流したり、コミュニケーションしたりする時に、適切かつ効果的に、尊敬して対応する

- そのような人たちと前向きでかつ建設的な関係を築く
- 異文化との出会いをとおして、自分自身を、また自分が多様な文化に属していることを理解する（Barrett 他, 2014, 英 pp.16-17 ; 仏 pp.80-81）

2.2 グローバル・コンピテンス

　グローバル・コンピテンスとグローバル教育に関する代表的な書物としては、ヨーロッパにおけるグローバル教育推進の中心的な役割を担っている欧州評議会南北センターの『グローバル教育の指針』(2008) と OECD の『インクルーシブな世界のためのグローバル・コンピテンス』(OECD, 2016a) があるが、つぎの引用はより最近の OECD (2016a) からである。

　態度
- 他の文化出身の人に対して広く心を開く
- 文化的他者性を尊重する
- グローバルな考え方をする
- 自分の行動に責任を持つ

　知識と理解
- グローバル・イシュー（地球規模の課題）について知るようにして、理解を深める
- 異文化について知るようにして、理解を深める

　スキル
- 分析的、批判的に思考する
- 相手を尊重し、適切で効果的な交流をする
- エンパシー（相手の立場になって考える）
- 臨機応変に対応する（異文化に適応する）

　価値観
- 人間としての尊厳を尊重する
- 文化的多様性を尊重する

OECD（2016a）のグローバル・コンピテンスも、Deardorff（2004）の異文化間能力と同じようにKSAにしたがって「態度」、「知識と理解」、「スキル」に分類されているが、その他に「価値観」がある。価値観に分類されている二つの目標は、普通は「態度」に分類される目標であるが、多文化のコミュニティに敬意を持って参加することを可能にする能力として特に重要なので、このように別の能力の範疇になっている（OECD, 2016a, p.17）[5]。

2.3　異文化間能力とグローバル・コンピテンスの類似点と相違点

　上に引用した二つの能力の目標を比較すると、「異文化間能力＋グローバル・イシューに関係している目標を達成する能力＝グローバル・コンピテンス」であることがわかる。異文化間能力は、グローバル・コンピテンスに内包されているが、グローバル・コンピテンスにおいても異文化間能力が質的、量的に重要な地位を占めている。特に、グローバル・コンピテンスの4つの能力範疇のなかでも、異文化間能力に属する人権と文化的多様性の尊重と関係している「価値観」が重視されていることからもそのことは理解できる。グローバル・コンピテンスの他の目標は、貧困、格差、環境、開発などの地球規模の課題（グローバル・イシュー）に関係している目標である。例えば、「態度」のところにある「グローバルな考え方をする」とは、Global-mindednessの訳であるが、「距離や文化的差異に関係なく世界中の人々のことを心配し、彼らの置かれている状況を改善するために道義的責任を感じる」ことである。そのほか、「異文化に適応する」と「エンパシー」は、「スキル」に分類されているが、Deardorff（2004）では異文化間能力ではなく、異文化間能力によって可能になる「望ましい結果」として分類されている。

3．異文化間教育とグローバル教育

　「はじめに」で言及した「国際教育」は、より一般的に「グローバル教育」と呼ばれている教育に似ている。異文化間教育は、グローバル教育と共通点

5　North-South Centre of the Council of Europe（2008）では、グローバル・コンピテンスは「知識」、「スキル」、「価値観と態度」の三つの範疇に分けられている。

もあるが、同じではない。二つの教育はどのような関係にあるのか明確にしておく必要がある。グローバル教育は、「マーストリヒト宣言」ではつぎのように定義されている。

- グローバル教育は、グローバル化した世界の現実に人々の目と心を開かせる教育であり、すべての人々のために今より公平、平等でかつ人権が大切にされる世界の実現を彼らに促す教育である。
- グローバル教育とは、開発教育、人権教育、持続可能な開発のための教育、平和と紛争防止教育および異文化間教育を含む地球規模の市民性教育である。(North-South Centre of the Council of Europe, 2008, p.66)

この定義をみると、「異文化間教育」はグローバル教育に含まれていることがわかる。また、最初の文章を読むと、異文化間教育とほぼ同じであり、グローバル教育でも異文化間教育が重要な地位を占めていることがわかる。Georgescu (1997) の作成した「グローバル教育綱領」(欧州評議会南北センターの『グローバル教育の指針』(2008, 英 p.75 ; 仏 p.77)) によると、グローバル教育はつぎの4つの分野を対象にしている：

- 地球規模の相互依存性
- 持続可能な開発
- 環境に対する（高い）意識と関心
- 人権（反人種差別を含む）、民主主義、社会的正義と平和

上の4つの分野のうち異文化間教育が関係しているのは、最後の「人権（反人種差別を含む）、民主主義、社会的正義と平和」である。同じく Georgescu

---

6 オランダのマーストリヒトで2002年に開催された「グローバル教育全ヨーロッパ大会」で採択された宣言。

7 南北センターでは、欧州評議会の他の組織と同様、英語とフランス語が公用語になっている。「グローバル教育」という用語は、このセンターが用いている英語 global education の訳である。フランス語では éducation à la citoyenneté mondiale となっていて、直訳すると「世界市民性教育」となる。

8 文部科学省国立教育政策研究所・JICA 地球ひろば共同プロジェクト (2014)「グローバル化時代の国際教育のあり方国際比較調査 第一分冊」(9-1~9-2) には、我が国でよく用いられている「国際教育」関係の用語の定義とその導入の背景がたいへんうまく整理されている。

(1997, 英 p.78 ; 仏 p.80) によると、異文化間教育を内包しているグローバル教育には、人々が地球上で共生していく（savoir vivre ensemble）ためにつぎの4つの教育が含まれている：

- エンパシー教育：相手を理解すること、相手の立場になって考えること、相手の見方で問題をみること、相手に共感することを学ぶ
- 連帯教育：グループ、国家、人種の違いを超える共同体的感覚を養成し、不平等や社会的不公平をなくすための活動をしたり、運動に参加したりする
- 相互尊重・理解教育：相手の文化的エリアや世界に心を開き、相手には自分自身の文化に参加したり、加わったりすることをすすめる
- 反国家主義教育：他の国に心を開き、コミュニケーションをし、偏見やステレオタイプに基づく態度、表現、ふるまいをさける

以上見てきたように、グローバル教育に異文化間教育は含まれていて、かつ重要な地位を占めている。社会の急速なグローバル化にともなって、人々の交流もますます増大し、異文化間教育も、グローバル教育としてであるかもしれないが、ますます必要とされるであろう。

4．異文化間教育の必要性はますます高まっている

　異文化間教育の必要性は、OECDがDeSeCo（Definition and Selection of Competencies コンピテンシーの定義と選択）プロジェクトの成果としてまとめたキー・コンピテンシーをみるとよく理解できる。1997年から始まったDeSeCoプロジェクトはグローバル化する現代社会で現在および将来に求められるコンピテンシーを解明するためのプロジェクトであり、キー・コンピテンシーは様々な分野の専門家と関係者の意見に基づいて12か国が協議し、合意を得て3つのカテゴリーにまとめたものである。
　図1で、3つのコンピテンシーがそれぞれ交差していることに注目したい。それは、例えば、コンピテンシー「相互作用的に道具を用いる」、「自律的に活動する」がなければ、コンピテンシー「異質な集団で交流する」は十分に機能しないことを意味している。

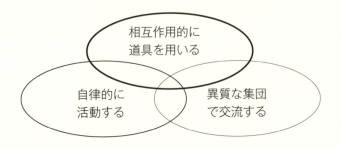

図1　DeSeCoプロジェクトの3つのキー・コンピテンシー
（OECD, 2005, p.5；日本語訳『キー・コンピテンシー』, p.202）

　3つのカテゴリーで、いま問題にしている異文化間能力および異文化間教育に深く関係しているのは、「異質な集団で交流する」コンピテンシーである。2005年に出版されたこの『キー・コンピテンシーの定義と選択――プロジェクトの概要』（以下『概要』）では、このコンピテンシーをつぎのように説明している。

　　いっそう助け合いの必要が増している世界の中で、個人は他者と関係をもてるようにする必要がある。いろいろな経歴をもった人と出会うからには、異質な集団でも人と交流できるようになることが重要である。（OECD, 2005, p.5；日本語訳『キー・コンピテンシー』, p.202）

また、このコンピテンシーが必要な理由とその内容はつぎのとおりである。

　　必要な理由
　・多元的社会の多様性に対応する
　・思いやりの重要性
　・社会的資本の重要性

　　コンピテンシーの内容
　A　他人といい関係を作る
　B　協力する。チームで働く

C 争いを処理し、解決する
（OECD, 2005, p.12；日本語訳『キー・コンピテンシー』, p.213）

　上に引用した「必要な理由」のところにある「社会資本」は、social capital の訳で、OECD の教育に関する事業にとって重要な概念である。これは、交通網や通信網などのインフラ（ストラクチャー）のことではなくて、OECD（2001, p.41）によると「集団内または集団間の協力を円滑にするための規範、価値観、理解を共有しているネットワーク」のことである。また、同書では、この定義のすぐあとで「様々な文化や信念に対する寛容な態度に基づいた対話や相互理解は、社会的結束の重要な側面であり、社会資本を支える助けになる」ことを指摘している。

　「コンピテンシーの内容」の内容に関しては、ライチェン・サルガニク（2006, pp.105-109）で詳しく説明されている。このコンピテンシーが必要な理由と内容をみると、『概要』でも指摘されているように（OECD, 2005, p.12；日本語訳『キー・コンピテンシー』, p.213）、このコンピテンシーは異文化間能力と類似している。このプロジェクトの目的は、グローバル化する現代社会で現在および将来に求められるコンピテンシーの解明であるが、このコンピテンシーの育成こそ本書で取り上げている異文化間教育の役割であるといえる。

　以上のように異文化間教育の必要性は増しているにもかかわらず、我が国では十分に実施されていない。その大きな理由は、国際理解教育学会の調査によると、実施するための時間不足と実施する側の国際教育に対する認識不足である（文部科学省国立教育政策研究所・JICA 地球ひろば共同プロジェクト, 2014, p.61）。どのようにすれば現状を変えることができるのか。このことに関しては、つぎの5節と6節で言及したい。

5．異文化間教育の実践

　この節では、異文化間教育をさらに深く理解するために、異文化間教育の実践の仕方について少し具体的に見てみたい。

5.1 どのような授業をするのか

　Barrett 他（2014）の第4節「教育をとおしてどのように異文化間能力を

養成するのか」、第5節「異文化間能力養成に役立つ教授法と活動」を参考にして、どのような活動を、どのような順序で展開するのかを見てみよう。

(1) 経験する

異文化を経験する。経験する異文化は、現実のものでも仮想のものでもよい。手段としては、国内外での研修や対面式の会話だけでなく、インタビュー、ゲーム、読書、映画鑑賞、電子メールやSkypeを用いる対話などが考えられる。

(2) 比較する

自文化と異文化を比較する。なじみのないことを奇妙と決めつけたり、良い、悪いの判断をしたりするのではなく、類似点、相違点を見つけるようにする。また、自文化を他者の観点から見つめ直すことも重要である。

(3) 分析する

文化間で類似点、相違点が存在する理由を分析する。関係する資料を使うだけでなく、議論をして分析することもできる。この作業をつうじて、自分の慣習、価値観、信念などが絶対的なものでないことに気づき、相対化することも重要である。

(4) 熟考する

比較してわかったこと、分析してわかったことについて熟考する。例えば、ここまでにわかったことをまとめて、それを発表して、みんなで議論する。

(5) 行動する

熟考したことに基づいて、行動する。例えば、文化的出自の異なる人と対話したり、協働して問題になっていることに取り組んだりする。

課題によって、活動の順は異なり、また実施しない活動もある。異文化を学ぶ授業の展開の仕方は、他の研究者でもほぼ同じである。例えば、McLaughlin & Liddcoat (2005, p.6), Liddicoat et al. (2003, p.24) は、つぎの4つの活動にまとめている：

・文化についての知識を得る
・文化を比較する
・文化をくわしく調べる

・文化間で自分自身の「第3番目の立ち位置」を見つける

　ここでの「文化」とは、自分自身の文化と他者の文化の両方を指している。したがって、「文化間」とは、自分自身の文化と他者の文化の「間」ということになる。著者は、他者の文化を理解するためには、自分自身の文化と比較することが不可欠であり、そのためには他者の文化だけでなく自分自身の文化を知ることが重要であると考えている。実際、私たちは、私たちの普段の行動が文化的に決められたものであることにしばしば気づかないでいるので、自分自身の文化も学ぶ必要がある。また、「第3の場所（立ち位置）」(third place) は、Kramsch (1993) の言葉であるが、自分のアイデンティティを維持しながら異なる文化出身の人たちと問題なく交流できる位置のことである (McLaughlin & Liddcoat, 2005, p.6)。それは、自分の文化や他者の文化のなかにはなく、「文化間」、自分自身の文化と他者の文化の間、自分自身と他者の間にある。彼らによれば、自分自身の「第3の場所（立ち位置）」を見つけることが、異文化を学ぶ授業の最終目標である。

5.2 どのような課題をするのか

　異文化間能力を養成するための授業では、どのような課題をするのか。具体的に見てみよう。つぎの課題は、大学のフランス語の授業で用いることを想定している。

　課題
　　つぎの細い字は母語としての、太い字は公用語としての、それぞれの言語の使用人口順位です。言語名の後のカッコ内の数字は、その言語の使用人口（単位は100万人）です[9]。

　　1 中国語（1,000）2 英語（350）3 スペイン語（250）4 ヒンディー語（200）5 アラビア語（150）6 ベンガル語（150）7 ロシア語（150）8 ポルトガル語（135）9 日本語（120）10 ドイツ語（100）11 フランス語（70）

9　記載されているのは The Cambridge Fact finder (1993) からの引用である。

1 英語（1,400）　2 中国語（1,000）　3 ヒンディー語（700）　4 スペイン語（280）　5 ロシア語（270）　6 フランス語（220）　7 アラビア語（170）　8 ポルトガル語（160）　9 マレー語（160）　10 ベンガル語（150）　11 日本語（120）

問1．2つの順位を見て、どのようなことが言えますか。
問2．フランス語は、英語に次いで、2番目に多くの国で公用語として使われてる言語です。さて、フランス語を公用語にしている国はいくつあるでしょうか。
問3．なぜ多くの国でフランス語を公用語にしているのでしょうか。その理由を話し合ってみましょう。
問4．現在、日本語は日本でしか話されていませんが、少し昔はどうだったのでしょうか。調べてみましょう。
問5．もしあなたが母語以外の言葉を使うことを強制されたら、あなたはどのような気持ちになると思いますか。みんなで話し合ってみましょう。

各問のねらい

問1：英語は母語人口の4倍、ヒンディー語は3.5倍、ロシア語は1.8倍、フランス語は3.1倍の人が公用語として用いている。このことから、母語と公用語を使って、例えば家庭内では母語を使い、家庭外（教育や仕事）では公用語を使って生活している人々が世界にはたくさんいることがわかる。大部分の日本人にとって、母語も母国語も日本語であるが、世界には家庭内では母語を使い、家庭外では公用語を使って生活している人々がたくさんいることに気づかせる。[10]

問2：Délégation générale à la langue française et aux langues de France の *Référence 2006 la langue française dans le monde* によると、フランス語は28か国で公用語として用いられている。フランス語は、英語に次いで世界の多くの国で使われている言語であり、国際語

10　母語と母国語の違い：「母語」とは、自然に身につけた第一言語、「母国語」とは、話者が国籍を持つ国の公用語または国語。（西江雅之　連載「世界のことば巡り」第3回）

(langue de communication mondiale)であることに気づかせる。さらに、フランス語ができると、自分の世界(観)を広げることをできることに気づかせる。

問3：つぎのような理由が考えられる。1）フランスまたはベルギーの旧植民地で、独立後もフランスと経済的、文化的つながりが強い。2）部族語、土着語は数多くあっても国全体で通じる共通語がない。3）自国の言語(部族語、土着語)では、(高等)教育ができない。植民地時代、フランスが教育から現地語を排除していたアフリカ諸国では、現在でもフランス語のみを教授言語としている。また、初等教育の前半は、自国の言語で行い、後半はフランス語を使用している国もある(鹿嶋、2005)。

問4：この問いは、日本が一時的に統治していた国(現在の韓国と北朝鮮)や地域(台湾など)での言語政策を問題にしている。学習者は、統治の事実は知っていても、言語政策までは知らない。台湾や韓国になぜ流暢な日本語を話せる年配の方がいるのかを考えさせる。

問5：上の問1から問4までは、教育目標の行動的局面(行動領域)の認知的側面であるknowledge(知識)に主に関係している問であるが、問5は、情緒的側面であるattitude(態度)に関係している。異文化間能力の評価については、第6節でくわしく述べるが、attitudeに関しては、客観的に評価することはできない。正解と不正解があるわけではないし、また数値化して5段階評価などをすることはできない。したがって、数値を比較して学習者間の優劣をつけることはできないし、するべきではない。

ここでは言葉に関する課題を取り上げたが、日常生活、習慣、宗教、男女関係等の文化に関する課題も学習者の興味を引くことができる。[11]

11　Byram & Zarate(英1995；仏1996)や「はじめに」で引用したHuber-Kriegler他(英2003；仏2005)には、異文化間能力養成のための課題例が掲載されているので、課題を作成する時の参考になる。

5.3 どのわくで実施するのか

　我が国の「国際理解教育」は、外国語などの各教科、道徳、総合的な学習、特別活動の時間で実施されてきた。ただし、実際にはあまり重要視されてこなかった（文部科学省国立教育政策研究所・JICA 地球ひろば共同プロジェクト, 2014, p.58）が、2018 年度以降、小・中学校の「道徳」は、これまでの「道徳の時間」から、「特別の教科　道徳」に格上げされることになり、それにともない「国際理解教育」は、より明確に位置づけられ、少なくとも充実した教育が行われるための態勢が整ったように思われる。

　中学校学習指導要領（2017 年 3 月）には、道徳教育の目的は「自己の生き方を考え、主体的な判断のもとに行動し、自立した人間として他者とともによりよく生きるための基盤となる道徳性を養うこと」(p.3) で、「学校における道徳教育は、特別の教科である道徳（以下「道徳科」という）を要として学校の教育活動全体を通じて行うものであり、道徳科はもとより、各教科、総合的な学習の時間及び特別活動のそれぞれの特質に応じて、生徒の発達の段階を考慮して、適切な指導を行うこと」(p.3) となっている。つまり、「道徳科」以外の時間でも、道徳教育を行うことになっている。「中学校学習指導要領解説総則編」（2017 年 7 月）では、「各教科等における道徳教育を行う際には、つぎのような配慮をすることが求められる」(p.134) という前置きがあり、例えば「外国語科」に関しては、つぎのような説明がある。

　　外国語科においては、第 1 の目標(3)として「外国語の背景にある文化に対する理解を深め、聞き手、読み手、話し手、書き手に配慮しながら、主体的に外国語を用いてコミュニケーションを図ろうとする態度を養う」と示している。「外国語の背景にある文化に対する理解を深め」ることは、世界の中の日本人としての自覚をもち、国際的視野に立って、世界の平和と人類の幸福に貢献することにつながるものである。また、「聞き手、読み手、話し手、書き手に配慮」することは、外国語の学習を通して、他者を配慮し受け入れる寛容の精神や平和・国際貢献などの精神を獲得し、多面的思考ができるような人材を育てることにつながる（文部科学省, 2017b, p.136）。

異文化間教育は、本来教科横断的に行われる教育でもあるが、我が国では道徳教育の一環として教科横断的に行われていることになる。また、道徳教育の要である「道徳科」には、4つの学習項目があり、そのうちの二つ「主として人との関わりに関すること」と「主として集団や社会との関わりに関すること」は部分的に異文化間教育と類似している。

B　主として人との関わりに関すること
　［相互理解、寛容］
　　自分の考えや意見を相手に伝えるとともに、それぞれの個性や立場を尊重し、いろいろなものの見方や考え方があることを理解し、寛容の心をもって謙虚に他に学び、自らを高めていくこと。

C　主として集団や社会との関わりに関すること
　［公正、公平、社会正義］
　　正義と公正さを重んじ、誰に対しても公平に接し、差別や偏見のない社会の実現に努めること。

（文部科学省，2017b, pp.139-140）

　「道徳」が教科になるということは、授業時数が確保され、教科書が用いられるということであるが、課題は異文化間教育に関係している内容に実際にどのくらい時間を割り当て、教師も学習者もどのくらい真剣に取り組むかである。[12]

6．異文化間能力の評価

　異文化間教育が十分に実施されていない日本の現状を変えるには、その重要性を主張するだけでなく、異文化間教育の評価方法を提案し、評価可能な教育であることをまず理解してもらう必要がある。そうでないかぎり、異文化間教育は、いつまでたっても教育のメインストリームの一つにはなれない

12　日本の道徳教育の教科化は、学校における「いじめ」と深く関係しているので、教育の力点は異文化間教育とは異なっている。

であろう。また、異文化間能力の評価方法を確立し、入試科目にも加えられるようにならないと、異文化間教育は教育の現場では重要視されないであろう。学習指導要領でいかにりっぱなことが書かれていても、これからも「笛吹けど踊らず」の現状が続くであろう。

　一方において、異文化間能力の測定・評価は、言語運用能力の測定・評価ほど容易ではない。そのことは、グローバル・コンピテンスが評価項目に加えられた2018年度のPISAにおいて読解リテラシーなどの評価項目の調査には参加しても、グローバル・コンピテンスの調査には参加しない国や地域があることを見てもわかる。日本の不参加の理由について、文科省は「(グローバル・コンピテンスの)調査の方法はまだ発展途上だ。多様な価値観や視点がありうる問題や、文化的背景に影響される問題の出題が想定され、それらを一つの指標で順位付けされる懸念がある」(『朝日新聞DIGITAL』，2018年3月9日5時)としている。確かに、グローバル・コンピテンスの評価は、数学的リテラシーなどを評価するのとは異なり、「多様な価値観や視点」からする必要があり、かつ学習者が少なからず「文化的背景に影響される」ことを考慮しなければならない。同様の問題が2017年に公開された『ヨーロッパ言語共通参照枠』(CEFR)の補遺版であらたに加えられた複言語・複文化能力、媒介のCAN-DO型の能力記述文をめぐっても指摘されている。複言語・複文化能力、媒介は、異文化間能力と深く関係している能力であるが、これらの能力は評価になじまないとしてフランスの3つの学会が批判している。彼らの批判は、大きく2つに分けることができる。ⅰ)評価のできないものを評価しようとしている；ⅱ)優劣をつけるべきでないものに優劣をつけようとしている。この批判は、日本の道徳教育を評価の対象にすることに対する批判と似ているが、このような批判には大きな問題がある。それは評価と能力に関する一般的な議論が抜け落ちていることである。

　この問題について考えるまえに、評価をめぐる最近の世の中の趨勢を見ておきたい。

6.1 評価と教育改善

　近年、教育の分野においても評価が重要視されているが、それは科学的証拠(エビデンス)に基づいた教育と教育施策が求められているからである。例えば、2009年に開始されたメルボルン大学他の共同プロジェクトである

第2章　異文化間教育とグローバル教育

ATC21s（Assessment and Teaching of Twenty-First Century Skills）は、独自の21世紀の教育目的や目標を作成するために、既存の12の21世紀の教育構想を分析した。その結果、21世紀に必要な10の重要な能力を抽出したが、各機関の教育目的や目標としている能力に関する記述が、計測可能性の観点からまだ不十分であることを指摘している（Binkley et al., 2012, pp.33-36）。計測可能でなければ、その能力を評価することはできない。そして、「このような21世紀の教育目的や目標に関しては、高度な評価なしには、多くの学習者のための意義のある教育の組織改革をいつ、どのようにして行われるのかの見通しをたてるのがむずかしい」（ibid., 2012, p.36）と主張している。つまり、ATC21sの「21世紀型スキル」では、評価こそ教育を変えることができると考えているのである。

我が国においても2015年に「経済財政運営と改革の基本方針2015」が閣議決定され、そのなかで「エビデンスに基づく（基づいた）PDCAサイクル」という表現が6回使われている。そして、文教・科学技術分野についても「政策の効果について科学的な手法に基づき予算と成果をチェックするなど、エビデンスに基づいたPDCAサイクルを徹底する」(p.40)とされている。例えば、「高等学校基礎学力テスト（仮称）を活用した高等教育におけるPDCAサイクルの構築（案）」では、PDCAサイクルは、Plan（目標設定）「教育目標の設定、教育課程の編成、指導計画の作成・見直し」→ Do（実行）「多様な教育活動の展開」→ Check（評価）「多面的な学習評価の充実、高等学校基礎学力テスト（仮称）」→ Action（改善）「生徒への学習指導、教材研究」となっている。ここでも評価が教育改善のために重要な役割をしている。[13]

6.2 新しい能力としての異文化間能力

現代は、変動性（volatility）、不確実性（uncertainty）、複雑性（complexity）、曖昧性（ambiguity）、略してVUCAの時代であると言われることがある。松下は、「このような後期近代社会を生きるために必要な能力として、多くの経済先進国で教育目標として提唱されるようになった能力」（松下, 2016, p.139）を「新しい能力」と呼んでいる。具体的には、OECDのDeSeCoの「キー・コンピテンシー」、PISAの「リテラシー」、ATC21sの「21世紀型

13　文部科学省の第5回「高大接続システム改革会議」の配布資料。

スキル」などが「新しい能力」である。彼女によると、「〈新しい能力〉の新しさは、①多くの国々で共通に、また、初等中等教育から高等教育・職業教育、労働政策に至るまでの幅広い範囲で主張されていること、②目標として掲げられるだけでなく、評価の対象とされていること、③知識・技能などの認知的側面だけでなく、興味・関心などの情意的側面や対人関係能力などの社会的側面をも含む人間の能力の全体を包含していること、といった点にある」(松下, 2016, p.139)。また、松下は別のところで、「〈新しい能力〉の特徴は、第一に、認知的な能力だけでなく対人関係的な能力や人格特性・態度なども含む人間の全体的な能力に及んでいること、そして第二に、教育目標や評価内容として位置づけられ、教育の過程のなかに深く入り込んでいること」(松下, 2011, p.39) を指摘している。このように、「新しい能力」は、評価の対象になっていて、教育の過程のなかに深く入り込んでいる。

　異文化間能力は、DeSeCo の「キー・コンピテンシー」の一つ「異質な集団で交流する」、PISA の「グローバル・コンピテンス」、ATC21s の「21 世紀型スキル」の一つ「市民性」、また「CCR フレームワーク」(後述) の「人格」と共通点がある。したがって、異文化間能力は、「新しい能力」の一つとして、また評価の対象として見なすことができる。問題は、異文化間能力を評価するか、しないかではなくて、異文化間能力の何をどのように評価するかである。

6.3 異文化間能力の評価

　評価するためのデータを得る手段としては、ある質問に対する回答を数値化することが目的の「量的調査」と課題や質問に対する調査対象者の言動を記録収集する「質的調査」がある。一般的には、量的調査は選択式の質問紙を用いて実施し、結果は収集した回答を統計処理することによって得られる。それに対して、質的調査ではインタビュー、観察、自由回答記述などを実施し、結果は収集した言動の文字データ、音声データ、画像データなどを分析することによって得られる。量的調査は、調査対象者間の比較をする「相対評価」に向いているが、質的調査はそうではない。質的調査は、むしろ調査対象者の個々の目標達成度を問題にする「絶対評価」に向いている。

　この節のはじめで、CEFR の増補版をめぐる議論について言及したときに、複言語能力、複文化能力などを評価することに対するフランスの学会による批判には能力に関する一般的な議論が抜け落ちていることを指摘した。それ

は、くわしくは、第一に、複言語能力、複文化能力という能力の「種類」とCAN-DO 型の能力記述文によって示されている教育目標（学習目標）とは区別して議論するべきであり、第二に、教育目標はつぎのように3つに分けて議論するべきであるということである。

　教育目標の分類方法の一つであるブルーム・タキソノミーでは、教育目標の行動的局面（行動領域）を、knowledge（知識）、skill（スキル）、attitude（態度）の3つに分ける。このKSA（Knowledge, Skill, Attitude）と呼ばれている3分類はあらゆる教科の教育目標にあてはめることができるので、現在、様々な教育分野で広く用いられている。異文化間能力についても、Byram、Deardorff、AAC&U などがこの分類法を用いていることはよく知られている。教育目標の knowledge, skill については、一般的に質問紙等を用いる量的調査による評価を行う。それに対して、attitude は、一般的に量的調査に加えて、自由記述などによる質的調査をして評価をする必要がある。教育目標の認知的側面である knowledge, skill は、数値化することが可能であり、量的調査をすることができる。量的調査をすれば、ある程度客観的な比較が可能になり、学習者間の優劣をつけたり、順位づけしたりする相対評価が可能になる。それに対して、教育目標の情緒的側面である attitude は、量的調査だけでは十分に評価することができない。attitude は、客観的な比較をすることが困難なだけでなく、調査対象者の置かれている文化的、社会的背景に影響される程度が大きいので、その背景と切り離して相対評価をするべきではない[14]。

　能力の種類によって、knowledge, skill, attitude の重要度は異なっている。attitude が最も重要であると考えられる種類の能力もある。異文化間能力はその一つであり、その attitude を評価することも重要である。異文化間能力に関する knowledge と skill は主に量的調査をして相対評価をし、attitude については量的調査と質的調査によって得られた結果を絶対評価する。attitude の主に質問紙による量的調査によって得られた結果は、調査対象者自身が絶対評価（自己評価）をして、目標達成度を知ることができるようにする。また、ある質問や課題に関する自由記述等による質的調査の結果は、教員が

14　異文化間能力の attitude の相対評価には、このような問題があるので、2018 年度の PISA のグローバル・コンピテンスの調査は見送ることにした文科省の判断は妥当であったと思う。

絶対評価をして、指導に役立てるようにする。[15]

　attitude は、個々のケースについてどのような態度（スタンス）をとるかは、個人が決めることなので、このように評価の仕方は knowledge と skill のそれとは異なっている。しかし、寛容・不寛容（排他）、受容・排斥、興味を持つ・無関心、尊重・軽蔑など、すくなくとも一般的にどのような態度があるのかは教える必要がある。

7．これからの異文化間教育──他者との差異から学ぶ

　最後に、なぜいま異文化間教育を実施する必要があるのかを別の観点から考えてみたい。「違うこと」に寛容になるための異文化間教育が必要なのはもちろんだが、今日「違うこと」を新しいものの創造に結びつける異文化間教育も必要とされているように思う。

　つぎの図は、アメリカの「カリキュラム再設計センター」Center for Curriculum Redesign（CCR）が作成したもので、「CCRフレームワーク」（Fadel et al., 2015, p.43）と呼ばれている。Fadel et al.（2015, p.42）によると、この概念フレームワークは、OECD の Education 2030 プロジェクトと共同で既存の 32 種類のフレームワークを分析し、まとめて得られたものであり、21 世紀の生徒・学生が学ぶべきことを示している。

　我が国の新しい学習指導要領に記載されている、教育課程で育成するべき資質・能力の「三つの柱」は、この「CCRフレームワーク」を参考にして作成されたものである。[16] このフレームワークでも、既に述べた Deardorff などの異文化間能力の場合と同じように、KSA にしたがって学ぶべきことが分類されている。「知識」の次元で例として挙げられている「グローバル・リテラシー」は、つぎのように説明されている。

　　私たちの地球コミュニティは、ますます相互につながり続けていて、ひ

15　文部科学省（2017c：107-116）には、道徳科の評価の仕方がくわしく書いてあり、それによると量的調査や相対評価は行われない。「生徒の学習状況や道徳性に係る成長の様子を継続的に把握し、指導に生かすように努める必要がある。ただし、数値による評価は行わないものとする」（107）。「他の生徒との比較による評価ではなく、生徒がいかに成長したかを積極的に受け止めて認め、励ます個人内評価として記述式で行うことが求められる」（110）。
16　例えば『中学校学習指導要領解説　総則編』（文部科学省、2017 年 7 月）を参照されたい。

第2章　異文化間教育とグローバル教育

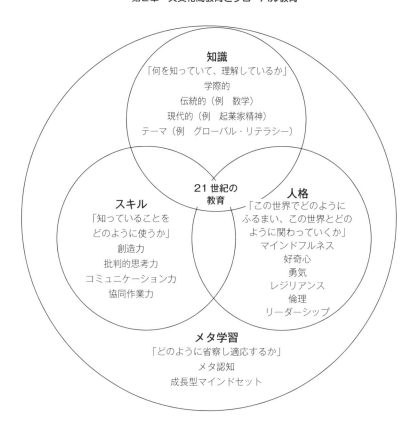

図2　CCRフレームワーク（Fadel et al., 2015, p.43）

とつの国の観点だけから学ぶのはもはや十分ではない。21世紀の教育としては、今や生徒がめいめい世界中の様々な文化的視点から各教科を学ぶ必要がある（Fadel 他, 2015, p.62）。

また「態度」に相当する「人格」には好奇心、倫理が含まれていてDeardorff の異文化間能力の「態度」の内容と共通点があるが、「スキル」の内容が大きく異なっている。創造力（creativity）、批判的思考力（critical thinking）、コミュニケーション力（communication）、協働作業力（collaboration）、

まとめて4Csと呼ばれる4つのスキルで構成されている[17]。ここでは、特に「創造力」に注目をしたい。なぜなら「創造力は、われわれが直面する21世紀の数多くの挑戦に対して革新的な解決方法を考え出すのに必要なので、21世紀のために生徒が学ぶべき最も重要なスキルであろう」(Fadel他, 2015, p.75)と思われるからである。日本では、産学人材育成パートナーシップ・グローバル人材育成委員会が、『報告書～産学官でグローバル人材の育成を～』(2010, p.31) のなかで、グローバル人材をつぎのように定義している。

　グローバル化が進展している世界の中で、主体的に物事を考え、多様なバックグラウンドをもつ同僚、取引先、顧客等に自分の考えをわかりやすく伝え、文化的・歴史的なバックグラウンドに由来する価値観や特性の差異を乗り越えて、相手の立場に立って互いを理解し、さらにはそうした差異からそれぞれの強みを引き出して活用し、相乗効果を生み出して、新しい価値を生み出すことができる人材。

このような「新しい価値を生み出すことができる人材」は、今日、実業界だけでなくすべての分野で求められている。そのような人材を育成するためにも、異文化間教育は貢献することができる。異文化間教育においては、創造性（力）は、異文化間の差異を活用して「差異から学ぶ」learn through difference ことによって養成される。ただし、OECD (2016a) では「異文化に適応する」と「エンパシー」が「スキル」に分類されていたが、Deardorff (2004)では異文化間能力ではなく、異文化間能力によって可能になる「望ましい結果」として分類されていた。同様に、創造性（力）も、異文化間能力によって可能になる「望ましい結果」として分類されるべきものであると思う。それは、異文化間教育の教育目標ではなく、あくまでも副次的産物だからである。

17　ほぼ同様のスキルの組み合わせが、Partnership for 21st Century Skills「21世紀のスキルのためのパートナーシップ」の The Intellectual and Policy Foundations of the 21st Century Skills Framework (2007, p.11) に記載されている。

第2章　異文化間教育とグローバル教育

文献

Barrett, M., Byram, M., Lázár, I., Mompoint-Gaillard, P. & Philippou, S. (2014). Developing intercultural competence through education. Strasbourg: Council of Europe.

Barrett, M., Byram, M., Lázár, I., Mompoint-Gaillard, P. & Philippou, S.(2014). Développer la compétence interculturelle par l'éducation. Strasbourg: Conseil de l'Europe.

Beacco, J.-C. & Byram, M. (2007). From linguistic diversity to plurilingual education: Guide for the development of language education policies in Europe Main version. Strasbourg: Council of Europe.

Beacco, J-C. & Byram, M. (2007). De la diversité linguistique à l'éducation plurilingue : Guide pour l'élaboration des politiques linguistiques éducatives en Europe Version Intégrale. Strasbourg : Conseil de l'Europe.

Binkley, M., Erstad, O., Herman, J., Raizen, S., Ripley, M., Miller-Ricci, M., & Mike Rumble, M. (2012). Defining Twenty-First Century Skills, in Griffin, P., McGaw, B. & Care, E. (eds.) *Assessment and Teaching of 21st Century Skills*. New York: Springer.

Byram, M. & Zarate, G. (1995). Young people facing difference Some proposales for teachers Language learning for European citizenship and European youth campaign against racism, xenophobia, anti-semitism and intolerance. Strasbourg: Council of Europe.

Byram, M. & Zarate, G. (1996). Les jeunes confrontés à la différence Des propositions de formation Apprentissage des langues et citoyenneté européenne et campagne européenne de la jeunesse contre le racisme, la xénophobie, l'antisémitisme et l'intolérance. Strasbourg : Conseil de l'Europe.

Centre Nord-Sud du Conseil de l'Europe (2008). *Guide pratique sur l'éducation à la citoyenneté mondiale*. Lisbonne : Centre Nord-Sud du Conseil de l'Europe.

Deardorff, D. K. (2004). The identification and assessment of intercultural competence as a student outcome of internationalization at institutions of higher education in the united states, Doctoral Dissertation, North Carolina State University.

Fadel, Ch., Bialik, M. & Trillin, B. (2015) *Four-Dimensional Education: The Competencies Learners Need to Succeed*, The Center for Curriculum Redesign, Boston.

Georgescu, D. (1997). Global Education Charter, 71-83, Appendix of North-South Centre of the Council of Europe (2008).

Georgescu, D. (1997). Charte d'éducation à la citoyenneté mondiale, 73-86, Annexe II de Centre Nord-Sud du Conseil de l'Europe (2008).

Huber-Kriegler, M., Lázár, I. & Strange, J. (2003). *Mirrors and windows – An intercultural communication textbook*. Strasbourg: Council of Europe.

Huber-Kriegler, M., Lázár, I. & Strange, J. (2005). *Miroirs et fenêtres – Manuel de communication interculturelle*. Strasbourg : Conseil de l'Europe.

Liddicoat, A.J., Papademetre, L., Scarino, A. & Kohler, M. (2003). *Report on intercultural language learning*, Research Centre for Languages and Cultures Education, University of South Australia & School of Languages and Linguistics, Griffith University.

Kramsch, C. (1993). *Context and culture in language teaching*. Oxford: Oxford University Press.

McLaughlin, M. & Liddicoat, A.J. (2005). Teachers' Professional Learning in the Context of Intercultural Language Learning.

North-South Centre of the Council of Europe (2003). *Global Education in Europe to 2015 Outcomes and Papers of the Europe-wide Global Education Congress Maastricht, The Netherlands 15th-17 th November 2002*. Lisbon: North-South Centre of the Council of Europe.

North-South Centre of the Council of Europe (2008). *Global education guidelines*, Lisbon: North-South Centre of the Council of Europe.

OECD (2001). *The Well-being of Nations The Role of Hum and Social Capital*. Paris; OECD.

OECD (2005). *The definition and selection of key competencies executive summary*. Paris; OECD.

OECD (2016a). *Global competency for an inclusive world*. Paris: OECD.

OECD (2016b). *PISA 2018 – Draft Analytical Frameworks*. Paris: OECD.

第1部　グローバル化する社会と異文化間教育

Partnership for 21st Century Skills (2007). *The Intellectual and Policy Foundations of the 21st Century Skills Framework*.
Rychen, D.S. & Salganik, L.H. (eds.)(2003). *Key competencies for a successful life and a well-functioning society*. Göttingen: Hogrefe & Huber. (D. S. ライチェン・L. H. サルガニク（2006).『キー・コンピテンシー──国際標準の学力をめざして』（立田慶裕監訳）明石書店）

大木 充（2014）.「グローバル人材育成政策と大学人の良識」西山・平畑（編）『「グローバル人材」再考』48-79. くろしお出版.
大木 充（2015）.「異文化間教育と市民性教育・グローバル教育」西山・大木（編）『異文化間教育とは何か』144-156. くろしお出版.
鹿嶋友紀（2005）.「サブサハラ・アフリカの言語政策の取り組みと今後の課題──教授言語を中心とする政策課題」広島大学教育開発国際協力研究センター『国際教育協力論集』第8巻第2号，97-109.
産学人材育成パートナーシップ・グローバル人材育成委員会（2010）.『報告書～産学官でグローバル人材の育成を～』
松下佳代（2011）.「〈新しい能力〉による教育の変容── DeSeCo キー・コンピテンシーと PISA リテラシーの検討」『日本労働研究雑誌』No. 614, 39-49.
松下佳代（2016）.「資質・能力の新たな枠組み──「3・3・1モデル」の提案」『京都大学高等教育研究』第22号, 139-149.
文部科学省国立教育政策研究所・JICA 地球ひろば共同プロジェクト（2014）.「グローバル化時代の国際教育のあり方国際比較調査」最終報告書（第2分冊）
文部科学省（2005）.「初等中等教育における国際教育推進検討会報告」
文部科学省（2017a）.『中学校学習指導要領』
文部科学省（2017b）.『中学校学習指導要領解説　総則編』
文部科学省（2017c）.『中学校学習指導要領解説　特別の教科　道徳編』

第3章

日本社会と異文化間教育のあるべき姿

細川英雄

はじめに

　本稿では、「日本社会と異文化間教育のあるべき姿」というタイトルで論を起こすことになるが、この編者からいただいたタイトルについて考えることは、様々な問題をはらんでいる。

　もしタイトルを字義どおりに捉えるならば、日本社会における理想的な異文化間教育のあり方を論じ、日本人はこのように異文化間を生き、グローバル社会に対応していくことが必要なのだという示唆を与える論考のように読めるだろう。

　しかし、ここには、いくつかの課題が存在している。

　すなわち、表題の課題を「日本社会と異文化間教育のあるべき姿」とすれば、それぞれ「日本社会」とは何か、異文化間能力とは何か、さらに、その教育とは何かという課題それ自体がきわめて重要な問いとして存在するからである。

　ここでは、このような課題についての筆者なりの立場を明らかにし、その上で、筆者の関心事の一つである「ことばの学習／教育との関係」を述べたうえで、最終的には、ことば・文化そして社会の課題を俯瞰した、「この私」の世界観を描いてみたいと思う。

1. 異文化間能力とは何か

「異文化間教育」は、字義どおりに見れば、「異なる文化間の教育」ということになろう。原語は、intercultural educationであるから、異なる文化を持った人との交流について考える教育ということになろうか。

しかし、よく考えてみると、intercultural educationとは、異なる文化を持った人との交流について教えるとは、どのようなことなのだろうか。しかも、そもそも文化とは何なのか。この文化を教えるという教育の内実そのものも、それほど明確になっているわけでもない。

そこで、まず考えられるのは、「異文化間教育」とは、「異文化間能力」の「教育」ということである。

「能力」とするからには、個人の有する能力という意味となるだろう。そうすると、「異なる文化に対する個人の能力」を想定することになろう。M.バイラムは、これをintercultural competencyと呼んだ。訳語としては、「相互文化能力」とした方がわかりやすい。[1]

本稿では、まず「異文化間能力」について、従来の言語・文化・社会といった項目との関係づけから位置づけ、それを自己・他者・社会および知識・方法・あり方という枠組みに沿って全体像を俯瞰することを目的とした。その結果、「教育」において、どのような視点が可能なのかという分類とその整理を試みてみることになる。

1.1 「異文化間能力」を考えるための分類の試み

欧州評議会が、コミュニケーション能力について、知識（savoir）、スキル（savoir-faire）、態度（savoir-être）の複合体とし、「社会的行為者とは、そうした能力を持ち、発展させ、ことばによる手段を使いこなして、ある文化環境で情報を得、創造し、学び、息抜きし、行動し、行動させ、つまり他者に働きかけ反応することができる者」という定義をしている（欧州評議会, 1997）。

---

[1] Interculcuralの訳語については、「異文化間」ではなく、「相互文化」がふさわしいことを細川（2015）で詳説した。

第3章 日本社会と異文化間教育のあるべき姿

まず、savoir は、「知る」という動詞で、名詞として使えば、「知識」ということになる。

つぎに、savoir-faire は、「なすことを知る」であるから、「何をしたらいいのかを知る」という意味だろう。つまり、知識に対する技能・スキルをさすのだろうが、もう少し大きく捉えて方法としてはどうだろうか。

三番目のsavoir-être は、なかなかわかりにくいものである。savoir-être の être は、「存在する」という意味の動詞なので、savoir-être は、「存在することを知る」というようなことになるわけだが、これではよくわからない。「存在する」とは「ある」ということであるから、そう考えれば、savoir-être は、「あることを知る」、つまり、「どうあるべきかを知る」という意味に解釈できるだろう。savoir-être には、いろいろな訳があって、「態度」というのがごく一般的で、「実存的」という形容のつくものもあるが、いかにも堅苦しい。そこで、「どうあるべきかを知る」という意味を尊重するならば、「あり方」という訳語が妥当であるように考える。

以上のような検討にしたがい、縦軸に自己・他者・社会を置き、それを言語・文化・社会と置き換えつつ、横軸に、知識・方法・あり方等をおいて、これらの世界の総体を描こうとしたものが以下の図である。

表1 ことばの活動と自己・他者・社会の関係

観点	対象	知識	方法	あり方	目的	能力	
自己	言語	構造・形式（文法・語彙・音声・表記）に関する知識　文法能力	構造・形式（文法・語彙・音声・表記）を運用する技能　社会言語能力		言語習得	言語能力	コミュニケーション能力
他者	文化	感覚・感情　価値観・考え方　興味・関心のありか	傾聴・提案　責任ある意見　相互理解　インターアクション能力	対話的信頼（異質性、多様性を認める寛容性、集団類型化からの脱却）	相互理解	相互文化能力（異文化間能力）	
				テーマ性（課題発見解決のための話題、私は何がしたいのか、何のために生きるのか、幸せとは何か、この社会は何のためにあるのか）			
集団	社会	歴史・政治・制度　社会文化能力	民主的・公共的・自律的　個人の力を集団の力として結集する対話　社会と私との接点		社会共生	社会でともに生きる力	
				市民性（課題解決のための社会における対話性のあり方、市民としてどのような社会をつくるのか、協働原理による関係構築、日常生活とことばのつながり）			

1.2「異文化間教育」として注目すべき、いくつかの視点

　まず、言語能力関係で言うならば、これまでその知識と技能については言及されてきたが、あり方についてはほとんど触れられてこなかったことがこの表によって明らかになる。

　相互文化能力の項目が、いわば、異文化間能力にあたるものである。

　相手との相互理解を行うためには、知識として、相手の個人としての感覚・感情を理解する必要があるし、そのためには、相手の興味・関心を知ることも関わりがあるだろう。このことは、その人の価値観や考え方、あるいは立場といったものともつながりがあるからである。

　ここで、個人と集団を分けて考えているのは、個人の価値観・考え方と、集団のそれとは必ずしも同じではないからである。というよりもむしろ、集団の価値観とは何かということを考えなければならない。集団の価値観というものが本当に存在するのかどうかということはきわめて疑わしいからである。個人が得た情報あるいはその経験や体験によっていつのまにかできあがったイメージによって人は集団に価値観があると思い込んでいるケースが多いからである。このことについては、文化の問題として、後述する。

　社会共生力は、そうした他者とともに集団としての社会の中でどのように生きていくべきかを論じるための観点である。従来、政治学・哲学・社会学などでのテーマとなってきた課題であるが、ことばによる活動という観点からみた場合に、きわめて不可分、不可避の課題であることがわかる。

1.2.1 目的とそのための能力について

　言語・文化・社会という項目別にそれぞれの目的を考えてみると、例えば、言語では言語習得、文化では相互理解、社会では社会共生というように、一見別々の目的を保持してきたように見える。したがって、それぞれの能力についても、言語能力、相互文化（異文化間）能力、社会共生能力というように、別個のものとして考えられてきた。

　しかし、このような一覧にしてみると、まさにこれらの目的および能力は、一つのものであることがわかる。

　例えば、言語習得が個体還元主義に陥っているという指摘があるが（石黒, 2005）、これは、この対象となるのが、言語の形式・構造であるからである。

第3章　日本社会と異文化間教育のあるべき姿

この表からもわかるように、その知識としての言語の形式・構造だけではコミュニケーションは成り立たないことは自明である。そこで、それらの知識を技能として運用できるようにすることが課題となる。しかし、そのあり方については、これまでまったくといっていいほど議論がなかったし、その姿も示されては来なかった。

なぜなら、言語を使用して活動するということは、他者とのやりとりが不可欠だからである。すなわち、他者との対話を前提としたあり方が問われているといえよう。

この他者の項目は、従来の文化にあたるものであるが、ここでは、他者と集団を区別して考えた。

「文化」の概念は集団とともに語られることが多く、これまでの「文化」解説の多くが国家・民族・地域等の集団という前提付きでこの概念を定義していることは明らかだ。さらに、従来の集団「文化」の多くは、ある集団的事象を個人のイメージや解釈によって判断したものであるにもかかわらず、あたかも実体をともなった確固とした存在であるかのように説明される例が散見する。

こうした集団としての文化を私は「文化論」（文化について解釈したもの）と呼び、「文化」そのものと区別して扱うべきものという提案をしたことがある（細川, 1999, 2002）。また、上記の個人間の相違については、人それぞれの価値観や考え方、立場等が異なるところから、「個の文化」と呼んだものである。

ただ考えてみると、こうした二項対立的分類では、問題は解決しそうにない。例えば、日本文化という実体は存在しなくとも、自分のなかに日本文化のイメージがある限り、その個人にとっては、日本文化は存在すると主張しつづけることになるし、そうしたイメージを持つ人にとっては、それが幻想であるかないかという議論そのものに組する理由がないのであろう。

したがって、ここでは、日本文化が存在するかしないかという議論ではなく、その個人が持っているイメージとしての日本文化の存在は認め、その上で、そのようなイメージを持つにいたる個人の感覚や感情あるいは価値観といったものとの関係について考えることとする。

したがって、ここでの集団というのは、集団としての実体を指すけれども、それがどのような社会であるかは、それぞれの個人のイメージによるものだ

と考える。例えば、日本には、日本という国家という制度があり、この制度のもとでの政治があり、法律が立案され、行政が行われている。そのことを知識として理解することは重要である。その知識のうえで、どのような運用がなされているのかを考えることもまた重要であろう。これをことばの活動としてみる時、どのようなあり方が要求されるのかもまた記すべきである。以下、知識・方法・あり方に沿って、よりくわしく見てみることにしよう。

1.2.2 知識の項目について

構造・形式（文法・語彙・音声・表記）に関する知識は、これまで一般的には、文法能力と呼ばれてきたものである。しかも、言語教育という分野では、これまで一つの言語をいかに効率的に学ぶ／教えるということが中心であったが、人の日常にもっと即してみると、個人は、両親のことばを家族の中で受け継ぎ、育つ地域のことばを享受し、国家のことばを学習する。そして、他者とことばを共有し、地理的に離れた地域・社会のことばを学び、それらを総合して、自分のことばを形成していく。このような個人の中の複数の言語的要素の存在を考えると、一人の人間の中での、母語・第二言語・外国語の包括的統合の問題を無視できなくなる。

この課題は、一つの社会における多言語多文化という考え方（多言語多文化主義）から、一人の人間の中の複数の言語・文化という発想（複言語複文化主義）への転換を示唆している。このことはさらに、ことばは、言語学で区切られた6000〜8000の境界だけではなく、地球上の個人の数だけ、すなわち60億のことばがあると考える可能性に広がっていく[2]。

これを他者との文化との関わりという観点からみると、感覚・感情・論理との関係が指摘できる。ことばの活動が、身体としての感覚、精神としての感情、思考としての論理と一体化したものであることと符合する。これらが

---

2 言語の境界が人の数だけあるということになると、むしろ世界の言語はすべて複言語であり、単言語というものは存在しないという論理が成り立つだろう。例えば、日本語というのは、一つの言語ではなく、無数の個人語が集まって、たまたま日本語という言語があるということになる。もちろん、そこには、一定の法則的なもの、緩やかな枠組みのようなものは存在し、その範囲内であれば、相手の言っていることが比較的容易に理解できるというようなことになるのだろう。単言語が存在しないとなると、複言語主義の定義も大きく変わってくるにちがいない。複言語主義とは、言語学上で分類された言語を複数持つこと、あるいは、そのことを改めて主張することではなく、本来、人間とは複言語的存在なのだということを提案する立場こそ本来の複言語主義だということになるだろう。

一つになって、個人としての価値観・考え方などを形成するものであるからだ。同時に、対象である他者がどんなことにどのような興味・関心をもって行動しているかを知識として知ることとも関わりがある。

集団的な側面では、それは歴史・政治・制度・社会といった事柄・現象およびシステムと無関係ではない。かつてネウストプニー（1995）が社会文化能力と呼んだものは、この社会に関する知識であると解釈できよう。

1.2.3 方法について

前述のように、知識としての言語の構造・形式（文法・語彙・音声・表記）ではコミュニケーションとして成立しないため、これらを運用する技能が必要となる。言語教育分野での教授方法の開発が中心的課題となるが、他者の文化との関わりを考慮すると、相手の話をよく聞いたうえでの、話者の提案というような対人関係上のスキルに注目することになる。

つまり、相互理解のためには、まず傾聴があり、その上で主張・提案がなされる。この関係は、インターアクション能力（ネウストプニー，1995）と呼ばれるものである。

ここでは、他者との関係における責任性が不可欠となる。さらに、後述するように、このことは自己と他者の関係におけるテーマの存在が不可欠となる。集団的観点からは、自己と他者のやりとりが、いかに民主的・公共的・自律的に行われるかという課題と重なる。個人の力を集団の力として結集する対話という課題ともつながる。

このテーマは、社会と私との接点という形で、集団的側面と関連している。

1.2.4 あり方について

以上のような知識・方法を結ぶものとして、その「あり方」が問われることになる。

冒頭で示した「社会的行為者とは、そうした能力を持ち、発展させ、ことばによる手段を使いこなして、ある文化環境で情報を得、創造し、学び、息抜きし、行動し、行動させ、つまり他者に働きかけ反応することができる者」という定義からすると、たんに言語を使えるかどうかということではなく、他者に対して、どのような働きかけができるかということを問題にしていることがわかる。

そうだとすると、ここで問われているのは、自己の他者に対するあり方、または、社会における自己のあり方ということになろう。

この場合に、他者と社会は、分かちがたく存在している。なぜなら、私たちは、他者の背景に社会をみるわけだが、実際は、自己のイメージによって社会を形成し、そのイメージとしての社会のなかに他者をみるからである。

自己の他者に対するあり方、または社会における自己のあり方が、それぞれどうあるべきかを考えることが、いわゆるインターカルチュラル・エデュケーションとなり、それはそのまま社会における市民性のあり方ともつながることになる。

さらに、市民性というタームを軸に考えると、ことばによる活動がいかに公共的なものであるかということとも関係が深いことがわかる。

言い換えれば、ことばを使って他者に伝えるという行為とは、それぞれの個人的な私的領域から公共的な公的領域への橋渡しになっていると考えることができるだろう（アレント，1994）。つまり、言語教育とは、個人が社会とつながるための公共性の教育であるということができるからである。

他者との対話的信頼の関係を取り結ぶためには、異質性、多様性を認める寛容性が不可欠である。その際には、集団類型的な思考から解放されなければならない。

それは、課題の発見・解決のための話題であると同時に、自分は何がしたいのか、何のために生きるのか、幸せとは何か、この社会は何のためにあるのか、といったテーマ性が不可欠となる。

これを集団的態度として考えるならば、社会における対話性のあり方、すなわち市民としてのことばの活動のあり方と連動する。市民としてどのような社会をつくりたいか、競争原理ではなく、協働原理による関係構築を目指すこと、個人一人ひとりの日常生活とことばのつながりを考え、自律的な言語活動の充実が課題となる。

2．「異文化間能力」は教えられるのか
──テーマ生成のための場づくりの可能性

　では、こうした「異文化間能力」は教えられるのかということが課題となろう。この場合の「教える」とは、固定的な知識・技能を教え手が学び手に与えるという意味である。異文化間能力を個人の相互文化的な関係能力と捉えると、それ自体を「教える」ことはできない。つまり、それはあくまでも、個人が自ら学び取るものであって、外部から与えられるものではないからである。こうした自己・他者・社会の関係を、知識や方法を「教える」という観点ではなく、人間の自律的な形成という視点から捉えようとする試みは、既にいくつか試みられている。

　例えば、1990年代後半から日本語教育の世界で起こった総合活動型実践には、このコンセプトにきわめて近いものがある。今世紀に入って始まった「相互文化的出会いの自分誌」(M.バイラムほか編、欧州評議会、以下、AIE) も、その試みであることがわかる。また近年、教室と社会を結ぶ教育実践の試みが、数多く提案されている。教育実践は、その全体的な視野と枠組みの中で考えられるべきであり、それは、前掲の図表全体として検討すべきことを示している。

　さらに、AIEと総合活動型実践で共通するのは、テーマの発見という課題である。

　自分のテーマを発見することというのは、自己・他者・社会の循環の中で、自分のやりたいことを見つけるということであるから、いわゆる社会的な現象の一つ一つも、実際は、どこかで自分のテーマとつながっていることに気づくことだということができる。そういう自覚なしに、現象を情報と捉えて云々することは、単なるおしゃべり、あるいは政治社会談義になってしまう。アカデミック・リテラシーで、どんなにスキルを学んでも、問題を自分のこととして捉えることができない、いや、学べば学ぶほど離れてしまう、わからなくなるということは、このことを指している。

　そうではなく、すべてを自分の問題として捉えたとき、そこに社会の中で他者とともに生きる自分の姿が見えてくるということなのではなかろうか。したがって、自分の興味・関心についてその理由を徹底的に考えることによっ

て、いわゆる社会現象も、教科書のなかにある事象としてではなく、あくまでも自分の問題として捉えられるようになること、これが社会とのつながりということになるのだろう。

　こうした個人事象記述という活動は、従来のアカデミックな世界では、「私語り」という表現によって、むしろ否定的に捉えられてきた。その結果として、自己の外側にあるものとしての社会リサーチ的立場が常に優位であり、言語教育においても、そうした社会リサーチの手順を方法化したものをアカデミック・ライティングと呼んで言語訓練の対象としてきている（門倉ほか, 2005）。

　しかし、ここで重要なことは、自己を起点としつつ、自己・他者・社会の循環を考えることなのである。これは、ことばの活動を「私語り」として個人のなかに閉塞させず、常に自己と他者の関係性として捉えること、つまり公共性への展開なのである。したがって、この場合の個人事象記述とは、ただ単に自分の個人的な話をするという意味ではなく、自分が選択したテーマと自己との関係について語り、それが自己・他者・社会のつながりとどのような関係にあるかを考えることなのである。[3]

　このような立場は、ことばの教育における大きな変革の必要性、つまり人間のためのことばによる活動の役割を再検討する機会を与えることになる。それは、習得を目的化した技術方法論からの脱却を意味しているし、その脱却の向こうには、どのような民主的な社会を目指すのかという市民性形成の問いが待っている。このことは、言語教育という営みが、いわゆる「教授法」の次元を超え、それぞれの理念によって支えられなければならないことを示すものであろう。このことは、自己のテーマをめぐる議論の場の形成と、その方向性をつくっていこうとする、「ことばの市民」（細川, 2012a）という概念へとつづくものがある。[4]

3　個人記述の意味については、細川（2016）に詳述した。
4　ことばの市民とは、社会中でことばによって活動する個人を指す。この場合のことばは、決して個人の中で完結しない。その活動は、自己と他者との関係性として捉えられなければならない。社会に生じる、様々な課題を解決する鍵も、このことばの活動とその教育にあるはずである。言語教育と市民性形成に関しては、細川ほか（2016）参照。

3．改めて「日本社会」とは何か

　ここで、もう一度日本社会とは何かという課題について考えてみよう。
　私たちは、日本社会に暮らし、日本社会にいると考えている。
　たしかに、日本という国は、地理的に東アジアに属し、有史以来、中国および韓国の影響下のもとで、文化的発展を重ねてきた。江戸時代の長い鎖国のあと、明治以降は、ヨーロッパの影響のもとで国家的枠組みが形成され、また、第二次大戦後は、アメリカの強力な支配のもと、現在に至っている。
　したがって、日本社会のあり方を世界の中できわめて特殊なあり方として、その独自の形態を主張する考え方もある。少なくとも、アジアの一員でありながら、欧米の影響を色濃く受けつつも、決して欧米と同じではない、という認識が多くの論者の指摘するところでもあろう。
　ゆえに、「日本社会における」という論点は、きわめて説得力のある、重要な視点であるように扱われるのであろう。
　しかし、個の視点に即して考えてみると、日本社会に関するイメージは、本当に一人ひとり異なるものである。しばしば使われる「日本社会では……」というまえがきは、ほとんどが書き手の勝手なイメージによってつくられた「日本社会」像であるにもかかわらず、いつのまにか普遍的、絶対的な「日本社会」が存在するかのような印象を読者に与え、読者もまた、そのことを疑うことなく、いつの間にか「日本社会」イメージを共有してしまう。しかも、その「共有」したと思っているイメージもまた、決して共有されないものであるにもかかわらず、そのように思いこまされてしまうところに、このタームの罠がある。
　このように、日本社会というものが固定的な枠組みとして考えられてしまうところをどう乗り越えるかという点も、言語・文化・社会の観点から自らの世界観を形成するために重要であろう。
　ここでいう、自己と社会との関わりというのは、自分の世界（宇宙）の認識ということである。
　例えば、家族というものを一つの社会として考えると、家族という枠組みがあって、その枠の中で一人ひとりの個人が暮らしているというふうに考えがちである。

ところが、生まれて育った家族というものに対しても、その中のメンバーの家族への思いや捉えかたは一人ひとり違う。一方では同じだと考え、一方では違うと捉え、だからこそ、それぞれの認識が異なると知ったとき、固定的な家族のイメージは簡単に崩壊する。このように、私たち一人ひとりは、自分の周囲の状況に対して、常に何らかの固定的なイメージを持ち続けていて、それが社会だと思い込んでしまう。
　しかし、本当はそうではなく、一人ひとりが勝手に自分の独自のイメージでその社会を描いているに過ぎない、つまり、社会の中心は、自分自身なのだ。だからこそ、その世界の中心である自分にとって社会とは何かを考えることは、自分とは何かと考えることとほぼ同義だといっていいことになる。隣にいる他者もまた、自分の世界を持ってその中で他者を判断しているから、この両者の世界は永遠に同一にはならないということなのである。
　そうすると、社会を知るということは、自分のもっている社会イメージの複数性（無限性）、重層性、複雑性、困難性を知るということであり、これはまさに、自分自身を知る（知ることができない）ということでもある（ライール，2005）。
　だから、自己、他者、社会というものが、小さな段階から大きな段階への発展と考えるのは、いわば「常識」（多くの人がはまり込んでいる罠）で、実は、この三者は循環している、一つの大きな動態性だと考えることができる。つまり、自己＝他者＝社会の循環そのものと考えてもいいのだろう。
　したがって、「日本社会における」という前提は、安易に持ち出すべきことではなく、慎重によく検討しなければならない課題なのである。
　もちろん、ここから、コスモポリタニズムに安易に進めばいいというものでもない。むしろ、なぜ「日本社会」なのかという問いをもう一度問い直し、そこから国民・国家の枠組みだけではない、新しい個人のあり方を考える必要があるのではなかろうか。ここに、「個人と個人が向き合う異文化間教育の実施」（本書まえがき）の意味があるといえよう。

4．「この私」の世界観をつくる
　　　——「よく生きる」という市民性の課題へ

　最後に、「日本社会における異文化間教育のあるべき姿」という本題のテー

マにもどることになる。本書の「グローバル化する社会と異文化間教育」という大きなテーマのもと、ここでは、「言語教育」「異文化間教育」「社会共生」という三つの教育概念について検討してきた。

個人が言語を学ぶということは、言語・文化・社会の循環の中でどのように自らを位置づけるかという課題である。異文化間教育、すなわち相互文化教育として検討されなければならないものである。それは同時に、社会における共生と創造、他者とともにこの社会をどうつくっていくかということを考えることでもある。

既に述べたことを繰り返せば、intercultural（相互文化的）とは、個人それぞれが異なる文化を持つ（同じ文化の個人は存在しない）という前提のもと、自らのイメージ・解釈としての「文化」に気づき、同時に、様々な「文化論」の罠を乗り越えつつ、自己と他者が協働して関係性を構築し、新しい創造的な世界を築いていくというプロセスである。それは「個の文化」が相互的かつ複雑に交差しあう関係のあり方そのものを指す教育であり、そのような言語活動の場を形成することが言語文化教育と呼ぶべきものである。すなわち、人が生きる上で不可避の課題としての相互文化教育 intercultural education なのである。

Interculturality（相互文化性）とは、複数のアイデンティティを保持しつつ行われる、他者との相互関係性そのものを指し、「言語教育」とは、この地球上の、様々な人々と、ともに生きていくための社会を形成するための、基盤的な、ことばによる教育を指す。したがって、ここでいう「言語教育」とは、言語を教えることを目的化しない、しかし、言語による活動の場を保障し形成する教育のことである。

その意味で、本書のタイトルの「異文化間教育 intercultural education」とは、国家・民族間に限定した集団類型の特徴や傾向を学ぶことでは決してなく、むしろそうした集団類型を超えて、どのように人と人が理解しあえるか／しあえないか、を考える場を形成することでもあろう。

言語教育として考えたとき、言語習得を目的としない言語活動とその活性化が一つの意味を持つことになる。それは、ともに生きる社会において、一人ひとりが充実した言語活動主体として、自己・他者・社会を結ぶにはどう

したらいいかという課題でもある。

　すばらしい、一つの方法で学習すれば、必ずその言語が使えるようになるという保障のどこにもないことは、この200年の近代史の中で明らかだ。つまり、ことばを習得するための、万人にとっての魔法の杖など、どこにも存在しないのである。

　それは、母語話者・非母語話者という区別を超える活動、つまり統合的な学習／教育を目指すことであり、日本国内の文脈で言えば、国語と日本語という境界の解体を意味するにちがいない。そして、このことは、行為者一人ひとりが、一個の言語活動主体として、それぞれの社会をどのように構成できるのかという市民としての課題に向き合うことなのである。

　私たち一人ひとりは、常に自由であることを希求する。個人一人ひとりが自由であるためには、それぞれの属すコミュニティにおいて公共性が保障されなければならない。コミュニティにおける公共性のためには、対話による合意が不可欠だからである。

　そうした対話による合意は、個人一人ひとりの納得の上に成立することであり、その納得こそが公共性へ向けて自己をひらく原動力でもある。

　このような対話による合意によって私たちがともに生きる社会では、個人一人ひとりが社会と関わりをもちつつ、対話のための充実した言語活動主体としてどのように生きるのかという課題でもある。

　この問いは、「最も尊重せねばならぬのは、生くることにあらず、よく生くることなり」というソクラテスの名言とも重なる。個人一人ひとりが、ことばによる活動を軸に、他者を受け止め、テーマのある議論を展開できるよ

5　こうした個人から社会へ、社会から個人へという、いわば個人と社会の循環をことばの教育として構想することにどのような意味があるのかという点について、1991年のスイス・リュシュリコン・シンポジウム以降、欧州評議会を中心にして、様々な検討がなされてきたといえる。例えば、欧州評議会の言語教育政策では、特に「複文化性 Pluriculturality」「相互文化性 Interculturality」の二つが主張されている（福島、2011参照）。

6　言語教育の世界では、これまで多くの学習者はその言語を学びその運用を習得することで、それが直接的に何かの役に立つことだと信じて学習してきた。そして、言語教師もまた、その学習者の願いをニーズとして受け止め、効果的・効率的な学習／教育を目指して様々な教育活動を行ってきた。しかし、そのことで学習者は自分を取り囲む様々な問題についてどのように考えることができたのだろうか。あるいは、これから言語を学ぶ人たちはそのような学習環境の中で、どのように個人と社会の関係について関わることができるのだろうか。このような問いは、ことばを学習することが即座に何かの役に立つという考え方そのものへの批判として今、私のなかにある。

うな場（共同体）を形成すること、あるいはそのような意識を持つ実践活動こそ、この社会において必要なことであろう。

　今、重要なのは、この混迷する社会の中で、価値観の異なる多様な他者との関係において、ことばによって自己を表現するとともに、その他者を理解し、ともに住みよい社会をつくっていくこととそのための意識改革であろう。それは、私たち一人ひとりが社会と関わりをもつにはどうしたらいいかという課題でもある。

　そして、このことは、行為者一人ひとりが、一個の言語活動主体として、それぞれの社会において「よく生きる」という課題を担うことであり、同時に、その社会をどのように構成できるのかという市民としての自覚化の課題と向き合うことでもある。

　このことは、行為者一人ひとりが、一個の言語活動主体として、それぞれの社会をどのように構成できるのか、つまり社会における市民として「この私」がどのような言語活動のあり方を有するかという課題と向き合うことである。この「この私」の市民性形成こそが、言語教育、相互文化教育（異文化間教育）、社会共生の重要使命であり最終的な目的なのである。

文献

アレント、ハンナ（1994）.『人間の条件』ちくま学芸文庫.
石黒広昭（1998）.「心理学を実践から遠ざけるもの」佐伯胖、宮崎清孝、佐藤学、石黒広昭『心理学と教育実践の間で』東京大学出版会、pp.103-156.
門倉正美（2004）.「〈学びとコミュニケーション〉の日本語力」門倉正美・筒井洋一・三宅和子編『アカデミック・ジャパニーズの挑戦』ひつじ書房、pp.5-14.
牲川波都季・細川英雄（2004）.『わたしを語ることばを求めて――表現することへの希望』三省堂.
バイラム、マイケル（2015）.『相互文化的能力を育む外国語教育――グローバル時代の市民性形成をめざして』（細川英雄監修、山田悦子・古村由美子訳）大修館書店. Byram, M.S. (2008). From Foreign Language Education to Education for Intercultural Citizenship. Multilingual Matters.
福島青史（2011）.「『共に生きる』社会のための言語教育――欧州評議会の活動を例として」『リテラシーズ』8、くろしお出版　pp.1-9.
細川英雄＋NPO法人言語文化教育研究所スタッフ編（2004）.『考えるための日本語――総合活動型日本語教育のすすめ』明石書店.
細川英雄（編）牛窪・武ほか（著）（2006）.『考えるための日本語【実践編】――総合コミュニケーション育成のために』明石書店.
細川英雄（1999）.『日本語教育と日本事情――異文化を超えて』明石書店.
細川英雄（2002）.『日本語教育は何をめざすか――言語文化活動の理論と実践』明石書店.
細川英雄（2012a）.『研究活動デザイン――出会いと対話は何を変えるか』東京図書.
細川英雄（2012b）.『「ことばの市民」になる――言語文化教育学の思想と実践』ココ出版.
細川英雄・三代純平（2014）.『実践研究は何をめざすか――日本語教育における実践研究の意味と

第1部　グローバル化する社会と異文化間教育

　　可能性』ココ出版．
吉島茂・大橋理枝 他（訳）（2004）．『外国語の学習、教授、評価のためのヨーロッパ共通参照枠』
　　朝日出版社．
「相互文化的出会いのための自分誌」フランス語版：http://www.coe.int/t/dg4/autobiography/default_fr.asp
Puren、Christian (2012). « Perspective actionnelle et formation des enseignants : pour en finir avec le CECR ». http://www.christianpuren.com+/mes-travaux-liste-et-liens/2012b/
欧州評議会「複言語複文化能力とは何か」コスト、ムーア、ザラト．姫田麻利子訳
　　https://rm.coe.int/168069d29e
ネウストプニー、J. V.（1995）．『新しい日本語教育のために』大修館書店．
ライール、ベルナール（2013）．『複数的人間——行為のさまざまな原動力』法政大学出版局．

異文化は理解できるか
―― 私の生きた異文化間性をめぐって

西山教行

　これまで日本では様々な立場から異文化間教育について考察が深められてきました。外国語教育、とりわけ英語教育は「異文化間教育」というよりは「異文化理解」として主題化する傾向が多いのですが、私はこれに絶えず違和感を覚えてきました。異文化を「理解する」という態度にどうしても同意できないところがあるのです。そこでなぜ「異文化理解」に違和感を感じて、「異文化間教育」や「異文化間性」といった概念により共感を覚えるのか、そもそも「異文化」は「理解」することができるのか、これを自分の体験に即して考え、異文化間性のありかを経験の視点から考えてみたいと思います。なお本稿での「異文化」とはなによりもフランス語そのものであることを確認しておきたいと思います。

1．私にとってのフランス語のイメージ

　私は現在、大学で言語教育学や言語政策を教えていますが、それと同時にフランス語も教えています。私にとってはフランス語教育が私と異文化間性の関係を考える時の出発点だろうと思います。
　私は大学でフランス文学を専攻するためにフランス語を学んだことから、フランス語との関わりを始めました。その時の自分にとってフランス語とは

1　英語教育における異文化理解については、塩澤、吉川、石川（編）（2010）を参照。

あくまでもフランス文学との結び付きから捉えられたものでした。もちろん、フランス語がフランス以外の国や地域で使われ、そこから多様な文学や文化が生まれていることは知っていましたが、具体的にそのような文学にどのような価値があるのか、深く問いただしたことはありませんでした。フランス語はフランス文明によって代表されるときわめて素朴に考えて、19世紀や20世紀のフランス文学を学びたいとの強い欲求を持っていました。このようなフランス語に関するイメージを持ちながら、大学院博士課程の時に初めてフランスに留学し、現実のフランス語やフランス社会などと接触しました。ところが、それは私がそれまで学んできたフランス語の世界、すなわち19世紀や20世紀初頭のフランス語やフランス文学の世界とは明らかに異なる世界だったのです。私が学んできたフランスやフランス語とは、あくまでも文学の世界に閉じ込められたフランスやフランス語であって、現代世界のなかで生活のために使用され、政治や社会生活を論ずるために使われているフランス語とは必ずしも同じ価値を持っていなかったのです。

　このような体験は私に限らず、フランス語を外国語として学び、初めてフランスに足を踏み入れた時に、誰もが多かれ少なかれ感じる体験だと思います。ところが、このような異文化体験は、自分が憧れをもって学んできた言語やその言語が使われている国に対するあこがれが消失すれば、つまりハネムーン期がすぎ、対象に慣れ親しんでしまえば、終わってしまいます。ハネムーン期にはすべてが光り輝き、肯定的に映ります。しかしその後には、そのハネムーン期とは対照的に、すべてが否定的に見えてしまう時期が訪れます。そしてその否定的な時期を経て、私たちは対象言語や文化をある程度は相対的にみるようになり、自分が憧れを持って学んできた文化や言語には良いところもあれば、悪いところもあるといった世界観に到着するのです。この結論は平凡といえば実に平凡なものですが、このような統合の段階に到るまでには様々な葛藤があるものです[2]。

　私の場合も例外ではなく、ハネムーン期間を経て、その後、フランスやフランス人、あるいはフランス語に対する激しい嫌悪感を経験し、フランスにも良いところもあれば、悪いところもある、非常に高度で高級な文化もあれば、実に卑俗で、耐え難い文化もあることを実感しました。ここまでの歩みはご

---

[2] フランスに対するこのような異文化体験はこれまで「パリ症候群」として語られたこともあります（太田，1991）。

第4章　異文化は理解できるか

く一般的で、誰しも異文化の中での生活を通じて体験することだと思います。

2．ルワンダからみたフランス語

　二度目の留学は33歳からの一年間でしたが、その時の経験は初めての留学を大きく塗り替えるものでした。1994年からの留学では、フォントネー・サンクルー高等師範学校に併設されたフランス語普及教育センター（略称クレディフ）という研究所で行われた一年間の専門家研修に参加しました。この研究機関は、その当時、フランス語教育に関する研究機関としてはフランスで最も優れたもので、「外国語としてのフランス語」を研究対象とするフランス有数の研究者が集まっていました。そこでの一年間にわたる研修は前期と後期に分かれており、世界各地からやってきた15名程度の研修員が集まり、文字通り寝食をともにしました。研修には、シリア、イラン、レバノン、クウェートといった中東諸国、あるいはベネズエラ、チリ、ボリビア、エクアドル、メキシコといったラテンアメリカ、さらにはルワンダ、チャドといったサハラ以南のアフリカからの参加者もいました。ヨーロッパについては、エストニア、アルバニア、ハンガリー、ロシア、旧東ドイツ、オーストリア、スペインといった国々から、アジアでは日本とベトナムからの参加者がいました。これらの国をみると、西側の国が少なく、東側の国が中心で、また途上国が大半を占めていることに気がつきます。先進国と称される国は日本とオーストリア、あるいはスペインくらいでした。ドイツからの参加者も旧東ドイツの出身であり、西側のフランス語教育を受けた人ではありませんでした。

　私を除くほぼすべての参加者は大学の専任教員や高校教員、また日本での教育委員会の教務主事などの立場にある人で、フランス語の非常勤講師といった不安定な立場の人間は私一人でした。

　クレディフとは1951年にフランス政府がフランス語を世界に普及する観点から設置した研究機関で、フランス外務省の対外言語政策と密接な関係をもつ、いわば国策機関でした。私はフランスの対外言語普及政策の中枢に置かれたのですが、そのような事情をまったく知ることなく、フランス語教育

3　この研修について研修報告書を作成しました（Nishiyama, 1996）。また前年度の研修に参加した同僚もまた報告を残しています（長野, 1996）。

第1部　グローバル化する社会と異文化間教育

学の研修を受けることになりました。私はフランス政府給費生として専門家養成の研修を受講することをただ素直に喜んでいましたが、他国からの参加者は私と同じような素朴な感情を必ずしも持ちあわせてはいませんでした。これは研修を通じて次第に気がついたことでした。

　研修生はみなフランス政府から給費を受けて、研修に参加していましたが、それぞれフランス語普及に関するミッションを持っていました。私は一介のフランス語教師として、特別なミッションを持たないと思っており、シャンソンの教材化をプロジェクトに取り組んでいたのですが、実は私にも在京フランス大使館から託されたミッションがあることに気がつくようになりました。日本は1996年に国際フランス語教授連合世界大会を開催することとなっており、外国語としてのフランス語教育の専門家を養成する必要があったのです。そこで、フランス政府はフランス外務省が全面的に支援する世界大会を実施するために専門家の養成を企図し、私の研修はそのような世界大会の文脈に組み込まれていたのです。

　とはいえ、私がそのような「ミッション」を自覚するようになるのは研修が半ばを過ぎた頃だったかと思います。これは私を始めとする日本人全般が欧米への留学を自らの社会的上昇の機会であると考えるばかりで、それがどのような社会構造に組み入れられているのかほとんど自覚がないためだと思います。ましてその社会構造に組み入れられることによって、私をそのような構造に組み入れる相手がそこからどのような利益を得ているのかは、ほとんど論じられることがありません。政府留学生とはあくまでも俊英に与えられる桂冠であり、国家の承認という栄誉を受けるに他ならず、それがどのような政治的効果をもたらすものか、あるいはそれがどのような戦略に基づいて行われるのかについて目を向けることはないのです。

　これに対して、他国の多くの研修員ははじめからなんらかのミッションを明確に認識しており、そのために、フランス政府が非常に経費のかかる研修に参加させることを双方の暗黙の合意にもとづく契約のように考えていました。例えば、フランス政府がシリア人をフランス語普及の研修に参加させるのは、フランスがシリアでフランス語教育を進める具体的な政策や戦略を持っており、その政策を実現する上で、現地のアクターの存在が必要だと考えたからなのです。研修員となるシリア人が優秀であるからその報奨としてフランスに招き、優れた教育を与えているのではないのです。一方で、シリ

第4章　異文化は理解できるか

ア人はこのような「ゲームの規則」を承知のうえで、自己の利益を獲得するために、すなわちフランスでの専門研修により社会階層の上昇をはかるため研修に参加したのです。クレディフの研修責任者は研修生には研修を欠席する権利がないと研修初日の挨拶で喝破し、研修生を当惑させましたが、それはこのような暗黙の契約を背景としていたのです。

　この研修を通じて得たことは単に専門的知識の獲得や、それを通じたフランス政府の対外フランス語普及政策の理解にとどまりません。研修員はみな一つの寮で半年あるいは一年間を過ごし、その中で多様な異文化性を体験することとなりました。その中で私はルワンダ人を隣人として一年を過ごすこととなりました。

　ルワンダは1994年4月から6月にかけて、大虐殺と呼ばれる悲劇を体験し、国民のおよそ10分の1にあたる50万人から100万人の人々が命を落とすという悲惨な出来事を経験したアフリカの小国です。[4] フランス留学の直前に当たり、新聞報道などを通じてそのような大虐殺がルワンダで行われていることを知っていましたが、よもやフランスでその国から脱出してきたルワンダ人と一年間にわたり寝食をともにするとは考えたこともありませんでした。そのため私は、研修のはじめに、ルワンダでの大虐殺がなぜ、どのように行われたのか、ほとんど無知といってよい状態でした。フランス語圏のアフリカの小国で民族がお互いに虐殺を繰り広げている。そこではかつての宗主国であったベルギーや、またアフリカで大きな覇権を持つフランスが直接に、また間接に関わっているらしいという、漠然たる情報の他に知識を持っていなかったのです。

　ルワンダでの大虐殺は民族虐殺とも呼ばれ、多数派のフツ族がその少数派のツチ族を、またはそのツチ族を擁護したフツ族を虐殺し、フツ族による国家統治の安定を図ったなどと伝えられていますが、ルワンダ人の話を断片的に聞くにつれ、物事はそれほど単純ではないと気づくようになりました。ルワンダ人のパスカルは、その大虐殺の現場から逃れてきた人間で、それまで国民教育省に務め、初等教育のカリキュラムの作成を担当していました。パスカルの母親と父親はそれぞれ異なる民族に属していましたが、異民族婚はめずらしいものではなく、二つの民族は平和に暮らしていたのです。ところ

4　日本語によって大虐殺について知るには、ゴーレイヴィッチ（2003）が重要です。

が大統領の暗殺をきっかけとして大虐殺が始まると、過激派のフツ人は首都に居住する穏健派のフツ人を殺戮し、そのためにパスカルは家族を残し一人ブルンジへと向かい、フランス空軍に助けられフランスへ逃れてきたと語っていました。その後、どのような経緯をたどってか記憶に定かではありませんが、この研修に参加する奨学金を獲得したのです。パスカルはフランスに逃れてからというもの、故国との交信が途絶え、家族の生死について知ることのないまま数ヶ月を過ごしていましたが、私は彼にその悲劇の詳細を問いただす勇気を持ちあわせませんでした。パスカルがルワンダでの出来事を少しずつ語るようになるのは、家族の生存が確認されてからのことでした。

　ルワンダ人のみたフランス語の世界は、私がそれまで経験してきたフランス語の世界とは著しく異なったものでした。ルワンダは1890年からドイツの植民地になりましたが、その後、第一次世界大戦でのドイツの敗北により1924年に宗主国が交代し、1962年までベルギーの支配下にあった小国で、ベルギーはフランス語による植民地支配を行ってきました。ルワンダの主要な言語はキニャルワンダ語で、フランス語も公用語として使われていました。とはいえ、ルワンダ人のすべてがフランス語を話すにはほど遠く、2014年の推定ではわずかに6％程度の人口がフランス語を理解するにすぎません（Wolff, 2014）。パスカルはフランス語による教育を受け、フランス語で仕事してきたことから、フランス語を流暢に操っていました。とはいえルワンダ人にとってのフランス語とはかつての植民地支配の道具であり、さらに大虐殺の中でフランスが果たしてきた役割を考えると、フランス語はもっぱらフランス人の介入を想起させるものに他ならず、高級文化の輝きを映し出すものではありませんでした。

　と同時にルワンダ人にとってフランス語は、この国の未来を作るためにも欠かせない道具でもあるのです。フランス語がなければ国民教育を進めることも難しく、経済活動や隣国との交易にもフランス語は不可欠であることから、フランス語には肯定的な価値と否定的な価値が混在しているのです。[5] このような愛憎相半ばするフランス語を用いてパスカルはフランス政府から

---

[5] ルワンダ政府はフランスの影響力を退けるため、また現在の権力者がアメリカで養成を受けたことから、2003年に英語を公用語として採用し、2006年にフランスとの国交を断絶し（2009年に国交回復）、2010年には教育言語をフランス語から英語に交代させ、フランス語を公用語の地位から退けてしまいました。現在のルワンダ政府はルワンダを英語圏の国とするような言語政策を採用しています。今のところ、英語話者は人口の3％程度を占めると言われています。

奨学金を受けて研修を受け、その知識を故国の復興に生かしたいとの希望を語っていました。

　地政学的観点からみると、ルワンダは西側にコンゴ民主共和国を初めとするフランス語圏諸国を抱え、東側にはタンザニアを初めとする英語圏の国々と対峙し、フランス語圏と英語圏が対決するかなめに位置しています。このような地政学的配置のため、ルワンダの大虐殺はフランス語圏と英語圏のヘゲモニーをめぐる闘いをも意味していたのです。当時のルワンダの反政府勢力はフランスの軍事支援を受け、英語圏の支援を受けた政府に対峙していたといわれています。このため、ルワンダ人の間では、フランスの武器供与によって大虐殺が発生したとの言説が支配的で、フランスには大虐殺の間接的な責任があるとの論調が根強く残り、そのためにルワンダはフランスが国際法廷においてルワンダ人を断罪する意向を示したこともあって、2006年にフランスとの国交を断絶したほどです。

　とは言え、このような国際政治の実相を知るのはパスカルと出会い、また別れてからしばらく経ってのことで、パスカルはそのような過酷な現実が存在するにもかかわらず、むしろ過酷な現実であるが故にフランス語を学び、またフランス語による教育を進める必要があると切々と語っていました。アフリカ人にとってフランス語習得は知的な動機というよりも、祖国の発展や教育の振興といった社会的要請が遥かに重要な課題になっており、フランス文明の輝きが彼らを魅了することはきわめて少なかったのです。

　クレディフでの研修は6月に終わり、パスカルはその夏に帰国を果たし、家族と再会の喜びを味わうことができたようです。しかし、その一方でケニアへの出張の折に投函されたハガキによって、職場の同僚がすべて殺害されていたことを伝えてきました。大量殺戮はごく身近に迫っていたのです。

　しかしながら、パスカルとの出会いはこれで終わりませんでした。その年の12月に所用でフランスへ行った折の機内で、私は偶然にパスカルと再会することになったのです。フランスのニュースを見ていたところ、その日はフランス国民議会のルワンダ問題調査委員会が調査報告書を議会に提出する日でした。そのためニュース番組は委員長を交えて、ルワンダの大虐殺に関する小特集を放送していました。大虐殺についてフランスの関与があったとの論調も既にあったことから、フランス側だけではなく、ルワンダ人の意見も取材していたのです。番組では、ルワンダの首都キガリにあるフランス・

ルワンダ文化センターでのインタビューを放送していました。すると、そこにあらわれたのはパスカルで、ためらいながらも一語一語を確かめるように大虐殺に関する証言を行っていました。パスカルはフランス政府機関であるフランス・ルワンダ文化センターで働いていたのです。私の喜びと安堵感はどれほど大きなものであったことか。と同時に、大虐殺の後に、フランス政府機関で働くことがどれほどの葛藤をパスカルに生み出したことか、想像にあまりあります。今から思えば、このポストが数年後のパスカルの運命を変えることになったのかもしれません。

　その後、数年が経ち、私が新潟大学に職を見つけるようになってから、ある時国際電話がかかってきました。パスカルがケニアから電話をかけてきたのです。電話でパスカルは自分の窮状を訴え、自分は今、祖国を追われ、ケニアのナイロビにいること、民兵に追われて困窮し、路上生活を送っていること、についてはフランスにいる妹を通じて援助をしてもらいたいことを伝えてきました。パスカルは、大虐殺が沈静化して、帰国した後も、民兵の追跡を受けて、国を離れざるを得なくなってしまったのです。これはフランスの政府機関で働き、パスカルが親仏的なルワンダ人と見なされたためなのか、理由は謎のままです。ケニアの首都ナイロビには多くのルワンダ人が難民生活を送っており、そのためにルワンダ人民兵が脱出したルワンダ人を追尾していたのです。パスカルはナイロビに留まることもできず、大きなルワンダ人共同体があったアフリカ南部のジンバブエに逃れたようですが、その後さらにまたタンザニアへと逃亡を重ねたようです。そして、タンザニアのアリアンス・フランセーズでフランス語教師の職を見つけたとの連絡がありましたが、この便りを最後に凧の糸は途切れてしまいました。パスカルはタンザニアからも追われてアフリカを彷徨する歩みを続けているのでしょうか、私にはもはや知る術がありません。

　パスカルとの出会いは、ルワンダからみたフランス語の世界をフランス語により支配を行った側からではなく、フランス語による支配を被った側から世界をみるといった経験を私にもたらしたものでした。そして、フランスの介入が国家に悲劇をもたらした点で、国際政治に翻弄される人々を間近にみる体験を与えてくれました。と同時に、フランス語を学ぶ目的が日本人のように高級文化の指向ではなく、国作りに関わるという実用性の極みにあることを知った点でも私のフランス語観を問いただすものでした。実に、国際政

治の過酷な現実との関わりで見つめたフランス語は高級文化の光をもたらすよりも、文明を破壊する腐臭すら漂う言語に他ならないものでした。

つぎに実際のアフリカの大地からみたフランス語を考えたいと思います。それはギニアからみたフランス語のイメージです。

3．ギニアからみたフランス語

私は東京で暮らしていたころ、あるアフリカ文化の集まりでギニア人の青年ムスタファと知り合いになり、交友を深めていました。ムスタファは親戚を頼りに日本に出稼ぎに来ていたのです。ムスタファは、1995年の夏にギニアに里帰りをするため、フランスでの研修後に一緒にギニアを訪問しないかと私に呼びかけ、私はその申し出を直ちに受け入れました。

ギニアは西アフリカに位置するフランス語圏の小国で、フランスが19世紀の終わりから1958年まで、およそ60年間にわたり植民地支配を続けてきた国です。ギニアはフランスからの独立に当たり、ブラックアフリカの中では最も厳しい脱植民地化運動を行った国です。第二次世界大戦後、1955年のバンドン会議を受けて、世界各地では民族解放運動が高まり、その一つはアルジェリア独立戦争へと展開し、フランス植民地帝国全体が独立運動へと進む中で、当時のド・ゴール大統領は第5共和制を改編し、フランス共同体として再編するとのプランを掲げ、アフリカの植民地に新たなフランス共同体への参加を求めました。その中でギニアはただ一つフランス共同体への加盟に否（ノン）を突き付けたのです。その時の独立運動の指導者はその後に大統領となるセク・トゥーレ（1922-84）でした。セク・トゥーレはギニアの独立へ向けて国民を指導していきましたが、他のアフリカ植民地はいずれも共同体への参加を希望し、2年後の独立を求める中でギニアだけが唯一共同体への加盟を拒否し、即時の独立を表明しました。そのためにド・ゴール大統領は、「ギニアを許さない」といった捨て台詞を残して、大統領はギニアからの引き上げを決定しました。[6] フランスは60年あまりの植民地支配を通じて、ギニアの都市、とりわけ独立以降首都となるコナクリの整備を行ってきましたが、ギニアの独立に当たり、ド・ゴール大統領はフランス人の全

6　この間の事情についてはギニア人歴史家の著作 Kabe（1990）を参照しました。

面的な即時の引き上げを決め、それまでの植民地時代に作られてきたインフラをすべて破壊し、机一つにいたるまで資産をフランスに持ち帰りました。フランス人は首都を壊滅的な状態にいたるまで破壊し、それまでに蓄えた資産をすべてフランスに持ち帰ってしまい、また、軍用車両などを谷底に突き落とし、使用不能にしてしまうなど、国づくりを進める上での妨害を限りなく行っていたのです。そのためギニアにはその後の開発を可能にする資材が払底してしまったそうです。

　この出来事はギニア人にとって周知のことですが、私にとってはまったく初めて聞く逸話で、あまりにも信じがたい現実でした。ギニアに滞在した2週間のあいだムスタファの親族や友人など幾多のギニア人と語り合った多くの話題は、フランスとの忌まわしい過去に関わるものでした。

　ギニアには公用語のフランス語の他に、民族構成に対応するように六つの国語があります。ムスタファはマリンケ人でしたので、その友だちはほとんどがマリンケ語を話す仲間でした。私はマリンケ語のいくつかの挨拶を覚えたにすぎず、ギニア人とはもっぱらフランス語でコミュニケーションする以外に方策はありませんでした。しかし、すべてのギニア人がフランス語を話すにはほど遠く、フランス語話者は人口のおよそ24％にすぎません。実際のところ、地方に行くと、少数の若いギニア人を除けば、ギニア人の多くはフランス語を話すことがありませんでした。

　とはいえ私が出会ったギニア人はいずれも、私よりも流暢なフランス語の話者でした。しかし、ギニアの歴史を、とりわけフランスとの苛酷な闘争の歴史についてフランス語を媒介として聴くことは、私にとってきわめて居心地の悪い体験で、あたかも自分の知られざる過去を暴かれるような不快な気分を味わいました。もちろん、ギニア人はフランス語教師の私を糾弾したわけではないのですが、私は自分が同罪に列しているかのように思われたのです。ギニア人の口から発せられるフランス語で語られるフランスとは、私がそれまで文学を通じて学び、慣れ親しんできたフランスの対極にあるものでした。フランスは人権宣言を発布し、民主主義の母国だと語られてきましたし、また現在でも民主主義の母国を自負している国でもあります。しかし、これまでの植民地の歴史をたどると、フランスは人権を抑圧し、人種差別を徹底的に進め、「原住民」を弾圧した国であり、それもフランス語を媒介として支配を行ってきた国でもあります。私は、それまで歴史の教科書が触れなかっ

第4章　異文化は理解できるか

たフランスの暗い過去について、ほとんど考えたこともなければ、体験したこともありませんでした。ところがギニアではフランス語を媒介として、これまでのフランスの負の遺産について知ることを余儀なくされたのです。私にはフランス語以外に過去のフランスの負の遺産を受け止める言語がなかったわけです。私はフランス語を学ぶ中で、フランス語の輝かしい歴史や文化を学んできたのですが、私がギニアで発見したのは、むしろフランス語によって作られてきた暗闇の歴史だったのです。

　ギニアとフランス語の関わりは他の旧植民地と較べても、ことのほか複雑です。というのもフランスとの激しい独立闘争を経たために、独立後にギニアはフランスと国交断絶をするに至り、その結果として東側諸国の陣営に与することとなり、フランス語を教育現場から排除する措置をとったのです。セク・トゥーレは植民地主義者のフランス語ではなく、民族語による教育を切望し、隷属の道具であったフランス語を通じて国民アイデンティティを作り上げるのではなく、自由をもたらす民族語を通じてギニア人としてのアイデンティティの構築を狙ったのです。実際のところ、ギニア人のアイデンティティ構築に対するセク・トゥーレの渇望は強烈で、その気概は「私は隷属の中の豊かさよりも、貧困の中の自由を選ぶ」といった名言にも読みとることができます。とはいえ、セク・トゥーレの高潔な独立心は現実の言語政策の実施を前に消え去ります。民族語による教育は数年後には失敗し、あらためてフランス語による教育へと逆戻りしてしまいます。ギニアの民族語は学校教育を行う上での言語整備が十分でなく、そのためにフランス語でなければ国民教育を行うことはできなかったのです。またフランス語以外に国民全体の共通語となる言語は存在せず、さらに隣国との交易にもフランス語は不可欠だったのです。

　セク・トゥーレの箴言はギニア人の心に深く刻み込まれており、二週間の滞在のあいだに幾度となく人々の口から発せられるのを耳にしました。しかし、このセク・トゥーレの言説それ自体もきわめて逆説的なものです。というのもセク・トゥーレはフランスからの独立運動を指導するにあたり、民族語ではなくフランス語を用いてギニア人民に訴えざるを得なかったからでした。セク・トゥーレの母語であるマリンケ語ではギニアの人民すべてに独立の呼びかけを届けることができなかったのです。とはいえ、このような事例はギニアに限られたことではなく、アフリカの多くの旧植民地が経験した逆

説でもあります。フランスとの最も激しい独立戦争を貫いたアルジェリアでさえも民族解放戦線はフランス語を共通語とすることによって独立を勝ち取りました。アルジェリアの作家カテーブ・ヤシン（1929-89）は、フランス語はアルジェリア人にとって「戦利品」であり、闘いを通じて獲得したものであると看破しました。1966 年のインタビューでカテーブ・ヤシンはつぎのような発言を残しています。

　　フランコフォニーとは新植民地主義の政治機関であり、私たちの疎外を永続させるに他ならない。しかしながら、フランス語を使用することは、私たちが外国勢力のエージェントであることを意味するものではない。私がフランス語で執筆するのは、フランス人ではないことをフランス人に告げ知らせるためなのだ。[7]

カテーブ・ヤシンに比肩するギニア人作家が同様の発言を行ったのかを確認することは、管見にして及びませんが、ギニア人にとってのフランス語も「戦利品」の一つであると思えてなりません。

4．フランス語教育・普及の倫理

　フランス語の価値を考えるにあたり、フランスとの対決や戦いを貫いたルワンダとギニアでの経験はきわめて特異なケースかもしれません。私はフランス語教師として、フランス語教育・普及を職業としてきたにもかかわらず、それまでフランス語教育や普及の倫理性を一度たりとも反省したことはありませんでした。フランス語教育や普及は生々しい国際政治の現実とは何ら関係がなく、あくまでも知の世界に展開するものと思いこんでいたのです。実際のところ、日本社会においてフランス語教育に従事することはフランスの利害や権益に関わるものではありません。日本とフランスはそれほどまでに遠く離れているのです。ところが、国際社会に目を転じてフランス語が社会的有用性を持つ国々の過去の歴史をひもといてみると、この同じフランス語には人権を抑圧し、また人間を支配してきた歴史があった事実に気づくので

7　https://fr.wikipedia.org/wiki/Kateb_Yacine

第4章　異文化は理解できるか

す。この負の遺産はフランス語教師としての私の実存と完全に切り離されているのでしょうか。もちろん政治的責任という観点では、私には何ら責任があるものではありません。しかしフランス語教師というフランス語普及の最前線に立っていた私はいわばフランス語との間に「心理的同一性」を実感し、それがためにフランスが関わった暗い歴史を非難されるたびに、心苦しさを覚えたのだと思います[8]。

この一方で、アフリカの旧植民地の各国にとって、とりわけフランス語を公用語として現在も使用している国にとって、フランス語は科学技術の言語であり、社会の発展に欠かせない言語であります。国民が公用語としてのフランス語を習得することなく、民族語の世界に閉じ込められているのであれば、国際社会との連携や交流、また国の発展を期待することは容易ではありません。

私たちが学校教育の中で教え、また学ぶことのできる言語はみな輝かしい歴史に彩られているわけではありません。むしろ教育の対象となる言語はこれまで人間を支配し、抑圧してきた歴史を持つ言語であります。さもなければ、この広い世界に広まることはなかったからです。

では外国語の教師とは、国際社会に向けて自国語普及を行っている国や政府の尖兵（エージェント）であり、その国益を支える兵士なのでしょうか。もし私がフランス人でフランス語の有用性に全幅の信頼をおき、フランス語普及こそが人類の理想を実現する方策だと確信しているのであれば、言語普及の営みに疑いのまなざしを向けることはなかったでしょう。しかしフランス語普及に向けたフランス政府の政治的意志とその政策の一端を体験し、またフランスとの深い利害関係を経験したアフリカ人との出会いを通じてマイナスの遺産にも触れてしまった以上、無邪気な誇りをもってフランス語教育に関わることにためらいや戸惑いを感じるようになったのです。

そこで、私は過去の歴史の中でフランス語普及の果たした役割や意義に関心を持ち、フランス語がどのように植民地で普及されてきたのかを研究するようになりました。すると19世紀から20世紀初頭にかけてフランス語をアフリカなどで教えようとしていた教師たちは「共和国の黒い制服の軽騎兵」と呼ばれ、フランス語普及の尖兵を担っていたことがわかりました。しかし

---

8 「心理的同一性」については、小坂井（2013）を参照。

ながら、そのような若きフランス人は必ずしも人権を抑圧し、「原住民」の抑圧を欲してフランス語教育に携わっていたものではないことも判明しました。むしろフランス語普及に関わってきたフランス人は共和主義の理想に燃えて、その理念を植民地に広めたいという熱い思いに駆り立てられていたのではないでしょうか。フランス語普及の歴史を調べ、また考えるほどに、フランス語普及・教育政策がフランス政府やフランス人がある地域や人民を搾取しようといった意図だけではなく、ある種の善意にもとづいていたと考えざるをえません。植民地主義の過程を通じて、その土地で搾取が行われたにせよ、現地社会の進歩に対する配慮などまったく存在しなかったなどとも明言できません。私たちはともすれば、植民地における言語教育や普及をすべて搾取や抑圧といった観点に還元してしまいがちですが、歴史の現実はあらゆる単純化を拒むものです。むしろ人間の善意こそが、結果として人間の搾取や、人権の抑圧を生むこともあるのです。[9]

　その一方で、日本人にとってフランス語は一万キロ以上離れた異国の言語であり、フランスは日本を支配したこともなければ、また日本がフランスを支配したこともなく、美術や文学を初めとする高級文化のイメージがフランス語を支配しています。日本はフランスやフランス語と深い関係を持つに至っていないため、日本人にとってのフランス語はあくまでも外国語にすぎず、フランス語については批判的な言語意識を持つことがありません。私たちがフランス語に抱く言語意識とは、フランス語が美しい言語であることや高級文化を運ぶ道具であるといった、もっぱら肯定的で心地よい印象にほかなりません。ところが、世界各国におけるフランス語の位相や普及の現状、言語意識を考えてみると、日本人の意識がきわめて例外的であり、特異であることがわかります。この特異性はもっぱらフランス語やフランス、フランス人との距離に由来しているもので、地理的社会的距離が対象を美化し、理想化してしまうのです。社会言語学者の鈴木孝夫は、軍事征服や大量の移民といった人的要素の接触を欠く西洋認識を「蜃気楼効果」と名付けましたが、日本人にとってのフランスやフランス語はその典型ではないでしょうか（鈴木，2000）。

---

[9] 19世紀末のフランス保護領チュニジアにおける「原住民」へのフランス語教育の中で、アラビア語やアラブ文化を何らかの形で活用した試みも、フランス語教師が現地文化を尊重することを通して植民地支配を強化した事例でしょう（Nishiyama, 2006）。

5．セガレンから考える「異文化」

　ここで「異文化」について、もう一度振り返ってみたいと思います。フランス語とは私にとって異言語であり異文化であり、その点で、フランス語は私にとって自分の外部に存在します。と同時に、私はフランス語を使うという意味でフランス語を内在化していることから、フランス語は私の内部にもあるといえます。私はフランス語をある程度内在化したからこそ、フランス語によるコミュニケーションが可能になったのであり、その習得の過程において私はフランス語に同化したのです。この一方で、自分のフランス語体験やフランス語という異文化体験が一方向的なものではなく、様々なフランス語話者との出会いを通じて双方向的なものになればなるほど、フランス語やフランス語を使用する文化に対して、「理解」という用語を使用するのが困難なことに気がつきます。「理解」とは物事の道理を把握することであり、また相手の立場や意図をよくわかることです。ところがルワンダ人やギニア人との関わりの中で見出したフランス語は、私がそれまで体験してきたフランス語であると同時に、アフリカ人が体験したフランス語であることから、私の理解を超えたものでもあるのです。私はアフリカ人のフランス語に向けた言語感情をすっかり理解するなどと強弁することはできません。フランス語による支配をまったく被ったことがない以上、フランス語に対する愛憎半ばする感情をどのように「理解する」ことができるのでしょうか。私は日本人としてフランス語を使い、フランス人とコミュニケーションを行うだけではなく、フランス人とは異なる立場からフランス語を使い、またフランス語を語る人々に出会う時、フランス語に関わる異なる眼差しや感情を知的に認識することはできます。そのなかには、自分の存在を揺るがし、自分の価値観に真っ向から対立する要素がしばしばあるものです。このような認識に目覚めると、フランス語に対する無批判的な礼讃や、言語に対するあこがれといった言語感情を持つことはきわめて困難になります。私は学生の時からフランス語が好きだったから、この言語を学び続けてきたのですが、このように素朴な関係性に基づいてフランス語を習得する人々が国際社会におけるフランス語話者の多くを占めるわけではありません。むしろフランス語が好きでなくともフランス語を勉強せざるを得ない、フランス語を身につけな

ければ社会的上昇をとげることができない人々がこの世界には多く暮らしているのです。このようなフランス語観を前にして、私はこれまでのフランス語やフランス文化に対する考え方がきわめて一方的で、また表層的であったことを認めざるを得ませんでした。

　ここでフランス人作家のヴィクトル・セガレン(1878-1919)の言説を紹介し、フランス語という「異文化」との関わり方を文学的な観点から深めたいと思います。セガレンは生涯を旅のうちにすごした作家で、タヒチや中国、さらには日本を訪れた経験もあります。セガレンの数多い著作のなかでも『＜エグゾティスム＞に関する試論』は異なるものに対する私たちの態度を考える上で、多くのヒントを与えてくれる作品です（セガレン, 1995）。この著述は1904年から1918年のセガレンの死にいたるまで断片的に著されたノートで、エグゾティスムと多様性をキーワードとして、様々な思念が自由に展開しています。「個人主義」と題する断片はつぎのような文言から始まります。

　　＜差異＞を感じることができるのは、ただ強烈な＜個性＞の持ち主だけである。(p.138)

　セガレンのこの断言はきわめて逆説的なものです。異文化を前にして出身文化との違いを感じることは誰にでもできることではなく、これは数少ない強烈な個性の持ち主に限るとセガレンは主張します。凡庸な人々は異文化と出身文化の間に違いを認めることもなく、異文化があたかも出身文化の延長線上にあるかのように眺めてしまうと分析するのです。したがって、ここでの「差異」とは数少ない人々が味わうことのできる価値なのです。そして、さらにこの断片はつぎのように続きます。

　　自分とは何であり何でないのかを感じる者だけが、素晴らしい感覚を十分に味わうことができるだろう。(p.138)

　自己とは何かを知るためには、自己とは何でないのかを知る必要がある。これは、他者との差異を知ることのできる人に与えられた特権であり、他者との違いに鋭敏な感覚を失われない者だけに与えられた能力です。セガレンは異なる他者との出会いを「エグゾティスム」という概念を用いて分析します。

第4章 異文化は理解できるか

ここでの「エグゾティスム」とは、自国のなかに存在する異国情緒や、また外国の珍しい風物をあこがれる趣味を指すものではありません。自分と異なる存在と出会った場合に自分と相手のあいだに差異を感じ、その間の距離を認める能力を指すのです。

　＜エグゾティスム＞とはそれゆえ、観光客や無能な見物人のあの万華鏡のような状態なのではなく、強烈な個性を備えたものが客体性を備えたものと衝突し、自分とそれとの距離を知覚し賞味する時に生じる生き生きとした、それでいて奇妙な反応である。
　＜エグゾティスム＞とはそれゆえ、順応することではない。つまり、人が自分の裡に抱きしめていたものが自分自身の外にあることを完璧に理解することなのではなく、永久に理解不可能なものがあるということを鋭く直接に知覚することなのである。(p.138)

ここでのセガレンの他者性についての認識は「異文化理解」といった予定調和的な発想を徹底的に退けるものです。むしろ異文化を理解することはできないと認識するところにこそ異文化と関わる秘訣があると主張するものです。セガレンはこのような慧眼をポリネシアや中国といったヨーロッパ文明とは圧倒的に異なる文化に対峙したことから得たのでしょう。他者を、すなわち圧倒的に異なる存在を理解できると標榜することは、他者を同化することができるとうぬぼれることに他ならないとセガレンは看破します。むしろ異なる他者を異なるものとして受け入れ、多様性を味わうことこそが、人間精神を高めるものなのです。そして、ここでの多様性とは他者を自分と異なる存在として認め、自分の理解へと還元しないことを意味します。そしてこの多様性の認識こそが「私たちの人格を、この＜宇宙＞全体でもって限りなく豊かにする」(p.139) と断言するのです。

外国語や異文化を前にして重要なことは、他者や異なる存在を理解したとうぬぼれるよりも、他者性を理解することができないとの葛藤に沈み、その中で他者性を徹底的に味わうことであり、そこには、うぬぼれよりも無力感が、他者への知的道徳的支配よりも他者への尊重が生まれるのです。私が異文化理解という用語にいつも不満や単純化の恐れを感じるのは、そこには他者を理解できるという不遜な心が潜んでいるためです。むしろ他者や異なる

存在には、私たちを超えた、私たちのまったく理解できない何ものかが潜み、時にそれは私たちに葛藤や軋轢をもたらすのです。そして、このような葛藤や軋轢こそが異なるものとの出会いを養い、私たちの人間性をいっそう高め、さらには寛容を養うのです。

6．結語として

　この稿を「異文化は理解できるか——私の生きた異文化間性をめぐって」と掲げ、個人的な体験を連綿と綴ってきたのは、私がフランス語という異文化をどのように経験し、自己と他者の間をどのように往来したのかを振り返り、明らかにするためです。異文化間教育をめぐっては抽象的な理論が多く積み重ねられてきましたが、言説の理論的な構築だけではなく、具体的で個別的な異文化をめぐる体験もまた異文化間性をめぐる議論を豊かにする上で重要なのではないでしょうか。

文献

小坂井敏晶（2013）.『社会心理学講義　＜閉ざされた社会＞と＜開かれた社会＞』筑摩書房.

長野督（1996/1997）.「サン・クルーの丘から——CREDIF 研修記」『ふらんす』1996 年 4 月号〜1997 年 3 月号.

太田博昭（1991）.『パリ症候群』トラベルジャーナル.

塩澤正，吉川寛，石川有香（編）大学英語教育学会監修　（2010）.『英語教育学大系第 3 巻　英語教育と文化——異文化間コミュニケーション能力の養成』大修館書店.

鈴木孝夫（2000）.『鈴木孝夫著作集　第 4 巻　武器としてのことば』岩波書店.

Gourevitch, Philip（1998）. *We wish to inform you that tomorrow we will be killed with our families : stories from Rwanda*, Farrar, Straus and Giroux.（フィリップ・ゴーレイヴィッチ著　柳下毅一郎訳（2003）.『ジェノサイドの丘——ルワンダ虐殺の隠された真実』上、下、WAVE 出版．)

Kabe, Lansiné（1990）, *Le « non » de la Guinée à De Gaulle*, Paris : Éditions Chaka.

Nishiyama, Noriyuki（1996）. « Nouvelles tendances de la didactique du FLE - compte rendu du stage annuel du CREDIF- »（外国語としてのフランス語教育学の現在——フランス語普及教育センター年間研修報告書）,『明治大学大学院文学研究論集』第 4 号, pp.85-103.

Nishiyama, Noriyuki（2006）. « La pédagogie bilingue de Louis Machuel et la politique du protectorat en Tunisie à la fin du XIXe siècle », *Revue japonaise de didactique du français, vol. 1, n. 1, Etudes didactiques*, pp. 96-115.

Segalen, Victor（1986）. *Essai sur l'exotisme*, Saint-Clément-de-Rivière : Fata Morgana（ヴィクトル・セガレン、木下誠訳（1995）.『〈エグゾティスム〉に関する試論／覊旅』現代企画室）

Wolff, Alexandre（coordination et rédaction）, *La langue française dans le monde 2014*, Paris : Nathan, 2014.

Wikipedia フランス語版　Kateb Yacine. https://fr.wikipedia.org/wiki/Kateb_Yacine

編者インタビュー　Part 1

ダニエル・コスト

外国語教育を支える異文化間能力の育成

訳・注：倉舘健一

Profile：リヨン高等師範学校名誉教授、元 CRED-IF（フランス語普及研究センター）所長。CEFR の著者の一人であり、欧州評議会言語政策部門の活動には指導的立場で貢献、執筆した関連文書も多い。彼の軌跡は FLE（外国語としてのフランス語教育）の形成と発展を体現している。インタビューではこれまでの関心の展開と上記の活動経験からインターカルチャーの教育的位置と教育像が解説されている。そのスタンスと背景が大戦後の欧州での言語科学の発展、教育需要の高まり、外国語教育学の形成、欧州統合とグローバル化といった社会的な歴史過程理解から示されている。

■　どのような経緯からこれまでインターカルチャーに関わっていらしたのですか。

主に外国語教授法、とりわけ「外国語としてのフランス語教育（FLE：Français Langue Étragère）」の立場からインターカルチャーと関わってきました。私が受けた専門教育はそもそも文学であり、その後に言語学へと移ってきました。そのころ、言語学研究はまだ現在のように専門化されていませんでした。文学や言語学の教育はその後の自分の研究活動を補完してくれています。インターカルチャーに関する考察は私にとって第一義的な関心領域ではありませんでしたし、現在でも必ずしも強い関心をひくというわけではありません。とはいえ、外国語としてのフランス語を普及する上で、様々な問題を考えてきました。そのなかで私はこのインターカルチャーの課題と接してきました。

第1部　グローバル化する社会と異文化間教育

　また多くの国内外の同僚、例えばマイケル・バイラム[1]や、ジュヌヴィエーヴ・ザラト[2]、ジャン＝クロード・ベアコ[3]などのフランス国内の同僚たちとの交流を通じてもインターカルチャーの課題と接してきました。その際には言語活動の観点から考えることが多く、厳密に文化の観点から考えることはあまりありませんでした。しかしその後、思索を深めるなかで、単に言語活動の現象と文化の現象を関係づけることだけが重要ではないこと、また言語活動の発達とは、文化に関する考察から独立して生じるものと理解できないのではないか、と次第に意識するようになってきました。つまり言語学習には複数の異なる文化があり、文化的次元があるのです。このように、その時々に生じた関係を通じて、これまで自分が考察してきた様々な言語学習の観点からインターカルチャーを考えてきました。

　そのなかで、インターカルチャーという課題を「中間言語＝言語間（interlangue）」の概念を用いた言語習得の仮説[4]、また異なる文化空間での文化的スキル（savoir-faire）形成の仮説、言語習得における「中間言語＝言語間（interlangue）」の概念と類比的関係にある「中間文化＝異文化間（interculture）」学習における動的な段階、学習者の発達段階として理解しようとしてきたのです。[5] そこで様々な「異文化間」の中間段階を、「言語間」の中間言語の段階と対比するようにして捉えました。「中間文法」が存在するように「中間文化」が存在し、様々な仮定やポジティブに捉えられるべき

1　Michael Byram はイギリス・ダーラム大学名誉教授。1997年に異文化間コミュニケーション能力モデルを提唱、この研究領域の牽引役となる。その後、言語教育を通じた社会や政治に参加する市民育成の研究などに積極的に関わっている。

2　Geneviève Zarate は、フランス国立東洋言語文化学院（INALCO）名誉教授。「複文化」の概念、特に「文化的仲介（médiation culturelle）」の概念周辺の研究に尽力。欧州評議会のプロジェクト「文化的仲介と言語教育（Médiation culturelle et didactique des langues）」に携わる。

3　Jean-Claude Beacco はフランス・パリ第三大学名誉教授。『ヨーロッパ言語共通参照枠（CEFR）』が策定された後、欧州評議会言語政策部門の顧問として、『ヨーロッパ言語教育政策策定ガイド』（2007）や『複言語・複文化教育カリキュラムの実施と発展のためのガイド』（2010）などの刊行を主導している。

4　第二言語習得論では1970年代、従来の誤用分析から、学習者言語の自律性を重んじる中間言語分析が注目されるようになった。中間言語は学習者の習得レベルや学習内容、母語などの影響を受け、個人によっても異なる。このようにある一定の規則を持ちながら、目標言語とは異なる学習者の言語を中間言語という。

5　詳細については下記の資料を参照されたい。
　　Daniel Coste, Danièle Moore, Geneviève Zarate (2009, version révisée 1997). « Compétence plurilingue et pluriculturelle ». Language Policy Division, Council of Europe Publishing, Strasbourg, France.

誤りの積み重ねがあり、また試行錯誤が絶えず行われるのです。私自身はこのような経緯からインターカルチャーにアプローチしてきたのだと思います。現在の考え方は少々異なるものとなっていますが、それについてはのちの回答のなかで説明することになるかと思います。

■　「異文化間能力」について、どのように捉えていますか。

　私自身は現在、「異文化間能力」を多様な面において捉えられるべきであり、いわゆる「文化」としての発想から切り離して捉えられるべきではないと考えています。それはまた「社会」として捉えられているものも同様です。これは前提となる現象の一つですが、私自身は次第に、現代のいかなる社会も多文化社会であり、多文化社会においては、社会的行為者が遂げるいかなる発展も、子どものころから複文化的にならざるを得ないと考えるようになりました。あるいは必要であれば、これも今後さらに議論されるべき観点かもしれません。しかしながら、社会の多文化性という事実から考慮するべきなのは、現実の多文化社会を生きるためには複文化能力が必要とされること、そして現実の多文化社会は複文化能力を発展させる必要のある人間を生じさせていることです。異文化間能力が必要となるのは、異なる社会空間へと往来する時であり、ある社会空間から異なる社会空間に移動する時なのです。どのような社会的行為者であれ、結局のところ非常に早い時期から複文化能力が必要になるのなら、早期からの複文化能力の育成が欠かせません。

　私にとって、異文化間能力とは、単に外国語学習によって発達するようなものではありません。われわれが今日暮らしている複雑な社会にあって社会化していく結果として生じる何かなのです。

　――あなたにとって、「多文化（multiculturel）」は社会を、また「複文化（pluriculturel）」は個人を指す表現なのですね。

　そのとおりです。社会体制としての「multiculturel（多文化）」と、個人としての「pluriculturel（複文化）」があり、私にとってこの二つは対称的なもので、パラレルな関係にあります。

　――「多文化（multiculturel）」や「（複文化（pluriculturel）」は多少なりとも、

6　『ヨーロッパ言語共通参照枠（CEFR）』（第二章：CEFRの背景；2.1 行動中心の考え方）は学習者を、言語を使って社会におけるタスクを多様な人と交流しながら遂行する社会的行為者（social agent / acteur social）として捉える。

物事の＜状態＞を指しているのでしょうか。

　多文化や複文化は、社会化のプロセスにおいて議論するべく提起されています。子どもは、まず家庭のなかで育つとしても、他の子どもたちとの接触があるでしょうし、メディアとの接触もあるでしょう。また教育を通じて早くから宗教との接触もあるでしょう。また都市部では、外国への移住に際して必要となる外国語能力証明書などに接する機会もあるでしょう。これらはすべて複数の環境、私の定義によれば複数文化の環境に晒されていることを意味します。つまり、複数の社会に関わる規範体系が適用され、守られ、認められるべき環境だということです。

　また子どもたちのグループや家庭は、規範体系が同じではありません。子ども一人ひとりはみな一様の規範体系にいるわけではありません。またテレビ番組のなかの規範体系は、家庭のそれと同一ではありません。つまり、たとえ子どもの側で多文化社会について考え、また強く意識していないにせよ、多文化社会は子どもたちに何らかのかたちで文化的複数性への気づき（awareness）を求めていますが、これは社会に内在するものなのです。少々抽象的な部分が残りますが、私にとってはこのような視点がインターカルチャーを語る際の出発点となる大前提なのです。

■　異文化間能力を構成している要素のうち、最も重要なものは何でしょうか。

　それにお答えする際にも、また同様に動的な観点、つまり社会的行為者が経験するアイデンティティの形成や発展という観点に立つ必要があると考えています。幼少期、それも非常に早い時期から、子どもは溶け込まねばならない規範体系に向かって自分の身体を晒していることになります。例えば今、このようにテーブルを囲んで対話をしているわけでないにせよ、親の話を聞きなさいとか、手はテーブルの上に置きなさいとかといった、従わねばならないいくつかの規範や立ち居振る舞いの規範があるのです。ここで求められているものを異文化間能力の観点から言い換えれば、それは様々な文化関係に対する観察力であり、適応力であり、感じ取る力だといえます。このような立ち居振る舞いはしばしば言語活動上のバリエーションをともなうものですが、既に複数文化を指し示しています。

　繰り返しになりますが、まず始めに、経験則から行われるような様々な文

化をめぐる調整があり、異文化間能力があるのです。それは子どもが異なる文化に反応し、適応しようとする際に既に生じているものです。いずれ他の能力や他の観察力なども想定されますが、それらはおそらくより内省的で、自らに対する問いかけを含むものであり、学習ストラテジー上の発展をともなうものなのでしょう。こんな感じでいいのかな、こんな風にしたら本当にこうなるのかな、これでいいのかな、まちがっているのかな、といったかたちで、異文化間関係で生じたもろもろの仮定を実際に試みていくのです。異文化間能力の発展には、何らかの経験的な側面があるに違いありません。

そして内省的な次元については、例えば、自分誌(オートバイオグラフィー)についてはバイラムとそのチームでの研究があります。『異文化間の出会いの自分誌』[7]のなかで、「内省」は異文化間の出会いのなかで発展すると示されているのですが、この内省の次元は学校教育に入り込んでいくことになります。学校教育においても内省的な作業をすることができるのです。異文化間の出会いにおいて失敗したなら、何がうまくいかなかったのか、またそれはどんな理由によるのか、このような内省すべてが少しずつ、複雑な異文化間能力を発展させるのです。

繰り返しになりますが、異文化間能力は始めから自発的なものとして存在しているわけではありません。むしろ社会化のプロセスを通じて必要となるものです。もし、子どもが異なる文化空間を行き交うことを実際に経験したり、また例えば子どもが自閉症だったり、ダウン症だったりする場合に、親

---

[7] 異文化間経験を記述し自己省察を促すために欧州評議会が開発したツールである。欧州評議会の言語教育政策は行動中心主義(action-oriented approach)に基づくが、これは異文化間の出会いを「教材」としてではなく、実践活動として具現化したものといえる。この出会いはまた自己と社会のあり方について内省を促す言語教育実践となる。異文化間の出会いがこれからの学習者＝社会的行為者にとって不可欠な活動であることを示している。

Michael Byram, Martyn Barrett, Julia Ipgrave, Robert Jackson, Maria del Carmen Méndez Garcia (2009). Autobiography of Intercultural Encounters - Context, concepts and theories. Language Policy Division, Council of Europe Publishing, Strasbourg, France.

https://www.coe.int/t/dg4/autobiography/source/aie_en/aie_context_concepts_and_theories_en.pdf (英語版)

https://www.coe.int/t/dg4/autobiography/Source/AIE_fr/AIE_introduction_fr.pdf (フランス語版)

また Autobiography of Intercultural Encounters (AIE) についてはこの他にも欧州評議会の特設サイトにマルチメディア資料がフランス語・イタリア語・ポルトガル語・ロシア語の各言語で提供されている。

https://www.coe.int/t/DG4/AUTOBIOGRAPHY/AutobiographyTool_en.asp

は異なる文化空間を往来することになります。この子どもたちの特徴は、自分自身が関与している文化的空間を変えることができないという、この不可能性にあります。既知の人たちとの関係とはもはやまったく感じられず、彼らとの関わりを知らない人々との関係のように感じるのです。例えば、フランス人が通りで誰かに《 tu 》を使って話しかけたりしているのを耳にする場合などもそうでしょう。このような病理学的な例から考えてみると、通常は自発的に生じるような異文化能力のプロセスがどのような要因から作用しなくなるのかがわかると思います。

■ なぜ異文化間能力を発展させることが重要なのでしょうか。

私の考えでは、異文化間能力こそが真の社会化の条件となるものだからです。異文化間能力こそが異なる文化空間を往来する時に、それらにそれぞれ適応し、また好む好まざるに関わらず、ネットワークを作ることを可能にする条件だからです。異文化間能力に関わる事柄のすべてが社会的行為者にモビリティをもたらすと考えています。ちょうどいま、マリザ・カヴァリと欧州評議会の文書を作成していますが、それはモビリティ、他者、共同体、仲介（mediation）といった概念を扱ったものです。[8]その議論は、あらゆる社会的行為者を特徴づけるのはモビリティに関する能力だと考えることから出発しています。

ここでいうモビリティとは、単に物理的な移動を意味するのではなく、また国家間の移動でもありません。学校でのモビリティなどを念頭に置いています。すなわち、あるクラスから別のクラスへと移動することや、新しい教科を習ったりすることなど、これらはすべてモビリティのプロセスにあります。これらのモビリティの動きのなかで、ひとは新たな事象と、つまり、われわれが広義に解釈して「他者」と呼ぶところのなにものかと接触を持つのです。ここでの「他者」とは、新しく出会う人であったり、見い出された芸

---

[8] この文書は社会的行為者のモビリティに対応する学校教育に、外国語教育学の観点にとどまらず、教育の計画全体に関わるモデルや指針を提供する目的で作成されたものである。
Daniel Coste, Marisa Cavalli（2015）. Education, mobilité, altérité - Les fonctions de médiation de l'école. Language Policy Division, Council of Europe Publishing, Strasbourg, France.
　https://www.coe.int/t/dg4/Linguistic/Source/LE_texts_Source/LE%202015/Education-Mobility-Otherness_FR.pdf（フランス語版）
　https://www.coe.int/t/dg4/Linguistic/Source/LE_texts_Source/LE%202015/Education-Mobility-Otherness_EN.pdf（英語版）

術作品であったり、あるいは新たに発見した教科、外国文化といった事象を指します。これらはいずれも私たちにとって、「他者」なのです。人はモビリティを通じて「他者」と出会いますが、同時に「他者」とは常に、新たな社会空間に属したものであり、新たな共同体に属するものであり、また実践共同体（Community of Practice）[9]に属したものなのです。

　思うに、このような他者との出会いという営みによってこそ、私たちにとっての真のダイナミックなものが形成されるのではないでしょうか。そのような意味で学校という文脈を考えていく必要があるのではないか。またもう少し間口を広げ、例えば移民の存在も考えていく必要があるのではないか。というのも、こうしたモビリティに関わり、また「他者」に対する関係を作り、あらたなコミュニティへ参加する時に、仲介という行為が是非とも必要になってくるからです。子どもが学校でのモビリティのプロセスにあるとします。例えば初等教育課程から中等教育課程に入る際などにはおそらく援助が必要になるでしょう。これも一種のモビリティであり、新たな学校に入ることはカルチャーショックになりえます。つまりこのような時にその子どもは仲介を必要としているのです。このような観点からも異文化間的なアプローチができると思います。

　――　これまで、少なくとも2000年代の初頭にモビリティがヨーロッパ域内で議論された際には、第一義的な課題は学生の域内移動だったように思います。しかし、今回の「内省」のための枠組みにおいては、他者や他者存在が問題になっているようです。ヨーロッパ域内を越えた内省へと拡張され、存在論的内省となっている印象があります。それについてはいかがでしょうか。

　確かにそのように展開してきたと言えると思います。私たちの本質的関心は、文化的次元で指示されるものが、つまり多文化的、異文化間的、越境文化的、他者文化的といった用語で指示されるものが、社会の動態という観点からどのように位置づけられるかということにあります。そこに私たちの根本的な

9　レイヴとウェンガーの用語で、ある集団への具体的な参加を通じて知識と技能を修得する場、またそれが可能となる社会的実践をいう。実践共同体は技能と知識の変化、周囲の環境と学習者との関係の変化、学習者自身の自己理解（内部環境）の変化を生むが、この種の参加形式を「正統的周辺参加（LPP：Legitimate Peripheral Participation）」という。身体に基礎をおく認知プロセスの把握により、学習の概念を刷新した。

問題意識があるのです。こうした観点に立つならば、モビリティの概念を拡大し、学校へと展開すると、どこかで常に人間に関わる問題にぶつかります。結局のところ、これは、ある教師と生徒、また教育機関の代表と教員チームとの関係に関わります。また移民を例にするならば、仲介者との接触も生じます。そのような仲介者がいない場合もあります。移民については、いま現実にわれわれが目の当たりにしているように、悲しき事態が進行しています[10]。これら様々な現実に照らし合わせて、モビリティの概念を拡張すると同様に、「他者」の概念を拡張する必要があると思うのです。

インターカルチャーを考察するためには、枠組みを持つ必要があります。つまり、明らかに異なる複数の現象を念頭に置いた包括的な概念の枠組みを考える必要があると思います。またそれは、移住や移民、ヨーロッパ内での学生の移動といった現象を考察する上での概念化のツールと変わらないものと考える必要があります。もちろん国家を越境する移民や難民の受け入れなど、現在ヨーロッパが経験しているシリアとの関係から生じている状況なども同様に考慮されなくてはなりません。これらはすべて、何らかの概念化ツール、あるいはその代わりとなる異文化間ツール、また異文化間能力をもとに考えなくてはならない課題であり、なかでも異文化間能力については早急に対応しなければなりません。

これらの課題について問いかけを行い、それも非対称的な複数の問いかけを行わなければならないでしょう。移住という現象では、受け入れ社会ではなく、移民自らが異文化間能力を発展させるよう要求されることがよくあります。受け入れ社会が、「私たちはあなたがたのために何をしてあげられるでしょうか」などと言うことはほとんどなく、移民には異文化間能力を求めるのです。このような意図のもと、私たちは特に教育などに対する問いかけを行っています。

---

10 2015年は、100万人を超す難民・移民がEUへ向かう、欧州にとって世界大戦来最悪の難民危機となった。2011年の内戦勃発以来、シリアでは推定22万人の死者、約1200万人の避難民が生じる緊急事態が続いた。情勢の悪化は難民の多くを欧州に向かわせており、その8割以上がまず海路ギリシャに到達した。そして国境検問を廃止したシェンゲン協定圏の国々を通過し英独へと向かうものが多かった。ダブリン規約はEUの参加国に、親族の居住地や人道的な理由が無い限り、最初に到着した国に対する対応責任を定めるが、シェンゲン圏外との国境に接する国々に負担の偏ることが問題視されている。

■ 教育、とりわけ言語教育によって異文化間能力を発達させることができるのでしょうか。

　もちろんです。外国語教育は疑いようもなく異文化間能力の育成の一部をなしています。これは氷山の目に見えない部分のようなものです。そのためにこそ、インターカルチャーについて外国語教育活動のなかで話しているのです。

　私はフランスの現在の中等教育課程の新カリキュラムの作成に関わりましたが、そのなかでは、文化活動による移動の概念や異文化間学習といった概念が使用されています。しかしそれでは不十分です。言語、とりわけ外国語は本質的に、何らかのものを可視化しますが、それに対して一般の教科教育の言語は、あまり何かを可視化できるわけではありません。おおかたの教育上の文脈において、このインターカルチャーの概念は外国語教育によってこそ可視化するのです。インターカルチャーの概念が移民の観点から可視化されたのは、とりわけ1970年以来のことで、そのころは欧州評議会で言語教育学者ルイ・ポルシェら[11]が活動を繰り広げていました。

　しかしながら、インターカルチャーの概念はより広範であり、移民や外国語といったものよりもいっそう広範なのです。1970年以降、30、40年間の研究が進んだ現在になって、ようやく外国語教育にこのようなインターカルチャーについて考察するためのツールが提供されてきました。ポルシェらの研究の到達点とは、つまり「態度」(savoir-être) や「スキル」(savoir-faire)、また「知識」とはそもそも何か、そして外国語教育はこの知識や「スキル」などといった知をどのように導入することができるかといった問いだったと思います。これらの課題については、ツールが提供されています。そしてそのようなツールは外国語教育の領域にとどまることなく、他の教科教育の分野でも使用できるのです。

　外国語教育は異文化間能力の育成について、間違いなくある役割を果たしていくと思います。しかし繰り返しになりますが、外国語教育の役割とは、

11　Louis Porcher（1940-2014）はCREDIF（Centre de recherche et d'étude pour la diffusion du français）所長、パリ第三大学教授を務めたのち、外国語教育のエキスパートとして欧州評議会言語部会に20年間、欧州委員会に15年間携わる。また外国語としてのフランス語教育学会（ASDIFLE : Association de didactique du français langue étrangère）を設立し、外国語および第二言語としてのフランス語教育史国際学会（SIHFLES : Société internationale d'histoire du français langue étrangère et seconde）に関わる。

異文化間能力といったより重要な事柄が背後に、そして水面下にあることを十分に了解したうえでの役割です。

―― 歴史教育もまた、異文化間教育の発展に重要な役割を果たしています。歴史教育と比較してもなお、言語教育は教科教育のなかでより重要と言えるでしょうか。

歴史教育の問題に言及されたのはもっともだと思います。私も歴史は非常に深い意味を持つと考えています。歴史教育はある意味で、異文化間の問題を免れることができません。フランスでは歴史の教育課程についての論争があり、現在もたびたび議論が行われています。歴史教育はアイデンティティに関わる問題を孕んでおり、異文化間的なものはしばしば危険なものと認識されることがあります。つまり、国民国家のアイデンティティ構築にとって障害となる要素が扱われることもあるという意味で、危険であると認識されているのです。

例を一つ挙げましょう。中等教育初学年の歴史教育である論争が起きました。それはカリキュラム作成者らが提出したイスラム文明を扱う教案に関するものでしたが、社会を巻き込む論争となり、一定数の人々からは共同体主義（communautarisme）[12]を容認するのかなどといった批判がありました。

歴史教育は優れて異文化間に関わる分野であり、それは外国語教育を越えるといっても過言ではありません。ですが同時にフランス国内の文脈に限れば、歴史教育の立場から異文化間の概念がテーマとなることはあまりありません。歴史教育で各国や文化の比較を行い、また文化の差異を論じるようにします。また異文化間的な課題とは何かという問いや異文化間の接触、また相互交流といったテーマもそれぞれ歴史教育の教育課程にあるのです。しかし、このような課題はしばしば社会に論争を惹起することがあります。

また歴史教育をみると、外国語教育と異なり、異文化間に関わる内省を促すような概念化ツールは問題意識にのぼっていないように思えます。それに対し、外国語教育ではインターカルチャーに関わる現象の考察を促すような

12　フランスではネガティブなレッテルとして使用される。自由・平等・博愛といった諸価値に通底する普遍主義は、1970年代以降、文化多様性の観点から批判を受けた。逆にこの批判から差異の権利や文化多様性の原理が濫用され、公共性を放棄し自らの社会に閉じこもる傾向を批判する際にこの用語が用いられる。公共性と共同性とが対概念を成しており、差異主義は共同体の乱立に帰着すると考えられている面がある。

概念化ツールが整備されているようです。歴史教育は確かにきわめて豊かな分野ですし、またそれに固有の特殊な考察を行うことのできる分野です。しかし繰り返しますが、フランス国内に限った歴史教育の発展の状態を鑑みれば、そこではインターカルチャーに関わる現象がほとんど明瞭に扱われていません。

——しかしながら、例えば韓国の検定教科書が一つの歴史観だけを教えるように、歴史教育において各国にはそれぞれの歴史があり、各々の歴史教育がある。このように自国の歴史の正統性を主張する教育が実施されることもしばしばあります。韓国の側からも日本が同じように見えているのでしょうね。

もちろん。日本や中国も同じような主張を展開し、今のところこの種の論争を収束させる手立てが見つからないようです。

——深刻な対立を現実的に収束させるような概念化ツールさえ、存在しないということでしょうか。

ほとんどない状況です。というのも、論争は各国の国内問題ではなく、国際問題となっており、日本を含めた各国がナショナリズムの高揚を狙って自国の歴史の正統性を主張し、対立を深めているからです。

フランスではそれほど鮮明な歴史教育をめぐる対立はありません。仏独共通の歴史教科書が作成され[13]、両国の理解を進める動きもあります。と言っても実際の授業ではほとんど使用されることはありません。仏独間の関係は歴史的に重要であり、この動きは歴史教育を共有ツールとして最適化していこうとする配慮が働いていることを示しています。仏独関係は国民の関心を惹きつけるだけの歴史を経験してきました。それも、われわれが予期することさえできなかった困難な課題を体験してきたのです。実のところ、困難な問題とは、思いもよらなかった領域で生じたのです。

とはいえ、このような教育活動は例外であり、このような歴史教育が実施

---

13 この共通教科書は両国政府による明確な政治的目的意識のもとで作成された独仏協調を象徴する存在といえる。その特徴は、歴史問題と結びついた国際関係の緊張の解消ではなく、既にある良好な関係をより確かなものとする目的意識にある。意見の対立を数多く取り上げ、当時の両国における代表的な認識を理解し、説明できるようになることが歴史の学力として想定されている。

　ガイス，P.・ル＝カントレック，G. 編，福井憲彦・近藤孝弘訳（2016），『ドイツ・フランス共通歴史教科書【近現代史】』，世界の教科書シリーズ 43，東京：明石書店

された例は他にありません。例えば中東諸国やアラブ各国の歴史が、フランス国内に対立や論争を巻き起こすとは考えられません。しかしながらこのようなヨーロッパの事例が日韓の関係について言及された歴史問題と比較できるとは思いません。

■　フランスの教育機関において、異文化間教育はどのように実施されているのでしょうか。

先ほども少し触れましたが、フランスの教育機関において異文化間教育はほとんど実施されていないと思います。つまり、離れ小島がポツポツと点在するように断片的に実施されている状況です。外国からの児童の就学といった特殊な文脈では、異文化間教育の実施が明確になっています。つまり、異文化間教育に関連するあらゆる研究努力を忘れてはなりません。「多元的アプローチ」や、ミッシェル・カンドリエが取り組んできた研究[14]、「言語への目覚め」[15]活動や、また相互理解教育の潮流やインクルーシブ教育などがみな、学校教育で何らかのプレゼンスを持ちえます。とはいえ、今のところこれらの教育活動は限定的であります。

■　このような教育活動が十分に広まっていないのは、これらのアプローチが学校教育において十分な評価を受けていないためでしょうか。

そうでしょう。初等教育に少しは入り込む余地はありますし、マージナルな教育環境、すなわち外国に出自を持つ児童の就学といった文脈では一定の場があります。ここではナタリー・オジェ[16]や「言語への目覚め」といった研究が活用されています。しかし、それ以外の教育、とりわけ中等教育段階

14　Michel Candelier はフランス・メーヌ大学名誉教授、国際言語文化多様性教育学会（l'Association internationale EDiLiC（Éducation et Diversité Linguistique et Culturelle））会長。「言語と文化の多元的アプローチとその参照枠（CARAP : Cadre de référence pour les approches plurielles des langues et des cultures）」の策定を主宰する。
　Candelier, M. (dir.) (2007) . CARAP – Cadre de référence pour les approches plurielles des langues et des cultures. Strasbourg : Centre Européen pour les Langues Vivantes / Conseil de l'Europe. [http://carap.ecml.at/]
15　「言語への目覚め」活動の詳細については下記に詳しい。大山万容（2016）．『言語への目覚め活動——複言語主義に基づく教授法』，東京：くろしお出版
16　Nathalie Auger はフランス・モンペリエ第三大学教授。外国に出自のある子どもへの言語教育の研究に長年取り組んでいる。

の言語教育では、教科間の壁、また教科ごとにその同業者を優先する考え方があり、横断的な関係を匂わせるものは入り込む余地がほぼありません。まさにこれがカリキュラム改革のポイントの一つになっているほどです。とはいえ、これについてはメディア報道からもわかるように、フランスの教育システムの持つ構造的な問題であり、フランスの教育の伝統に基づくもので、強力な抵抗に直面せざるをえません。

日本についてはよく存じ上げませんが、フランスの学校教育では教科間には厳格な仕切りがあります。アングロ・サクソンの初等教育段階での状況とは逆の状況がフランスでは生じています。

──フランスの伝統ではそもそも教科間の壁、例えば言語ごとの壁が必要だとされていなかったでしょうか。

そのために、教授法のあらゆるレベルで導入が困難なのです。そもそも外国語科目には少々、二次的な教科と認識されているところがあり、こうした外国語教授法の導入は他にもまして困難といっても過言ではありません（笑）。

■ 異文化間教育と地球市民性教育（GCED：Global Citizenship Education）[17] との違いは何でしょうか。

私にとってそれはあまり意味がありません。地球市民性教育はヨーロッパ市民性教育と同義でしょう。個々の研究領域が編成されていくなかで、こうした地域性が生じたり、複数の分野が展開するのは当然のことです。しかしこれらは同一の研究内容ではないし、また争点も同一のものではないと思います。ヨーロッパ市民性の発展の姿はある一つの傾向を示していると思います。それは教会一致運動（エキュメニズム）的というか、多幸症的というか、日ごろ誰もが美しく優しいといった印象を抱くものに近づこうとします。その観点でインターカルチャーの構築とは異なっているように感じています。

これまで話題にしてきませんでしたが、異文化間には、紛争や緊張、ヒエラルキー、支配などの側面もあります。ヨーロッパ市民性や地球市民性が話

---

17 地球市民性（global citizenship）については2012年9月、国連がGlobal Education First Initiative（GEFI）を発表,その優先事項として、万人に対する基礎教育の提供、学習の質の改善、地球市民性の醸成の三つの柱を挙げたが、その一つとして位置付けられている。地球市民教育とは、「教育がいかにして世界をより平和的、包括的で安全な、持続可能なものにするか、そのために必要な知識、スキル、価値、態度を育成していくかを包含する理論的枠組みである」（日本ユネスコ国内委員会）。

題になること自体には非難すべきことはありませんし、それはまた素晴らしいものだとも思いますが、私は特に関心を持ち合わせていません。
　——それはつまり、これらの概念が紛争や問題性の観点を含意していないためでしょうか。
　ええ、そう思います。われわれはいつでもこのように言うことができます。私はもはやある国の国民ではない、今や地球市民なのだ。自分の家や地域や国のしがらみからすっかり離れたように感じている、私は地球市民だ、等々。多くの人たちのこのように語る姿を目にします。とはいえ、現実のところ国境やパスポートはありますし、さらに鉄条網もあるのです。

■　最後の質問になります。異文化間能力を評価する最良の方法があるとすれば、それはどのようなものでしょうか。

　これは「評価」をどう捉えるかによります。どのような評価法を採用するか。教育学的観点から考えると、異文化間能力を評価するには間接的かつ持続的評価法しかないと思います。それは学期末や学年末に測定されるような評価ではありません。段階的に形成されるような評価だと捉えています。さらに異文化間能力は常に、軽い驚きをともなうこともあります。つまり、これまで話題にしてきませんでしたが、異文化間的要素とはしばしば、とりわけアクチュアルなものや、他者への共感、感情移入などに関わるものです。
　異文化間能力はつぎのように機能し、また捉えることができると考えています。例えば、ある生徒たちが、ある宗教やその信者たちに対してネガティブな態度を示していたとします。ところがそれが２年後には態度が変わり、ポジティブな態度をとることができるようになる。しかし、このような変化が、単に局所的に生じた僅かな危機から起きると言いたいのではありません。異文化間能力として獲得されたと考えられるものは、われわれが意図的に構築したものの結果として獲得したり、出現するものではありません。例えばある出来事があったり、レクリエーションの授業で争いごとがあったり、男女関係や、別のコミュニティとの関係などがあり、これらが突然何かを爆発させるのです。異文化間能力に関わる評価法を配置したと思っていたら、何かが予期せず生じて、何かが獲得される。そしてこれによって得たものはそもそもわれわれが狙っていたものと関連することもある、ということです。
　どのような評価が妥当であるのか、これは異文化間能力としてわれわれが

狙うところにもよります。一般的に、異文化間能力は他者に対するある種の寛容を育むものとされます。あるいは観察能力もまた目標の一つです。おそらくこれらについて現在の地点を測ることはできるでしょう。近年、エスノグラフィーの観点からの研究が出てきました。バイラムはエスノグラフィーの観点から研究を進めていますし、ザラトは生徒や学生たちに自らの立ち位置が把握できるよう、個々の現象を内省することを試みています。これらの研究はいずれも観察能力や手がかりを掴む能力に焦点を当てたものです。

　しかしそれにもまして、異文化間能力を他者との現実の関係づくりに関わると捉えるのなら、より複雑になるように思われます。ある程度まで課題を認識させることはできるでしょうが、さらに態度を修正させたり、振る舞いを修正させたり、このような修正が実際に確かに生じたのかなどを評価するとなると、問題はさらに複雑になります。

　もし教育の枠内で異文化間能力を発展させることができると考えた場合、これまでの学校教育の伝統に則るならば、教科教育ごとの評価が必要となり、この異文化間能力をも評価することになるのではないでしょうか。それでは本質的な評価法には至れないと考えますが、簡単な評価法を作ることはできるでしょう。例えば独仏共同テレビ局アルテに「カランボラージュ」という短いテレビ番組があります[18]。その番組では写真を基に、ここはドイツかフランスかといった簡単なテストを行います。参加者は手がかりを見つけ、ここはドイツです、なぜならこのようなものがあるからです、などと答えます。このような評価法は可能でしょう。もちろんもっと複雑なやり方で実施するでしょうが。もっと多くの目印に関する質問になるでしょうし、現実的なものとなるでしょう。手がかりの認識を問う質問にもなるでしょう。また『異文化間の出会いの自分誌』なども、ある種の評価法と言えるものです。

　繰り返しますが、異文化間能力の評価は長いタームで捉えられるべきものなのです。困難な異文化間体験を経験した人が、それについて語り、それを言語化することは既に一つの重要な営為です。さらにそれについて考察し、類似の経験をした人たちと意見交換することで気づきが生じます。インターカルチャーの理解を内省し、こうした体験が自己の変容を促すことをはっき

18　Arte（Association Relative à la Télévision Européenne）は、独仏共同出資で 1992 年に開局されたフランス語およびドイツ語による番組を放送するテレビ局である。ドイツ、フランス、カナダ、イタリア、ベルギー、オランダ、スイスで展開されている。

りと意識できるようになります。このような一連の過程をバカロレア段階や中学課程修了段階で評価できるかについては、私はまだ疑念を持っています。

――異文化間能力の評価については、点数をつけられるように考える傾向があるようです。今学期の異文化間能力については、20点満点中12点だといった具合にです。この種の量的評価はあまり重要なものではなく、むしろ質的な評価がふさわしいとお考えでしょうか。

そうです。ただこれは常にデリケートな問題です。というのも、評価とは通知表や通信簿といった量的評価の評価形態のものを通じて行われてきたことから、質的評価を導入すると場合によっては、保護者から反発があるかもしれません。このような方向での研究を進めていく必要がありますが、扱いづらいものであることには違いありません。われわれは少々デリケートで、変化のある領域に関わっているということです。

第2部

外国語教育と異文化間教育

脱グローバル時代の英語教育に求められるもの

鳥飼玖美子

1. はじめに

　本論では、外国語教育と異文化間教育との関係を考察するにあたり、一見、迂遠のようであるが、まず「グローバル人材育成」政策の概要を示すことから始めたい。これが必要なのは、「グローバル人材育成」という政策こそが、小学校から大学に至るまでの日本の英語教育政策に計り知れない影響を与えているからであり、外国語教育を考える際に、その存在を無視することはできないからである。

　つぎに、グローバリゼーションに反発する世界の動きを概観し、「不確実な時代」における潮流を「反グローバリゼーションから多文化多言語社会への動き」であると措定し、異文化間教育とコミュニケーション教育の重要性を論じる。

　最後に、そのような多文化多言語時代にあって必要な資質は異文化コミュニケーション能力であるという視座から、今後の英語教育が進むべき方向を提案したい。

2.「グローバル人材育成」政策が生み出したもの

2.1 「グローバル人材育成」戦略とは何か

　日本政府は2011年5月、新成長戦略実現会議のもとに関係閣僚（議長：内閣官房長官、構成員：外務大臣、文部科学大臣、厚生労働大臣、経済産業大臣および国家戦略大臣）からなる「グローバル人材育成推進会議」を設置し、同年6月に「中間まとめ」、2012年6月4日に「審議まとめ」として「グローバル人材育成」戦略を公表した。
　「はじめに」ではつぎのような問題意識が述べられている。

　　人口減少と超高齢化が進む中で、東日本大震災という深刻な危機を経験した我が国経済が本格的な成長軌道へと再浮上するためには、創造的で活力のある若い世代の育成が急務である。
　　とりわけ、グローバル化が加速する21世紀の世界経済のなかにあっては、豊かな語学力・コミュニケーション能力や異文化体験を身につけ、国際的に活躍できる「グローバル人材」を我が国で継続的に育てていかなければならない。(p.1)

　続けて、「あらためて言うまでもなく、国内外のグローバル化の流れはその速度を不可逆的に増している」(p.1)と記されている。「不可逆的」であったはずのグローバル化が、わずか数年後には「逆流」現象に見舞われたのは皮肉なことである。グローバル化の逆流については、後述する。
　「グローバル人材」の要素について、「審議まとめ」ではつぎのように述べている。

　　要素Ⅰ：語学力・コミュニケーション能力
　　要素Ⅱ：主体性・積極性、チャレンジ精神、協調性・柔軟性、責任感・使命感
　　要素Ⅲ：異文化に対する理解と日本人としてのアイデンティティ (p.8)

ところが、3番目に挙げられている「異文化に対する理解と日本人のアイデンティティ」という重要な点について、さしたる検討はなされておらず、2番目の人格的な要件についても具体的な説明はない。詳述されているのは、以下の通り「要素Ⅰ：語学力・コミュニケーション能力」である。

　グローバル人材の概念に包含される要素の幅広さを考えると、本来、その資質・能力は単一の尺度では測り難い。しかし、測定が比較的に容易な要素Ⅰ（「道具」としての語学力・コミュニケーション能力）を基軸として（他の要素等の「内実」もこれにともなうものを期待しつつ）、グローバル人材の能力水準の目安を（初歩から上級まで）段階別に示すと、例えば、以下のようなものが考えられる。
　　1 海外旅行会話レベル
　　2 日常生活会話レベル
　　3 業務上の文書・会話レベル
　　4 二者間折衝・交渉レベル
　　5 多数者間折衝・交渉レベル　（p.8)

　「語学力」と「コミュニケーション能力」はひとくくりに論じられ、「語学力」「コミュニケーション能力」を、「測定が比較的に容易な」「道具」として考える言語コミュニケーション観が明白である。
　「語学力」と「コミュニケーション能力」の定義はなされていないが、この記述に続けて、TOEFLスコアの国別ランキングで「我が国は163か国中135位、アジア30か国中では27位と低迷している」とあり、具体的な対策として「英語教育の強化」とあるので、「語学力」と「コミュニケーション能力」は英語力を指していると判断できる。
　「実践的な英語教育の強化」は（英語・コミュニケーション能力、異文化体験等）と括弧に入れて内容が示されており、具体策として以下が挙げられている。

　初等中等教育段階の実践的な英語教育を抜本的に充実・強化することが不可欠である。特に、小中高を通じて英語・コミュニケーション能力等の育成を図るとともに、児童・生徒の国内外における異文化体験の機会を充実させることが重要である。　(p.12)

第1章 脱グローバル時代の英語教育に求められるもの

　「児童・生徒の国内外における異文化体験の機会」とあるのが何を指しているか詳らかではないが、「大学や民間団体等との連携を強化する。また、JET プログラム等の活用を通じた地域レベルでの国際交流・相互理解の一層の促進を図る」［文科省、外務省］(p.12)とあることから、国内ではいわゆる ALT（Assistant Language Teacher）による英語授業を「異文化体験」とみなすのかもしれないし、民間団体による国際交流活動を支援することや、国外については姉妹校での語学研修を推奨することなどを想定しているのかもしれない。

　「グローバル人材の育成のため、18歳頃から概ね20歳代前半までに1年間以上の留学ないし在外経験を有する者を8万人規模に増加させ、18歳頃の時点までの留学・在外経験者約3万人と合わせて11万人規模（同一年齢の者のうち約10%に相当）とすることを目指す」(p.18)とあり、特に高校生の海外留学を積極的に奨励している。それが「英語・コミュニケーション能力育成」を目的とするものなのか、「異文化体験」を重視するのかは判然としない。さらに言えば、「異文化」を「体験」することがどのように「異文化理解」につながるのかについての説明はない。

　「グローバル人材育成戦略」は理念を語るというよりは外務省、文部科学省、厚生労働省、経済産業省など関係各省による政策の羅列であるが、底流に流れているのは、グローバル化を不可避と考え、英語コミュニケーション能力を備えてグローバルに活躍することのできる人材育成が喫緊の課題である、という焦燥感である。

　「おわりに」では、以下のように国を挙げての取り組みを呼びかけている。

　本戦略の問題意識の中核は、英語教育の強化、高校留学の促進、大学入試の改善や採用活動の改善等をはじめとする具体的方策に、高校関係者・大学関係者・企業関係者・保護者等が一斉に取り組むことで、若い世代を後押しする好循環を我が国社会全体で生み出そうとする点にある。つまり、グローバル人材の育成は、ひとり政府・行政関係者のみならず大学関係者・団体や企業関係者・経済団体等を主動的な起点とする一つの社会的な運動として、継続的な取り組みが求められることとなる。(p.28)

経済界に対しては、つぎのように述べて採用等の面での協力を求めている。

> グローバル人材の育成・活用の必要性を最も痛切に感じているのも、経済社会が中長期的に活性化することで直接のメリットを享受するのも、人材を採用する企業等の側である。(p.20)

これまで概観してきた通り、「グローバル人材育成戦略」という政策の骨子を約言すれば、「英語を駆使してグローバルに闘う企業戦士の育成」に収斂すると考えられる。そして、この政策は、英語教育に焦点を合わせ、次々と具体化されていった。その実態をつぎに見ていく。

2.2 文科省「グローバル化に対応した英語教育改革実施計画」(2013)

「グローバル人材育成戦略」が公表された翌2013年には、政府教育再生実行会議が第3次提言において、「大学入試や卒業認定にTOEFL等の外部検定試験の活用」「小学校の英語学習の抜本的拡充(実施学年の早期化、指導時間増、教科化、専任教員配置等)」「中学校における英語による英語授業の実施」等、「グローバル人材育成戦略」に応える形で英語教育政策の方向性を定めている。

文科省は2013年12月には「グローバル化に対応した英語教育改革実施計画」を公表し、「小学校高学年に教科として英語を導入する」「中学校、高校で授業を英語で行う」など、2020年施行の次期学習指導要領の概要を、この時点で明らかにした。この「実施計画」に沿い、2016年12月に中教審が答申、2017年3月には小学校・中学校の新学習指導要領が確定した。2012年の「グローバル人材育成戦略」が、2020年以降、10年間にわたり小中高の英語教育を規定する新学習指導要領に影響を与えることになる。[1]

2.3 2020年施行の新学習指導要領における英語教育

2017年3月31日に告示、2020年から施行される中学校学習指導要領における外国語の目標は以下の通りである。

　　第1目標　外国語によるコミュニケーションにおける見方・考え方を働

1　高等学校の新学習指導要領は、2017年度末に公示。

第1章　脱グローバル時代の英語教育に求められるもの

かせ，外国語による聞くこと，読むこと，話すこと，書くことの言語活動を通して，簡単な情報や考えなどを理解したり表現したり伝え合ったりするコミュニケーションを図る資質・能力をつぎのとおり育成することを目指す。

(1) 外国語の音声や語彙，表現，文法，言語の働きなどを理解するとともに，これらの知識を，聞くこと，読むこと，話すこと，書くことによる実際のコミュニケーションにおいて活用できる技能を身に付けるようにする。

(2) コミュニケーションを行う目的や場面，状況などに応じて，日常的な話題や社会的な話題について，外国語で簡単な情報や考えなどを理解したり，これらを活用して表現したり伝え合ったりすることができる力を養う。

(3) 外国語の背景にある文化に対する理解を深め，聞き手，読み手，話し手，書き手に配慮しながら，主体的に外国語を用いてコミュニケーションを図ろうとする態度を養う。

(p.129)

　一読してわかるように、外国語教育の目標は「コミュニケーション」が主要素となっており、異文化理解については「外国語の背景にある文化に対する理解」とあるので、英語の場合は英語圏文化の理解を深めることが外国語におけるコミュニケーションに必要だと考えられているようである。しかし、最後の方では、「英語を使用している人々を中心とする世界の人々」(p.138)とあるので、英語圏に限定せず国際共通語としての英語を念頭に置いているとも解釈できるが、いずれかは判断しかねる。「異文化理解」と関連していると思われる記述は、最後の「指導計画の作成と内容の取扱い」に関する項目として登場する。

　　イ　英語を使用している人々を中心とする世界の人々や日本人の日常生活，風俗習慣，物語，地理，歴史，伝統文化，自然科学などに関するものの中から，生徒の発達の段階や興味・関心に即して適切な題材を効果的に取り上げるものとし，つぎの観点に配慮すること。
　　　(ア)　多様な考え方に対する理解を深めさせ，公正な判断力を養い豊か

な心情を育てるのに役立つこと。
(イ) 我が国の文化や，英語の背景にある文化に対する関心を高め，理解を深めようとする態度を養うのに役立つこと。
(ウ) 広い視野から国際理解を深め，国際社会と向き合うことが求められている我が国の一員としての自覚を高めるとともに，国際協調の精神を養うのに役立つこと。(p.138)

「我が国の文化」「英語の背景にある文化」「国際理解」などに言及しているが、異文化理解教育のあるべき姿を追求し外国語教育に導入する、という発想ではなさそうである。

学習指導要領では、「目標」に続き「第2 各言語の目標及び内容等」の項が設けられている。「英語」については、「聞くこと，読むこと，話すこと[やり取り]，話すこと[発表]，書くこと」の五つの領域別に目的が設定され、詳細な説明がある (p.129 から p.138 まで)。

「その他の外国語」については、「英語の1に示す五つの領域別の目標，2に示す内容及び3に示す指導計画の作成と内容の取扱いに準じて指導を行うものとする」(p.138) との記述が1文あるだけである。すぐ後に「外国語科においては，英語を履修させることを原則とすること」とあるので、英語中心の記載となっている理由がわかる。

「五つの領域」は、CEFRの5領域（「話すこと」を spoken production と spoken interaction に分け、全体として5技能を評価対象としている[2]）を参考にしたことが中教審答申では記載されていたが、学習指導要領には記載がない。また、CEFRで使用されている能力記述文 Can Do についても学習指導要領からは記載が消え、例えば「話すこと（やりとり）」では、「関心のある事柄について、簡単な語句や文を用いて即興で伝え合うことができるようにする」のように到達目標として「できる」という表現が使われている。CEFRの Can Do Descriptors は「評価の尺度」であり、客観的評価だけでなく自己評価にも使うことが特徴であることから、CEFRへの言及はやめ、到達目標

---

[2] 2018年公表のCEFR Companion Volume では、「伝統的な4技能ではコミュニケーションの複雑な現実を捉えきれない」として、「受容」（聞く、読む）「産出」（話す、書く）「やりとり」（話す、書く）「仲介」という4つのコミュニケーション方法（7技能）に再分類している。

の指標だけを残したように推察される。

「指導計画の作成」に関しては「生徒が外国語によるコミュニケーションにおける見方・考え方を働かせながら，コミュニケーションの目的や場面，状況などを意識して活動を行い，英語の音声や語彙，表現，文法の知識を五つの領域における実際のコミュニケーションにおいて活用できるようにすること」「生徒が英語に触れる機会を充実するとともに，授業を実際のコミュニケーションの場面とするため，授業は英語で行うことを基本とする。その際，生徒の理解の程度に応じた英語を用いるようにすること」(p.136) とある。

中学生を対象にした英語の授業を英語で行いつつ、「コミュニケーションの目的や場面，状況などを意識して活動」させ、「英語の音声や語彙，表現，文法の知識」を与え、「実際のコミュニケーションにおいて活用できるようにする」中で、「我が国の文化や，英語の背景にある文化に対する関心を高め」「広い視野から国際理解を深める」という壮大な目標を、現場では一体どのように達成するのであろうか。

2.4「スーパーグローバル大学創成支援事業」

「グローバル人材育成戦略」の影響は大学にも及んでいる。文部科学省による「スーパーグローバル大学創成支援事業」は、10年後を見据え徹底した「大学改革」と「国際化」を断行し、「国際通用性、ひいては国際競争力の強化に取り組む大学の教育環境の整備支援を目的」としている。

「A トップ型」は、「世界大学ランキングトップ100 を目指す力のある、世界レベルの教育研究を行うトップ大学を対象」とし、東京大学、大阪大学、慶應義塾大学、早稲田大学など13大学（国立11、私立2）が採択となった。

「B グローバル化牽引型」は「これまでの実績を基にさらに先導的試行に挑戦し、我が国の社会のグローバル化を牽引する大学を対象」とされ、千葉大学、国際基督教大学、上智大学、立教大学など24大学（国立10、公立2、私立12）が採択されている。

実施期間は最大10年間とされている。「毎年度ごとのフォローアップ活動に加え、支援開始から4年目の平成29年度と7年目の平成32年度に中間評価、支援終了後（支援開始から11年目の平成36年度）に事後評価を実施する予定」とあり、「これらのフォローアップ活動及び中間評価の結果は、翌年度の補助金の配分に勘案されるとともに、事業目的、目標の達成が困難又は不可能

と判断された場合は、事業の中止も含めた計画の見直しを行うことがあります」となっている。

主要大学が国策に沿ってグローバル化を推進することで、日本の大学はその根幹から変革されつつあると言って良い。

「スーパーグローバル大学創成支援事業」成果の指標は文科省が提示した「概要」によると以下のようである。

1．国際化関連
①外国人及び外国の大学で学位を取得した専任教員等の割合
②全学生に占める外国人留学生の割合
③日本人学生に占める単位取得をともなう留学経験者の割合
④大学間協定に基づく派遣日本人学生の割合
⑤外国語による授業科目の割合
⑥外国語のみで卒業できるコースの在籍者割合
⑦外国語力基準を満たす学生数の割合
⑧シラバスの英語化割合
⑨混在型学生宿舎に入居する日本人学生の割合
⑩柔軟な学事暦の設定（全学でのクオーター制導入等）

2．ガバナンス関連
①年棒制の導入割合
②テニュアトラックの導入割合
③事務職員の高度化
　（外国語力基準を満たす職員割合）

3．教育改革関連
①ナンバリング実施割合
②TOEFL等外部試験の学部入試への活用割合（対象入学定員）
③学生による授業評価実施授業科目割合

これらを達成するために応募大学が練った構想の大半は、「外国語」が「英語」に置き換えられ、「大学入試へのTOEFL等外部試験の活用」「英語によ

る授業」など「英語」が主たる柱である。それは採択を目指すために、日本政府が考える「グローバル人材育成」に沿った構想を策定したからに他ならない。

日本で喧伝されている「グローバル人材」とは、異文化に対応するコミュニケーション能力を備えた「グローバル市民性」(global citizenship) とは距離があると言わざるをえない。

3．グローバリゼーションの逆流

ここまで見てきたように、日本は小学校から中学高校、そして大学に至るまで、国をあげて英語教育の強化に取り組んでいる。それはすべからく「グローバル人材育成」という大義のためである。

しかし「グローバル化」への対応に追われ、「グローバル人材育成」に躍起となっている日本をよそに、2016年の世界はグローバリゼーションの逆流ともいうべき現象に見舞われた。ヨーロッパでもアメリカでも、グローバリゼーションへの反発が「内向き」という国民の意思として表面化したのである。

3.1 英国のEU離脱

英国のキャメロン首相が「EU離脱」について国民投票の実施を決めた際には、英国民がEU離脱を選択するなどという結果を多くが想定していなかった。EUに不満な層はいるにしても、全体としてみれば、障壁のない自由な貿易、国境を超えての自由な往来など、EUという単一市場の域内にいることの恩恵は大きいからである。しかし、結果は大方の予想を裏切り、離脱派の勝利となった。

EU反対派による不正確な情報に操られた国民がいたという見方もあるが、増え続ける移民への反発が大きかったという分析もなされた。移民の流入により職が奪われることや治安の悪化などが挙げられたが、それだけでなく、移民が持ち込む異質な文化への嫌悪感や警戒心が底流となって反発が生まれたとも考えられている。

3.2「アメリカ第一」の米国大統領

同様の状況はアメリカでも起こった。上院議員や国務長官を歴任し政治を

熟知しているヒラリー・クリントン氏が米国初の女性大統領になるという予想はあっけなく覆され、泡沫候補だったはずのドナルド・トランプ氏が大統領選挙を制したのである。

大統領選挙の結果が出てから判明したのは、「隠れトランプ派」の存在であった。あまりに内向きで保守的かつ過激な発言で顰蹙を買っていたため、トランプ氏を支持しているとは公言しなかった人々が多かった、つまり支持しているとは言わずに黙ってトランプ氏に投票した層が存在していたという事実である。戦後体制を支えてきた国際的枠組みやグローバリゼーションの恩恵など自分は受けていないと考える人々、アメリカ人である自分たちに職がなく苦労しているというのに、なぜ移民に手厚くしなければならないのかと不満を持つ人々、そのような人々に対して"America First!"（アメリカ第一）と呼びかけて本音を掬い上げたのがトランプ氏であった。その本音とは、これまでの「人種のるつぼ」や多様性という「サラダ・ボウル」からの決別であったと言っても良いかもしれない。

歴史的に「移民の国」（a nation of immigrants）であったアメリカは、かつてはアメリカ的価値観に同化することを求める「人種のるつぼ」（melting pot）を目指したが、やがて、トマトはトマト、きゅうりはきゅうりのように、それぞれ独自の文化を継承し尊重しつつ、一つのサラダ・ボウルの中で共存するという「サラダ・ボウル」（salad bowl）的な社会を志向するようになった。

それが今のアメリカは、共存という寛容性をも拒否しかねないほど内向きになり、異質性を排除する方向へ進みつつあるように見える。

3.3 多文化多言語社会への流れ

英国のEU離脱と「アメリカ第一」主義のトランプ大統領誕生という反グローバリゼーションへの流れは、英米に限定された動きではない。ヨーロッパでは、フランスやドイツなどでも、自国第一主義の流れが始まっている。グローバルよりローカルという価値観が強まってきているとも言える。

その中で、言語の面から顕著なのは、自らのアイデンティティと母語を結びつけて考える意識の広がりである。日本のように、グローバル化時代には英語が不可欠だと割り切り国を挙げて英語教育に力を入れている国もあるが、例えばスペインではカタルーニャ、英国ではスコットランド、そしてアイルランドなど、世界的に地域の言語を守ろうとする機運が高まっている。

第1章　脱グローバル時代の英語教育に求められるもの

　ただし、グローバリゼーションの逆流がどのようになるか、現時点で予測はつかない。「不確実な時代」(the era of uncertainty) が始まったと言われる所以である。

　そのような不確実性の中で、一つ考えられるのは、仮に各国がそれぞれの存在を主張し、各自の利益を最優先した場合には、普遍的なものよりは、個々の価値観や世界観が前面に出ることになり、そうなると多文化多言語共生への努力がこれまで以上に必要となることである。

　グローバル化され国境を越えて人々が往来する世界は、その帰結として、異なる文化的背景を有し異なる言語を有する人々が拡散する事態を生んだ。そこに生まれたのは各国における異文化と異言語の存在である。この流れが今後止められることになったとしても、既に拡散してしまった多くの文化や言語を元に戻すことはできない。それでいて各国が内向きになり異質性を排除するような時代が始まっているならば、異文化の摩擦と軋轢を避けるために何より求められるのが、異文化同士が理解し合うための教育であり、異質な他者と関係を構築するための異文化コミュニケーション能力である。

　これからの外国語教育は、その点をふまえてなされるべきである。もっとも、異文化理解教育や異文化コミュニケーション教育を専門とする研究者たちの間では、異文化能力伸長に言語が果たす役割がどのようなものであるか意見が分かれることを、ディアドーフ (Darla Deardorff) は指摘し、つぎのように述べている。

　　言語だけが異文化における能力を保証するわけではない。つまり、言語は異文化能力にとって必要ではあるけれど十分ではない。しかし言語は、他者の世界観を理解する上での重要な手立てであり、これは異文化能力の発達にはきわめて重要である。(Deardorff, 2006/2009, 筆者訳)

　言語は異文化能力にとって必要だが、言語能力だけでは異文化能力を担保できない。それでも、他者を理解するには言語が重要な手立てとなるという視点から英語教育を考えると、どうなるであろうか。次項では「異文化能力」と「英語教育」との関連について論じる。

4. 多文化多言語共生社会における英語教育

4.1 コミュニケーション能力と異文化能力

　外国語を学ぶ目的には様々あるが、昨今は、特に英語の場合、異文化コミュニケーションのためであると言われることが多い。しかし、一見、自明のように見えるこの目的は、それほど単純明快ではない。

　そもそも異文化コミュニケーションとは何か、という定義すら曖昧なまま、一般的な理解は「英語ができれば異文化コミュニケーションに役立つ」ということのようであり、政府文書をみるまでもなく、「英語力」「英語運用力」「コミュニケーション能力」「異文化コミュニケーション能力」は、ほぼ同一なものとして語られることが多い。

　しかし「コミュニケーション能力」とは、言語能力だけではコミュニケーションが成立しないことを指摘した社会言語学のハイムズ（Dell Hymes, 1972）による概念であり、コミュニケーションの場で、コンテクストに合わせて言語を適切に使用する能力を「コミュニケーション能力」と呼ぶ。

　他方、異文化（間）コミュニケーションとは、異質な文化を背景にしている人間同士が対話する際に生起する相互行為としてのコミュニケーションを指している。そこで問われるのは、個別の言語や文化の違いだけでなく、異質性であり他者性である。

　つまり往々にして「異文化理解」と言う際に語られる「日本文化はこうだけれど、アメリカ文化は違う」というような表層的な文化の比較にとどまらず、異文化と邂逅した際に異質性とどう向き合い、摩擦を軽減し衝突を回避するか、という本質的な問題に取り組むのが異文化コミュニケーションである。

　そこに「異文化理解」がどう関わるか、となると問題は複雑になる。そもそも「異文化」を理解することは果たして可能なのか、という疑問がある。例えば留学や旅行などで「異文化」を「体験」することがあっても、その「体験」が「理解」に結びつくかどうかは保証の限りではない。異質な文化を理解するというのは生易しいことではないからである。

　そこで近年、提唱されているのが「異文化能力」（intercultural competence）である。

第 1 章　脱グローバル時代の英語教育に求められるもの

　ヨーロッパでは 2003 年に欧州評議会（Council of Europe）から "*Intercultural competence*" が刊行されている。バイラム（Michael Byram）の序文によれば、2001 年に公表された CEFR において、異文化能力について言及されてはいるものの、評価の尺度までは完成しないままであったことから、別途、「異文化能力」について刊行することとなった、と説明されている。

　この書には、「他者性」（otherness）を論じた論文（Zarate, pp.85-117）が収められている。個別言語から独立した一般的能力（general competences）として、異質性と対峙した際に求められる「異文化能力」を、「他者との関係性」（the relation to the Other）として CEFR1996 年版に入れたものの、「異文化能力」という概念の曖昧性、「異文化の気づき」（intercultural awareness）の扱いなどが難しく、結果として 2001 年版には盛り込めなかったことが詳細に語られている。[3]

　外国語教育に異文化能力を取り込む課題については、ディアス（Adriana Raquel Díaz, 2013）の問題意識でもあり、'culture-in-language' 'language-and-culture' 'linguaculture' 'languaculture' などの用語（p.28）を紹介し、「異文化の気づき」や「評価」（assessment）についても、高等教育に導入する視点から論じている。

　評価は、「言語と異文化教育」が直面している大きな課題の一つである。目に見える形での成果（outcome）が求められる現在の教育環境にあって、言語教育は無論のこと、異文化教育であっても、評価の問題はつきまとう。

　その難題に果敢に挑んでいるのが、ベネット（Milton Bennett）であり、ディアドーフである。

　ベネットの「異文化感受性発達モデル」（Developmental Model of Intercultural Sensitivity）は、以下の 6 段階から構成されている。

- ● The Ethnocentric Stages（自文化中心の段階）
    1　denial　（否定）
    　文化に違いがあることに気づかないか無視する。
    2　defense　（防御）
    　自文化が優れていると考え、他文化を否定的なステレオタイプでみる。

---

[3] CEFR Companion Volume（2018）では、「複文化能力」（Pluricultural competence）という用語を多く使っている。

3　minimalization（最小化）
　　　　人間は基本的に同じだと考える。
● The Ethnorelative Stages（文化相対化の段階）
　　1　acceptance（容認）
　　　　価値観の違いを理解し、文化的差異の現実を受け入れる。
　　2　adaptation（適応）
　　　　意識的に他文化の視点に立ち自分の行動を変える。
　　3　integration（統合）
　　　　一つではなく複数の文化に属し、多様な文化的視点を持つ。

　ディアドーフの「異文化能力の枠組み」（Intercultural Competence Framework）は、つぎの要素から構成されている。
　Attitudes（態度）:
　　　Respect 敬意（valuing other cultures 他文化を尊重する）;
　　　Openness 寛大さ（withholding judgment 判断を保留する）;
　　　Curiosity & discovery 好奇心と発見（tolerating ambiguity 曖昧さを許容する）
　Knowledge & Comprehension（知識と理解）:
　　　Cultural self-awareness, deep cultural knowledge, sociolinguistic awareness（文化的な自覚、深い文化的知識、社会言語的な気づき）
　　　Skills（技量）: To listen, observe & evaluate（聞き、観察し、評価する）;
　　　To analyze, interpret & relate（分析し、解釈し、関係づける）
　　　　　　　　　　　　　　　　　　　　　　　（Deardorff, 2006. 筆者訳）

　このモデルは図になっているもので、openness の内容が withholding judgment（判断を保留する）とされている。英語の openness「開放性」は、文脈により「異なる文化などに対して心が開かれている寛容性」「偏見がない寛大さ」を意味する。ここでは、予見を持たない大らかな態度を指していると考えられる。つぎに挙げられている、明確ではない曖昧な部分を許す（tolerate）のも、tolerance「寛容性」である。偏見を持たず許す度量があることが「寛容性」であり、これは異文化能力の重要な要素であると考えられる。

4.2 「国際共通語としての英語」と異文化コミュニケーション

　言語と文化を異にする相手とコミュニケーションをとる必要は誰にもある。そのような観点から考えると、英語が国際共通語として機能するということは、非母語話者も含めて他者との相互行為に英語が使われることを意味するわけで、英米文化の理解にとどまらず、「異文化コミュニケーション」を目指す、という点は重要である。共通語としての英語を使用する相手は英米以外の文化に属する可能性があり、相手の文化をまったく知らないまま、「異質な他者」との対話を英語で試みることになるわけで、これはまさしく異文化コミュニケーションである。

　ところが残念ながら、現在の日本における英語教育は、その点をまったく捨象している。現行の学習指導要領も、2020年施行の新学習指導要領も、従来と変わらず英語圏を対象にした英語コミュニケーション能力を追求しているかのようであり、国際共通語としての英語を使っての異文化コミュニケーションという視点は見られない。

　スーパーグローバル大学という10年計画の事業における英語の扱いも同様であり、アメリカで作成されているTOEFL/TOEIC等の検定試験のスコアを上げることを目標に掲げている大学が多い。検定試験は、どれほど優れたものであっても英語運用能力の一部を測るに過ぎず、英語コミュニケーション能力全般を数値で表すなど本来は無理であり、大学英語教育の目的にするようなものではない。

　国際共通語としての英語（English as a Lingua Franca）は、「異なる母語を有した人々がコミュニケーションの手段として、多くの場合、やむなく使う英語」（Seidlehoffer, 2011:7）を指している。英語母語話者との対話よりは、世界の多様な人々が相互に共通語としての英語を使用する異文化コミュニケーションの場が圧倒的に多いことを考えれば、英語学習に新たな視点を入れる必要が出てくるはずである。

　グローバル化が進むのか後退するのか不確定な時代にあっても、当面は英語が国際的な共通語として機能し続けるだろうが、それは未来永劫続くわけではなく、時が来れば覇権は別の言語に移る可能性があることは歴史が証明している。

　しかし、どのような時代にあっても、異なる言語と異なる文化を持つ人々

が対峙することは不可避であり、そこで求められるのは「異文化コミュニケーション能力」(intercultural communicative competence) である。

「異文化コミュニケーション能力」についての研究は多くなされているが、本論では「コミュニケーション能力」に「異文化能力」を加え、言語と文化を超えて異質な他者とのコミュニケーションが可能となることを目指した能力の育成を念頭に置いている (cf. Byram, 1997; 鳥飼, 2017)。

そのような視角から、次に、英語教育のあり方を模索してみたい。

5. これからの英語教育への試案

異文化コミュニケーションのための英語教育を実現するにあたって難しいのは、実際の授業ではどうしても英米文化の理解が主となり、「異質性」という抽象的な観念は扱いにくいことから、異文化コミュニケーションを学ぶことが結局は英語コミュニケーションだけを取り上げて終わってしまうことである。

英語という言語を教えるのであるから、英語圏の文化を紹介しないわけにはいかず、英語的なコミュニケーションを指導することになるのは、やむをえないとも言える。そこから一歩踏み出して、異文化コミュニケーションを目指し国際共通語としての英語を指導するには、何らかの工夫が必要になるが、その一つの可能性として複言語主義が参考になると考えられる (cf. Morrow, 2004; 綾部, 2015; 大谷, 2010; 鳥飼他, 2013; 細川・西山, 2010)。

複言語主義については、おそらく他の執筆者が詳述しているので、そちらを参考にしていただくとして、一つだけ紹介したいのは複言語主義に関する以下の理念である。「ヨーロッパ」と記されているが、これは世界のどこにでも通用することである。

> （ヨーロッパの）多様な言語と文化の豊かな遺産は価値のある共通資源であり、保護され、発展させるべきものである。その多様性を、コミュニケーションの障壁から、相互の豊かさと理解へ転換するには多大な教育的な努力が必要である。
>
> (Council of Europe, Committee of Ministers, Preamble to Recommendation R (82) 18) (英語版から筆者が日本語訳)

英語一辺倒の日本にあっては英語優位が当然のこととなりがちであるが、世界の多様性を認識することは肝要である。その多様性をコミュニケーションの障壁と捉えるのではなく、価値のあることとして言語を学ぶことは異文化コミュニケーションの出発点である。他の言語も視野に入れながら英語教育を行うことで、言語や文化の多様性をつなぐ異文化コミュニケーションを学生に体得させたい。

具体的には、複言語主義が目指す多面的思考と自律性を培う指導法として、「協同学習」と「内容言語統合型学習」（CLIL）の活用が考えられる。

5.1 内容言語統合型学習（CLIL=Content and Language Integrated Learning）

複言語主義の原理を生かす具体的な指導方法として提案されているのが、CLIL（Content and Language Integrated Learning）「内容言語統合型学習」と呼ばれる学習法である。内容を学びながら言語を学ぶもので、「4C」と呼ばれる要素を有機的に統合するアプローチである。四つの「C」とは、content「学習する内容」、communication「言語学習と言語使用」、cognition「学習と思考のプロセス」、そして、この三つを取り巻くように置かれているのがculture「異文化理解」である（Coyle, D., Hood, P., Harsh, D., 2010:41）。

ただし、「文化」は、多様な文化的背景を持つ人々の交流を前提とするヨーロッパのコンテクストから出たことであると考え、日本の状況に合わせて、community「協学」を4つ目のCとしている場合もある（池田，2011:8）。

筆者は、日本の場合であっても、community「共同体」と同様、culture「文化」は重要な要素であると考えており、また、Coyle等の図では、

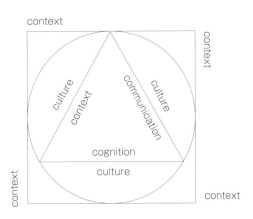

図1　The 4Cs Framework (Coyle, D., Hood, P., Harsh, D., 2010:41)

context（コンテクスト）が周囲を取り囲んでいることに大きな意味があると感じていることから、以下の図2のように、両者を統合させ5Cもしくは6CとしてCLILを考えたい。

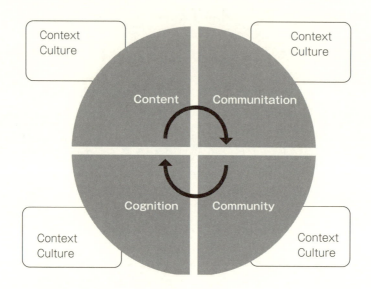

図2　鳥飼玖美子による修正モデル（2017）

　この修正版CLILは、目標を「グローバル市民の育成」に置いていることも付言しておく。
　4つ目のCとして、「共同体」が入っているのは、協同で内容を学ぶことによりコミュニケーション力が向上し、思考力が深まることを示唆している。「コミュニティ」は、ここでは協力して学ぶ「協学」を指しているが、「学びの共同体」と考えることもできよう。
　外国語学習が目指す異文化理解の出発点は異文化への気づきと言えるが、その気づきは自己と他者の位置付けから始まると考えられる。教室内でもそれは「協同学習」によって培うことが可能である。

5.2 協同学習

　CEFRが重視している自律性の涵養に最適なのは、学びの本質ともいえる「協同学習」である。

あらゆる学びは新しい世界との出会いと対話であり、対象・他者・自己との対話による意味と関係の編み直しであり、対話と協同によって実現している（佐藤，2012:25）。

「協同学習」は、「共同学習」「協働学習」とも表記され、呼称は様々だが、往々にして、単なる「グループ活動」と同一視され、仲間と協力し合う側面だけが注視されるため、なぜそれが自律性に結びつくのか理解されにくい。しかし「協同学習」とは本来は、協同で学ぶことによって、「学び合う関係」を築くことである（江利川，2012；佐藤，2001，2015；津田，2013）。その過程の中で、他者と対話することになり、それが自己を見出すことにつながる。そのようにして学習の対象から学ぶことにより、自律性を身につけていくことになる。

協同学習について杉江（2011:1）は、つぎのように述べている。

協同学習という学習指導の理論は、学び合いをうまく促すための手法を連ねたものを言うのではありません。子どもが主体的で自律的な学びの構え、確かで広い知的習得、仲間と共に問題解決に向かうことのできる対人技能、さらには、他者を尊重する民主的な態度、といった「学力」を効果的に身につけていくための「基本的な考え」を言うのです。「グループ学習が協同学習ではない」のです。（強調は杉江）

「協同学習」というのは、グループに分ければ成立するわけではないことがわかる。協同学習とは、「学力を効果的に身につけていくための基本的な考え」というのが杉江の主張であるが、大学という場では、協同学習をより広く解釈し活用できるのではないか。例えば、なるべく異質な存在を、一つのクラス、一つのグループのなかに入れることで、実社会の多様性を授業で体験学習することにもなる。これは、広い意味での異文化学習につながる。

そうなると英語教育では当たり前のように導入されている「能力別クラス編成」「習熟度別クラス編成」が問題になる。英語力で輪切りにして同程度の学習者を集めた中でグループ活動をさせても、それは「協同学習」の理念

からは乖離するからである[4]。

　異質な仲間と協同して学ぶ、そのような学びを通して、やがて異質な存在と人間関係を構築することができるようになれば、それは複言語・複文化主義が目指すコミュニケーション能力の獲得と考えられ、多文化社会における共生と協働を可能にするものである。

5.3 結論にかえて

　本稿では、外国語教育の中でも、日本においてとりわけ重視されている英語教育を取り上げ、これまでの歩みを振り返り、今後のあるべき姿を、主として複言語主義を手掛かりに探ってみた。もとより複言語主義もCEFRもヨーロッパというコンテクストで生まれたものであり、そのまま日本に植え替えて根付くわけではない。しかし、その言語思想や言語教育理念を参照することで、日本の状況に合わせた言語教育改革が可能になるのではないか。
　「言語教育」とは、英語以外の外国語を含むだけでなく、母語としての日本語・国語教育も含むものであり、その上で異文化コミュニケーション能力が育成されるべきものと筆者は考えている。
　ただし、「異文化コミュニケーション能力」を外国語教育に組み込むことは容易ではない。「コミュニケーション能力」にしても「異文化能力」にしても、その定義や、カリキュラムとして具体化し評価方法を定めることは至難である。
　例えば、ベネットの「異文化感受性の発達モデル」を現実の教室に適応した際、言語教師が発達段階をどのように解釈し評価し指導するのか、教師の力が問われそうである。ディアドーフの「異文化能力の枠組み」モデルは、「望ましい成果（outcome）」が、「外部」（external）と「内部」（internal）に分けられており、外から見える成果として「異文化状況における効果的で適切なコミュニケーションと行動」が挙げられ、内面的な成果には「知識を得た上での判断基準の転換（informed frame of reference shift）」とあり、その内容は「適応性（adaptability）」、柔軟性（flexibility）、文化相対的な見方（ethnorelative view）、共感（empathy）」となっている。これらをどのように判断するのか

4　「習熟度別クラス編成」は効果的だと思われがちだが、実際には学習成果は上っていないことが、研究結果に出ている（佐藤, 2004; 梅原・小寺, 2005; 佐々木, 2005）。

第1章　脱グローバル時代の英語教育に求められるもの

も難問である。

　そもそも、文化相対主義という考え方自体が欧米文化中心主義の産物ではないか、異文化との邂逅において何が効果的かという判断でさえも西欧的な価値観に基づくものではないか、と懐疑的な論もある（Diaz, 2013：10-11）。

　さらに外国語教育の観点からは、学習対象としている言語と文化についての知識（knowledge）だけでは異文化コミュニケーション能力を獲得することにならないこと、異文化に対する「寛容性」「敬意」「好奇心」などの「態度」（attitude）が抽象的であることなど、探求すべき課題は多い。

　そうなると、言語教育が言語能力の伸長だけに焦点を当てるのは、良し悪しは別として、仕方ないとも考えられる。しかし、世界が多文化・多言語社会に向かっている現実を見据えれば、異質な文化への寛容性を備えたグローバル市民は今後ますます必要になる。

　ことばと文化、コミュニケーションを大局的な視座から検討し、多文化・多言語が共生する持続可能な社会の将来へ向けた言語教育が求められている所以である。

文献

Byram, M.（1997）．*Teaching and assessing intercultural communicative competence*. Clevedon : Multilingual Matters.
Byram, M.（Ed.）（2003）．*Intercultural competence*. Council of Europe.
Bennett, M. J.（1993）．Towards ethnorelativism: A developmental model of intercultural sensitivity. In Michael R. Paige（Ed.）．*Education for the intercultural experience*. Yarmouth, Maine: Intercultural Press, 22-73.
Coyle, D., Hood, P., Marsh, D.（2010）．*CLIL : Content and language integrated learning*. Cambridge University Press.
Díaz, A.（2013）．*Developing critical languaculture pedagogies in higher education : Theory and practice.* Bristol, Buffalo, Toronto : Multilingual Matters.
Council of Europe.（2001）．*Common European Framework of Reference for Languages : Learning, teaching, assessment*. Cambridge University Press.
Deardorff, D.K.（2006/2009）．https://www.nafsa.org/_/File/_/theory_connections_intercultural_competence.pdf, Retrieved March 8, 2017）
Deardorff, D. K.（2006）．The identification and assessment of intercultural competence as a student outcome of internationalization at institutions of higher education in the United States. *Journal of Studies in International Education*, 10（3），241-266.
Deardorff, D. K.（2015）．*Demystifying outcomes assessment for international educators: A practical approach*. Sterling, Virginia: Stylus.
Hymes, D.H.（1972）．On communicative competence. In J.B.Pride and J. Holmes（Eds.）．*Sociolinguistics: Selected Readings*（pp.269-293）．Harmondsworth: Penguin.
Morrow, K.（Ed.）（2004）．*Insights from the Common European Framework*. Oxford University Press.（和田稔他（訳）『ヨーロッパ言語共通参照枠から学ぶ英語教育』研究社．）

第2部　外国語教育と異文化間教育

Seidlhofer, B. (2011). *Understanding English as a Lingua Franca*. Oxford University Press.
Zarate, G. (2003). Identities and plurilingualism: preconditions for the recognition of intercultural competences. In M. Byram (Ed.). *Intercultural competence*. Council of Europe. pp.85-117.
綾部保志（2015）．「CEFRについての研究から」鳥飼玖美子（編著）『一貫連携英語教育をどう構築するか――「道具」としての英語観を超えて』pp.121-135. 東信堂.
梅原利夫・小寺隆幸（編著）（2005/2006）．『習熟度別授業で学力は育つか』明石書店.
江利川春雄（編著）（2012）．『協同学習を取り入れた英語授業のすすめ』大修館.
大谷泰照（編）（2010）．『EUの言語教育政策――日本の外国語教育への示唆』くろしお出版.
グローバル人材育成推進会議（2012）．「グローバル人材育成戦略（グローバル人材育成推進会議審議まとめ）」
佐々木敏光（2005）．Advantages and Disadvantages of Ability Grouping in English II ―― Through Follow-Up Research at A Senior High School「英語IIにおける習熟度別授業の効果と問題点― A 高等学校での追跡調査から」和歌山大学大学院 教育学研究科教科教育専攻英語教育専修士論文（未刊行）
佐藤学（2001/2014）．『学力を問い直す――学びのカリキュラムへ』岩波ブックレットNo.548. 岩波書店
佐藤学（2004）．『習熟度別指導の何が問題か』岩波ブックレットNo.612. 岩波書店.
佐藤学（2012/2016）．『学校を改革する――学びの共同体の構想と実践』岩波ブックレットNo.842. 岩波書店.
佐藤学（2015）．『学び合う教室・育ち合う学校――学びの共同体の改革』小学館.
杉江修治（2011）．『協同学習入門――基本の理解と51の工夫』ナカニシヤ出版.
津田ひろみ（2013）．『学習者の自律をめざす協働学習――中学校英語授業における実践と分析』ひつじ書房.
鳥飼玖美子・藤森千尋・綾部保志・細井健・小河園子・長沼君主・榎本剛士（2013）．「ヨーロッパ言語共通参照枠（CEFR）についての研究」．中央教育研究所「自律した学習者を育てる英語教育の探求――小中高大を接続することばの教育として」（研究代表：鳥飼玖美子）『研究報告』No. 80. 公益財団法人中央教育研究所.
鳥飼玖美子（2017）．『話すための英語力』講談社現代新書.
細川英夫・西山教行（編）（2010）．『複言語・複文化主義とは何か――ヨーロッパの理念・状況から日本における受容・文脈化へ』くろしお出版.
文部科学省（2014）．「今後の英語教育の改善・充実方策について報告――グローバル化に対応した英語教育改革の五つの提言」
文部科学省（2017）．『中学校・学習指導要領』
渡部良典・池田真・和泉伸一（2011）．『CLIL 内容言語統合型学習――上智大学外国語教育の新たなる挑戦』（第1巻　原理と方法）上智大学出版会.

英語教育を越えて
―― 異文化間教育は幸福に満ちているか

仲 潔

1．はじめに

　多くの日本人にとって、日常生活で英語を使用する場面はほとんどない。仮に英語を使うのであれば、相手が異言語話者の場合であろう。つまり、日本人にとって英語を使ってコミュニケーションを図るのは異文化間で行われることが多い。そうだとすれば、英語教育は「英語を身につける」という狭い教育観だけではなく、異文化間教育の視点も併せ持つ必要があるだろう。ここでいう「異文化間教育」とは、「偏見をなくし、お互いに対する関心と寛容の精神を育む」（本書企画案）ものとする。西山（2015）によれば、「異文化理解」にとって「異文化とは理解の可能な対象として外部に存在する」のに対し、「異文化間教育」では「異なる他者を必ずしも理解可能な対象として措定するものではない」（p.66）とする点で異なる。他者を理解することを放棄するわけではないが、価値観が錯綜する昨今において求められるのは、後者のような「わかりあえない」他者との共生をも視野に入れた異文化間教育の理念であると考える。お互いがわかりあえるという美しい幻想に固執せず、「わかりあえないことから」（平田，2012）コミュニケーションや教育のあり方を再考する必要がある。

　英語教育が事実上の外国語教育である状況においては、異文化間教育を推進する上で重要な役割を果たさなければならない。扱う内容がもっぱら異言

語・異文化であり、コミュニケーション能力の育成を扱う科目であるためである。事の良し悪しは別として、英語は世界的に普及したと信じられている。そのような認識が反映され、日本の英語教育は様々な国・地域を扱う科目となっている。例えば中学校英語教科書では、英語圏以外の国・地域が数多く取り上げられている。英語教育の対象が、主として異なる国・地域にある以上、異文化間教育に対する貢献が期待されるのは、当然のことといってよいだろう。ところが実際には、グローバル化による国際競争でのサバイバル能力として、換言すれば、「グローバル人材」の必須条件として英語運用能力が語られることが多い（仲, 2015）。

異質な他者との関わりあいにおいて、言語はコミュニケーションの中心的な役割を果たす。確かに、私たちは言語を使って目的を達成することはある。他方で、私たちは、必ずしも何かしらの「目的」を持って言語を用いたコミュニケーションを行っているわけではない。しかしながら、昨今の日本の英語教育では、英語はコミュニケーションを通して目的を達成するための道具としてのみ捉えられる傾向がますます強まっている。

英語教育は、相互理解のために「英語を身につける」という枠組みを未だ超えていない。同時に、英語という言語をコミュニケーションの道具としてのみ捉える言語観にとどまっている (cf. 細川, 2012)。そのような状況にあって、英語教育が推進する異文化間教育は「幸福」な未来社会を私たちに期待させてくれるものであるだろうか。結論を急ぐのであれば、その答えは「否」である。異文化間教育という視点からみた現状の英語教育は、「幸福」を期待させるものではない。むしろ、英語教育は、特定の学習者を排除する側面を内包してさえいる。本稿の主張はそこにある。

2. 英語教育の教育観とコミュニケーション能力観

2017年3月31日、文部科学省は新しい学習指導要領を告示した。3つの柱として、「知識・技能」、「思考力・判断力・表現力等」、「学びに向かう力、人間性等」が掲げられた。本節では、学習指導要領における、英語教育の目標とコミュニケーション能力観を概観しておく。

第2章 英語教育を越えて

2.1 英語科教育の目標——目的達成の手段としてのコミュニケーション

次にみるように、学習指導要領の外国語教育の目標は、3行程度のシンプルなものであった。

> 外国語を通じて、言語や文化に対する理解を深め、積極的にコミュニケーションを図ろうとする態度の育成を図り、聞くこと、話すこと、読むこと、書くことなどのコミュニケーション能力の基礎を養う。
> （平成20年度版『学習指導要領』、p.105）

これに対し、新しい学習指導要領では、次のような目標が提示されている（以下、同一引用の重複を避けるため、本稿での議論に関する部分には下線を引いている）。

> 外国語によるコミュニケーションにおける見方・考え方を働かせ、外国語による聞くこと、読むこと、話すこと、書くことの言語活動を通して、簡単な情報や考えなどを理解したり表現したり伝え合ったりするコミュニケーションを図る資質・能力を次のとおり育成することを目指す。
> (1) 外国語の音声や語彙、表現、文法、言語の働きなどを理解するとともに、これらの知識を、聞くこと、読むこと、話すこと、書くことによる実際のコミュニケーションにおいて活用できる技能を身に付けるようにする。
> (2) コミュニケーションを行う目的や場面、状況などに応じて、日常的な話題や社会的な話題について、外国語で簡単な情報や考えなどを理解したり、これらを活用して表現したり伝え合ったりすることができる力を養う。
> (3) 外国語の背景にある文化に対する理解を深め、聞き手、読み手、話し手、書き手に配慮しながら、主体的に外国語を用いてコミュニケーションを図ろうとする態度を養う。（平成29年度版『学習指導要領』、p.129）

下位項目である(1)～(3)は、それぞれ「知識・技能」、「思考力・判断力・表現力等」、「学びに向かう力、人間性」に対応している。全体的には、これまで以上に「英語＝目的を達成するための道具」という色合いが強くなったと

言えよう。例えば、(1)には「実際のコミュニケーション」とある。(2)については全体的に「英語＝目的達成の道具」という見方が顕著である。なお、詳しくは次節以降で論じるが、「理解」し「表現」し「伝え合う」というコミュニケーション能力観が提示されていることにも留意したい。

　新学習指導要領に先立ち、2016年8月26日に教育課程部会は「次期学習指導要領等に向けたこれまでの審議のまとめについて（報告）」（以下、「報告書」）を公開した。そこには、英語教育が「コミュニケーション能力」の育成を目指しているのに、結局のところ「文法・語彙等の知識がどれだけ身に付いたかという点に重点が置かれた授業が行われ」(p.252) てきたことが「課題」であると明記されている。その上で、「他者とのコミュニケーション（対話や議論等）の基盤を形成する観点を、外国語教育を通じて育成を目指す資質・能力全体を貫く軸として重視しつつ、他の側面（創造的思考、感性・情緒等）からも育成を目指す資質・能力が明確となるよう整理する」（同）としていた。さらに「報告書」では、「グローバル化が急速に進展する中」にあるため、「外国語によるコミュニケーション能力」が「生涯にわたる様々な場面で必要とされる」(p.252) ともある。

　また、文部科学省の有識者会議の報告（コミュニケーション教育推進会議審議経過報告「子どもたちのコミュニケーション能力を育むために」平成23年8月29日）において、コミュニケーション能力は次のように定義されていた。

　　いろいろな価値観や背景をもつ人々による集団において、相互関係を深め、共感しながら、人間関係やチームワークを形成し、正解のない課題や経験したことのない問題について、対話をして情報を共有し、自ら深く考え、相互に考えを伝え、深め合いつつ、合意形成・課題解決する能力
　　　　　　　　　　　　　　　　　　　　　　　　（p.252、脚注部内）

「正解のない課題や経験したことのない問題」に対処できることを目指すなど、本稿の冒頭で述べた異文化間教育の理念を具現化し得る定義にはなっている。ところで、引用にあるような「人間関係やチームワーク」は、各「個人」の能力ではどうしようもない部分である。したがって、ふたり以上の学習者の関係性を前提とした「コミュニケーション能力」観が、新しい学習指導要領においても反映されるべきであった。各個人の「英語力」といった狭

義の「コミュニケーション能力」ではなく、他者との関係性をふまえた新しい尺度の形成である（仲，2012）。これは筆者の独りよがりではなく、例えば文部科学省による『小学校キャリア教育の手引き（改訂版）』において、他者とうまく関わっていく力、すなわち「人間関係形成能力」（p.10）の重要性が指摘されている。

ところが、「他者とのコミュニケーションの基盤を形成する」上で、「創造的思考、感性・情緒等」「からも育成を目指す資質・能力」（「報告書」、p.252）とするという文言や「人間関係形成能力」（『小学校キャリア教育の手引き（改訂版）』、p.10）は、新学習指導要領では軽視されている。それまでの英語教育における「コミュニケーション能力」観が問い直されることはなく、「目的達成のための手段」とするコミュニケーション能力観がより強化された。授業の中核とされる言語活動については、「言語の使用場面」として、「買物」「道案内」「電話での対応」「手紙や電子メールのやり取り」が、「言語の働き」については「苦情を言う」「謝る」「発表する」「承諾する」など（新学習指導要領、p.135）が取り上げられるべきとされている。このように、「人間関係形成能力」のような他者への共感や他者への気配りなど、コミュニケーションの自己充足的な側面は弱まり、「目的の達成」が主眼とされる道具的側面に重点が置かれている（岡本，2013）。

2.2 「伝え合う」コミュニケーション能力観

次に、新しい学習指導要領において、「伝え合う」というコミュニケーション観が明確に打ち出されていることについて確認しておこう。「伝え合う」に相当する文言（「伝え合ったり」など）は、新しい学習指導要領の中に7度も登場する。前節で引用した新学習指導要領における「目標」の中だけでも、「伝え合う」という文言は2度、用いられている。英語教育において、「伝え合う」ことがいかに重視されているのかが伺える。

上述のように、「思考力、判断力、表現力等」の育成は、英語教育の1つの柱とされている。この点に関する記述においても、「情報を整理しながら考えなどを形成し、英語で表現したり、伝え合ったりすることに関する事項」という項目がある。

コミュニケーションを行う目的や場面、状況などに応じて、情報を整理し

ながら考えなどを形成し、これらを論理的に表現することを通して、次の事項を身に付けることができるよう指導する。
　ア　日常的な話題や社会的な話題について、英語を聞いたり読んだりして必要な情報や考えなどを捉えること。
　イ　日常的な話題や社会的な話題について、英語を聞いたり読んだりして得られた情報や表現を、選択したり抽出したりするなどして活用し、話したり書いたりして事実や<u>自分の考え、気持ちなどを表現する</u>こと。
　ウ　日常的な話題や社会的な話題について、<u>伝える内容を整理</u>し、英語で話したり書いたりして互いに事実や自分の考え、気持ちなどを<u>伝え合う</u>こと。（新学習指導要領, p.133）

　上記のア〜ウのいずれにおいても、各個人の能力の育成に重点が置かれている。各個人が自分の考えや思ったことを言語化し、互いに「伝え合う」ことが目指されているのである。すなわち、コミュニケーションにおける各々の参与者たちが「伝える」力を獲得する。互いが「伝え合う」ことによってコミュニケーションの成立が期待される、という見方である。各個人の英語による表現力を高めることが、そのままコミュニケーション能力の育成につながる、とする捉え方である。

2.3 英語教育と道徳教育──「多様なものの見方」との矛盾

　学習指導要領の「第3 指導計画の作成と内容の取扱い」という項には、道徳教育との連携が明示されている。これは平成20年度版においても同様である。

　　第1章総則の第1の2の(2)に示す道徳教育の目標に基づき、道徳科などとの関連を考慮しながら、第3章特別の教科道徳の第2に示す内容について、外国語科の特質に応じて適切な指導をすること。
（新学習指導要領, p.138）

　「道徳教育の目標」に基づきつつ、「外国語科の特質に応じて適切な指導」が期待されている。したがって、「道徳教育の目標」や「第3章特別の教科道徳の第2に示す内容」が妥当かどうか、さらには「外国語科の特質」を考慮した指導となっているか、について考える必要がある。

授業においては、教科書をはじめとした教材は重要である。その教材についても、学習指導要領はあるべき姿を提示している。多岐にわたって教材作成上の留意点が述べられているが、そのうち「留意」すべきとされている点の一部を抜粋しておく。

(ア) <u>多様な考え方に対する理解</u>を深めさせ、<u>公正な判断力</u>を養い豊かな心情を育てるのに役立つこと。
(イ) 我が国の文化や、英語の背景にある文化に対する関心を高め、理解を深めようとする態度を養うのに役立つこと。
(ウ) <u>広い視野から国際理解を深め</u>、国際社会と向き合うことが求められている我が国の一員としての自覚を高めるとともに、<u>国際協調の精神を養う</u>のに役立つこと。(新学習指導要領、p.138)

引用中にあるように、教材を作成する上では、「多様な考え方に対する理解」を促したり、「公正な判断力を養」うこと、さらには「広い視野から」考える力の育成へと繋がることが求められている。

2.4 コミュニケーションに対する積極性・自発性

前節で引用した学習指導要領における「目標」で、留意すべき点がもう一つある。積極的・主体的にコミュニケーションに参加しようとする態度の育成である。平成20年度版では、「<u>積極的に</u>コミュニケーションを図ろうとする態度」(p.105)が、平成29年度版では「<u>主体的に</u>外国語を用いてコミュニケーションを図ろうとする態度」が求められている。

平成20年度版の学習指導要領の公的な解釈書である『小学校学習指導要領解説 外国語活動編』や『中学校学習指導要領解説 外国語編』で確認しておこう。

【小学校版】
　コミュニケーションへの積極的な態度とは、日本語とは異なる外国語の音に触れることにより、外国語を注意深く聞いて相手の思いを理解しようとしたり、他者に対して自分の思いを伝えることの難しさや大切さを実感したりしながら、<u>積極的に自分の思いを伝えようとする態度</u>などのことで

ある。(『小学校学習指導要領解説 外国語活動編』、pp.7-8)
【中学校版】
　<u>積極的に自分の考えを相手に伝えようとしたり、相手の考えを理解しようとする</u>などのコミュニケーションを図ろうとする態度の育成が十分でなければ、一定の基本的な知識や技能を身に付けていたとしても、それを活用して実際にコミュニケーションを行うことは難しい。
(『中学校学習指導要領解説 外国語編』、p.6)

　上記のように、小学校版では「コミュニケーションへの積極的な態度」について定義らしきものが提示されている。中学校版では特に定義はされていない。ただし、いずれにおいても、コミュニケーション能力の育成のためには、「積極的な態度」が不可欠であるという見解である。中学校版では、「相手の考えを理解しようとする」とあり、一見すると単純な「伝え合い」ではないように思えるかもしれない。しかし、「積極的」に発信した「自分の考え」が、相手にはどのように伝わるのか（解釈されるのか）というような、情報の受け手側への視点に欠ける。ここでも、互いが「わかりあえない」可能性が考慮されているのか疑わしいと指摘できよう。
　新しい学習指導要領では、「積極的」の代わりに「主体的」という文言が用いられている。「主体的」が意味するところは、学習者が自らコミュニケーションに参加しようとする、「自発性」を求めていると考えられる。
　本節での論点を整理すると、以下の4つとなる。次節以降では、これら4点について議論を進めていく。

① 目的達成の手段として、学習者のコミュニケーション能力を高める。
② 「わかりあう」ために「伝え合う」力を育成する。
③ 道徳教育と連携し、「多様な考え方」「公正な判断力」を育成する。
④ 学習者のコミュニケーションに対する積極性・自発性を育成する。

　これら4点のうち、①と②は主としてコミュニケーション能力観に関わり、③と④は学習者の内面に影響を及ぼし得る性質である（もちろん、いずれもが最終的には学習者の人間性に影響を及ぼし得るが）。

3. コミュニケーション能力観を問う

　上記4つの論点のうち、主としてコミュニケーション能力観に関わる①と②について考えていこう。

3.1 コミュニケーションは「目的達成の手段」なのか

　前節で確認したように、コミュニケーションは目的を達成するための手段とされている。もちろん、何かしらの目的を達成するには、他者との相互作用が不可欠であり、主として言語を用いたコミュニケーションを経由することは間違いない。日本でも、欧州の言語共通参照枠（CEFR、Common European Framework of Reference for Languages: Learning, teaching, assessment）にならい、「CAN-DOリスト（いわゆるCEFR-J）」にもとづいた英語教育が導入されつつある。外国語を「使って」何を達成するのか、というCAN-DOリストの教育観と、新学習指導要領における英語科教育の「目標」とは親和的である。

　筆者は、言語がコミュニケーションの手段であったり、目的を達成する手段であったりすることそのものを否定したいのではない。あまりにも合理的な教育観が主流となりつつあることに問題意識があるのだ。「コミュニケーション」を情報の伝達と捉える見方は、小山（2012）によれば「不確定で、曖昧で、動態的で、偶発的で、予測しにくく制御しにくい要素にあふれた自然や社会などのコンテクストから閉ざされた」(同:139)狭いコミュニケーション観である。

　英語科教育において、コミュニケーションという語は、聞く・話す・読む・書くという技能面で語られることが多い[1]。教育場面における「評価」という観点から、コミュニケーションは測定可能なものに置き換えられなければならないからである。そこでは、「コミュニケーションとは、目的を達成する手段」という言語観が重要な役割を果たすことになる。学習者の機能的な言語運用力を測定するには、予定調和的な「目的」を設定し、それを達成できるかどうか、を調べればよいことになるからである。かくして、「能力化」

---

[1] 新学習指導要領では、従来の「話す」は、スピーチやプレゼンテーションのようなものと、対話的なものとに分けられている。

された学習者のコミュニケーションは、「コミュニケーション能力」として教育標語に掲げられる。

　コミュニケーション能力を育成する際には、いわゆる「コミュニケーション活動」が推奨されることが多い。例えば、ディスカッションやスピーチ、ディベートなどである。さらには、情報格差タスク[2]、問題解決タスク[3]などのような「コミュニケーション・タスク」[4]が授業に取り入れられる。いずれにおいても、コミュニケーションは、課題や目標を達成するための道具というコミュニケーション観が底流している。

　しかしながら、私たちは常に「目的を達成する」ためだけにコミュニケーションを図っているわけではない。自らが意図したメッセージだけが他者に伝わるわけではなく、非意図的／無意識的なメッセージが伝わることもある。他者とのやり取りには、予測不可能な反応がつきものである。

　仮に意図的なメッセージのやり取り（つまり、「目的を達成する」コミュニケーション）だけを考えた場合であっても、コミュニケーション能力が高い／低いという判断は、場面や状況によって容易に変わり得るものである。

　例えば、ビジネス場面で効率よくコミュニケーションを図ることのできる者は、高い評価を得やすい。ところが、日常の人間関係においても、効率を重視したコミュニケーションを行うならば、必ずしも良好な人間関係を築けるというわけではない。場合によっては、味気ない／冷たい人格だと判断されることさえあり得るだろう。あるいは、普段の人間関係において、おしゃべり好きで、気の利いたジョークやさりげないひとことで場を和ませることができる人がいる。もしその人がビジネス場面で効率よくコミュニケーションを図ることができなければ、その人のコミュニケーション能力は「低い」と言えるのだろうか。このように、「コミュニケーション」は「予測のつかない、相乗効果（各話者の思惑以上のものが融合によって作り出される）を生み出すプ

2　情報格差タスクとは、「人間がコミュニケーションを取ろうとする際に、ほとんどの場合、対話者の間に情報の格差（gap）があり、その格差を埋めようとして情報交換が行われる。情報交換タスクはこの原理を利用して、教室の中に目標言語を使用する必然性を作り上げる」タスク（村野井ほか，2012：58）のことである。

3　「何らかの解決すべき問題に対し、目標言語で話し合いながら解決策を見つけ出すタスク」（村野井ほか，2012：58）のこと。

4　コミュニケーション・タスクとは、「何らかの課題が達成されるために、目標言語を用いて情報交換をすることが求められるタスク（＝作業、課題）」（村野井ほか，2012：58）のこと。

ロセスである」(池田・クレーマー,2000:184)。

このように、「コミュニケーション能力」が高い／低いという判断は、状況や場面によって容易に変化し得るものである。決して、固定的に測定できるものではない。ところが、英語教育を通じて「コミュニケーション能力」を育成することが求められている。教育場面である限り、その高低を評価／測定することになる。これを表面的にでも合理化し、測定可能とするためには、技能面に重点を置くというコミュニケーション観の矮小化と、「目的達成の手段」への還元が行われるのではないか、と考える。あるいは、そういった論理さえなく、教育場面への市場論理が自明視されている可能性もあるだろう。

3.2 英語教科書の描き出す対人関係像

日本人が英語を使用する場合、基本的には異文化間コミュニケーションになる。日本人どうしで英語を用いることは一般的ではない。よって、英語教育において道徳との連携を扱い、「公正な判断力」を育成するのであれば、内輪でしか通じない価値観ではなく、異質な価値観への気づきを促すものでなければならない。以下、英語教科書における対話文を中心に、対人関係に関してどのような価値観が提示されているのかを分析しておこう。

三省堂の *New Crown* の１年生用では、初対面の相手と名前を聞きあったり (p.17)、相手の趣味を聞いたりする (p.57) 登場人物が描かれている。なお、初対面の相手のことをより知ろうとするやりとりは、同じことばの教育である国語教科書では、あまり見られない（仲・岩男,2017）。

英語教科書では、初対面でのやり取りが、やや形式的になり過ぎている。これは、多くの日本人にとって英語は異言語であり、そもそも表現形式に馴染みがないと考えられているからだろう。つまり、英語を用いてコミュニケーションするには、英語の表現方法を身につけることが先行されるべきである、という信念である。また、「コミュニケーション能力の育成」という「目標」に向けて、学習者の学習効果を「評価」しなければならない。評価という観点からすれば、形式面が重視されることで、学習者を画一的に評価しやすくなると信じられているとも考えられる。

ただし、言語の表現形式が先行することは必ずしも妥当ではないという一面もある。高田 (2011) が指摘するように、「言葉を機能させ、意味や価値を生成しているのは、言葉そのものではなく、コミュニケーションであ

る」(同:174)。ある言語表現の意味は最初から定まっているのではなく、私たちはコミュニケーションを通じて言葉の意味を創り出しているのである(同:174-175)。学習者たちにとっては、自らの「言いたいこと」が先行するのであって、表現の形式が先行するわけではない。教科書で提示された言語表現に、「言いたいこと」を当てはめることがコミュニケーションなのではない。

　次に、教科書の登場人物たちが、自らの働きかけに応じてもらっても、会話を発展させることはなく、自らの目標を達成する姿ばかりが描かれている点を指摘しておこう。教育出版社による *One World* の1年生用では、給食で見なれない食べ物を見た留学生が、それが何かを尋ねる場面がある(pp.28-29)。光村図書の *Columbus 21* においては、ある留学生が自分の知りたいことをクラスメートに尋ね、答えてもらっても、"I see." だけで終わっている。その他にも、話し手側が知りたいことを、聞き手側に尋ねる会話例が多く見られる。これらの事例の多くで、話し手側の問いかけに聞き手が応じても、そこから会話が展開されることはない。全体としては、「聞きたい内容を尋ねる」という目的が達成されると、すぐさま別の話題に移る会話文が多いのである。

　このように、コミュニケーションの相手は、発話者の目的を達成するための相手であり、その際用いられる英語という言語は、目的を達成するための道具として描かれている。もちろん、多くの日本人にとって異言語である英語を学ぶ上で、基本的な表現方法を提示し、それを習熟させるべきだという姿勢は理解できないわけではない。しかしながら、あまりにも都合よく自己の目的を達成し、他者への関心をほとんど示さない描かれ方が目立つ。

　登場人物として留学生が数多く設定されていることも、英語教科書の特徴の一つである。留学生たちは必ずしも英語圏出身とは限らないのであるが、教科書の日本人の登場人物たちは、決まって英語で話しかける。さらに、相手がアメリカ出身であると決めてかかる対話文も複数見られた。例えば、インド出身(*New Crown*)やシンガポール出身(*One World*)の登場人物に対し、いきなり英語で話しかけている。確かに両国は英語を公用語とするが、その相手が必ずしも英語話者である保証はない。*One World* の1年生用では、日本人である Aya が、初対面であるシドニー出身の ALT (Assistant Language Teacher) に対し、"Are you from America?" と尋ねている。登場人物たちにとって、「外国人」には英語で話しかけることが自明視されており、その「外

国人」は場合によってはアメリカ合衆国出身であることさえあるのだ。

　さらに言えば、留学生は基本的に日本語を学ぶために日本にやって来ているはずであるが、彼らは日本人の登場人物と日本語ではなく英語で対話する姿ばかりが描かれている。ここにもまた、上述した他者を目的達成のための手段とみなす価値観がうかがえる。すなわち留学生たちは、日本人が英語を練習・獲得するための相手＝「目的達成のための手段」として存在するのである。

　上述したように、「人間関係形成能力」は、コミュニケーション能力の育成の目的の一つであった。しかしながら、登場人物である日本人たちにとっての「外国人」は、言語習得という目標を達成するための機械的な相手に過ぎない。これでは、人間関係の構築どころかむしろ相手に不快感を与える言動を自明視してしまう態度を育成しかねない。

　もちろん、「英語教育の教科書なのだから、登場人物が英語で対話をするのは当たり前」という見解も成り立つだろう。ただしそれは、「英語を身につける」という観点からのみ英語教育を捉える場合である。異文化間教育という点から見れば、登場人物たちがたとえ相手の言語が何であろうと、英語だけを用いて対話をする姿は看過できない。「外国人には英語で」という類の偏見（言語観）が問い直されないばかりか、他者の言語文化に対する関心や寛容の精神を育むことが困難であるからだ。

　各社の教科書には、様々な言語文化的背景を有する登場人物が描かれている。しかしながら、あらゆる対話文において、すべての登場人物たちが、ほぼ滞りなくわかりあっている。せっかく異文化間交流を扱っているにもかかわらず、価値観の相違から来る相互理解不全が描かれることはない。これでは、異質な他者、わかり合えない他者との対人関係をいかに構築するかを学ぶ機会がない。このように考えると、英語教科書が描き出す対人関係は、自己中心的で、かつあまりに合理的である。そこには、異質な他者との違いを認め合いつつ、何とか共生していこうとする姿が見られない。

　コミュニケーション能力の育成が、「伝え合う」ことであるとする見方の背景には、「お互いが正確に言語で表現できれば、わかりあえる」という極めて無邪気な発想があるのだろう。確かに、心の内をうまく言語で表すことができれば、他者にその思いを「伝えられる」と考えることは理解できる。とりわけ、その言語が異言語である場合には、言語表現力の向上がそのまま「コ

ミュニケーションの成立＝わかりあえる」へとつながると信じられやすいかもしれない。しかしながら、この論法に従うのであれば、同一言語集団内においてはいっさいミス／ディス コミュニケーションが生じないことになる。しかし実際にはそうはいかない。2016年に繰り広げられた米国大統領選において、ドナルド・トランプ氏とヒラリー・クリントン氏は互いに「同一言語」を用いて、互いの主張をぶつけ合った。その結果、互いが「わかり合った」かといえば、そうではない。言語を自由に操ることができることと、他者とわかり合えることとは、それほど単純な関係にはないからである。言い間違い／聞き間違いはおくとしても、自分の伝えようとしたことが、そっくりそのまま相手に理解されるということは、原理上あり得ない。社会化／文化化の中で形成される価値観やものの見方などが、防衛規制／選択的知覚として機能するため、自己の伝達したい情報と、それに対する他者の解釈が完全に一致することはないのである。

以上のように、英語教科書では、異文化間の出会いややりとりが描かれてはいるものの、その内実は対人関係の構築を学び、価値観の相違をいかにして乗り越えるのか、といった視点がほとんど見られない。

4．道徳教育との連携

4.1 閉ざされた価値観

西山（2015）が指摘するように、異文化間教育は「対象となる異なる文化それ自体にもまして、異文化という他者との関係性、すなわち態度に着目する」（p.67）ものである。確かに、「対象となる異なる文化」に関する情報ないしは知識については、各個人の知り得る限界がある。また、その情報・知識も各個人の「態度」によっていかようにも選択・解釈が可能である。したがって、「態度」が重要視されることは、きわめて重要である。また、大木（2015）がグローバル教育・市民性教育・異文化間教育の関係の考察を通じて示唆するように、異文化間教育は「道徳教育」と無縁ではいられない。各個人の「態度」が重視されるため、自ずと道徳的要素が関係してくる。学校教育が「人格の完成」に向けて行われる営為である限り、道徳面が英語教育において扱われることは当然であろう。

問題はその扱われ方である。英語はもっぱら異言語・異文化を対象とした教科である。また、「グローバル社会」の存在の真偽はともかく、英語教育がそれへの対応を期待されているのは事実である。様々な言語・文化、そして価値観が錯綜する状況においては、異質な他者といかにして共生するかを模索する必要がある。したがって、物の見方を多様にし、「内輪でしか通じない」価値観を問い直し、多様な価値観への気づきの契機が与えられてしかるべきであろう。

ところが、英語教科書の提示する価値観は、それほど「グローバル」に開かれているとは言い難いのが実情である。確かに、昨今の英語教科書は世界が抱える人権問題や環境問題をはじめとした社会問題を扱っており、一見すると異文化間教育を促進し得るかのようである。しかしながら、その扱われ方には首をかしげざるを得ない。むしろ、閉鎖的な価値観が再生産されているからである（仲・大谷，2007；仲，2018）。

例えば、環境問題を取り上げる場合には、環境汚染をする社会構造を問い直す視点は与えられず、個々の努力によって解決する学習者像が描かれている（*Total English* など）。障害者を扱う教科書では、彼らの努力を賛美する内容に終始し、努力することさえままならない多くの障害者たちへの配慮は見られない。さらには彼らが「障害」を有しているのは、彼らがじゅうぶんに活躍できないような社会構造となっているためであるという視点はない。このように、既存の社会構造が抱える問題を、各個人の努力によって克服するという価値観に基づいた教材が多い（仲・大谷，2007）。これらの指摘の多くは、現行の英語教科書についても当てはまる（仲，2018）。

4.2 強いられる積極性・主体性

「コミュニケーション能力の育成」において、学習者はコミュニケーションへの「積極的な態度」や「主体的な」取り組みが求められている。かつて、「文法」が英語教育の主役であった時には、学習者たちは「正しい英語」という呪縛のために、英語を使うということに対して躊躇していたかもしれない。そのことを考慮すれば、確かに、学習者たちは英語でコミュニケーションをとることにおいて、間違いを恐れず自らの意思を伝えようとするだろう。そのような活動を繰り返すことで、コミュニケーション能力の向上が期待されている。しかしながら、積極性や主体性を礼賛するあまり、コミュニケー

ションや自己表現を過剰に求め過ぎることによって、見えにくくなってしまう問題がある。コミュニケーションに対して「積極的な態度」を求めるということは、学習者の人格／性格に介入することを意味する。したがって、「英語によるコミュニケーション能力の向上」という側面だけではなく、学習者の人格に影響を及ぼし得るという観点からも、慎重に検討する必要があろう。

　もちろん学習者の中には、授業において英語で自己表現をする機会がないことに物足りなさを感じる者もいるだろう。そのような学習者にとっては、「コミュニケーション能力の育成」に向けて行われるコミュニケーション活動中心の授業は好ましいものであろう。ただし彼らは、もともとコミュニケーションに対して「積極的」なのである。したがって、「積極的な態度」を育成する対象は、積極的ではない学習者ということになる。ここで、「学習者がコミュニケーションに対して消極的ならば、積極的になれるようにするべき」と考えるのは、あまりにも短絡的である。学習者の中には、自己表現が苦手であったり、そもそも自己を伝えることを拒否したりしている者、つまりコミュニケーションに対して消極的な者がいる。そのような彼らの抱える問題を考慮することもなく、「コミュニケーションへの積極的な態度」を自明視することは、押しつけの暴力となる。

　各個人の「主体性」・「自発性」もまた、「積極性」とならんで重んじられている。現代は、多様な価値観が尊重される傾向にある。そのため、画一的な価値観が押しつけられることは、回避されるべきであると考えられている。画一的な価値観が押しつけられるということは、特定の思想が強いられるということであり、それは、自由が抑圧されることを意味するからである。その代わりに、各個人の「主体性」・「自発性」が期待されている。もちろん、各個人が主体的・自発的に物事を考えたり行動をしたりすることができるのは、望ましいことであろう。ただし、土井（2009）が指摘する次の問題には留意すべきである。

　　自発性に基づいたコミュニケーションは、その結果に対する責任も生む。自由を享受できるだけのコミュニケーション能力を備えた人間にとっては、たしかに現代はユートピアかもしれない。しかし、十分にその能力を持ちあわせず、その代償としての責任を耐えがたいと感じてしまう人間にとっては、……同時にディストピアの色彩も帯びていることを忘れてはならない。

(土井，2009：286)

　このように、コミュニケーションに「積極的」・「主体的」に取り組めるかどうかは、各個人がおかれた様々な環境が影響している。「コミュニケーションへの積極的／主体的な態度」という文言は、一見すると美しい。しかしながら、「コミュニケーション」に前向きになれない理由／事情を抱えた学習者をあらかじめ排除する危うさも併せ持っているのである。この点について、齋藤（2000）は次のように述べている。

　　自らのニーズを（明瞭な）言語で言い表せない、話し合いの場に移動する自由あるいは時間がない、心の傷ゆえに語れない、自らの言葉を聞いてくれる他者が身近にいない、そもそも深刻な境遇に長い間おかれているがゆえに希望をいだくことそれ自体が忌避されている。（同：64）

　この齋藤の指摘を受け、板場（2011）は「伝え合いのコミュニケーション」（同：8）を「余力のあるエリートや中産階級の綺麗ごと」（同：9）と批判している。上述した「伝え合う」ことと、ここでの「積極性／自発性」とが互いに関連しあって、「コミュニケーション能力」が捉えられている。
　同時に、異文化間教育が、斎藤や板場の指摘するような社会的弱者を考慮しないのであれば、「他者への寛容な態度の育成」という異文化間教育が持つ教育観は、強者の論理へと陥ってしまいかねない。努力したくてもできない人びとの存在を常に念頭におくことが、異文化間教育の発展にとって重要であろう。他者への寛容さが「上から目線」になってしまえば、異文化間教育の持つ理念とは矛盾してしまう。

5. 排除される学習者たち

　コミュニケーションが成立するか否かは、本来的に各個人の能力だけの問題ではない。例えば、同じ語彙・抑揚・内容であっても、伝える相手や場面、さらには状況が違うだけで、全く異なる意味が生み出される。「目的を達成する」ために必要な英語の語彙・表現を身につけ、明瞭な発音で流暢に「伝える」ことができれば、「目的が達成される」というほど単純なものではな

いのである。しかしながら、英語科教育においてコミュニケーション能力は求められている。そこでの「コミュニケーション能力」とは、目的を達成する手段としてのコミュニケーションという見方であった。さらに、コミュニケーション能力を育成するには、積極的／主体的になることが求められるのであった。以上をふまえた上で、次の議論に移ろう。

　貴戸（2011）は「他者や場との関係によって変わってくるはずのものを、個人の中に固定的に措定する」視点のことを「関係性の個人化」（同：3）と呼んでいる。そして、「関係性」の問題を、「個人」にも「社会」にも還元するのではなく、「関係性の水準で捉え」（同：8）るべきであると主張している。それにもかかわらず、コミュニケーション能力の育成を教育場面に持ち込むためには、関係性の次元で捉えるべき課題を、個人の問題へとすり替える必要性が生じる。このような個人の問題へと矮小化するという姿勢は、上述した英語教科書が提示する価値観とも合致する。

　また、本稿2.3で確認したように、英語科教育は「道徳の時間」との関連性が強く求められているのであった。ここで、道徳教育の基本的な認識を確認しておこう。

　　人間の生活は、知識基盤社会やグローバル化の時代の到来により、社会的な相互依存関係をますます深めている。<u>生徒が</u>、個人と社会との関係について適切な理解をもつことが、後に民主的な社会や国家の発展、他国の尊重、国際社会の平和と発展や環境の保全への貢献などの基礎となるのである。（平成20年度版 文部科学省『中学校学習指導要領解説 道徳編』p.20）

「知識基盤社会やグローバル化」により、「社会的な相互依存関係」が進んでいるという。もしそうであるならば、それは社会構造そのものの変化の問題である。したがって、各個人がいかにすれば「個人と社会との関係について適切な理解をもつことが」できるかについて、社会全体で取り組むことが先行すべきである。しかしながら、それは社会全体で取り組むのではなく、「生徒」個人の能力によって解決し得るかのような記述である。

　少子化の進行により人口が減少し、若年者の割合が低下する一方で超高齢化社会を迎えている。また、インターネットや携帯電話等を通じたコミュ

第2章 英語教育を越えて

ニケーションが更に進む一方で、その影の部分への対応も課題となっている。更には、グローバル化がいっそう進む中で、異文化との共生がより強く求められるようになる。このほか、地球温暖化問題をはじめとする様々な環境問題の複雑化、深刻化、産業構造や雇用環境の変化といった社会状況への対応も必要である。

　我が国の社会を公正で活力あるものとして持続的に発展させるためには、人々の意識や社会の様々なシステムにおいて、社会・経済的な持続可能性とともに、人として他と調和して共に生きることの喜びや、そのために必要とされる倫理なども含めた価値を重視していくことが求められている。

　これからの学校における道徳教育は、こうした課題を視野に入れ、生徒が夢や希望をもって未来を拓き、一人一人の中に人間としてよりよく生きようとする力が育成されるよう、一層の充実が図られなければならない。

（平成20年度版『中学校学習指導要領解説 道徳編』p.23）

　グローバル化や異文化との共生における課題は、最終的には個人の努力／能力をエンパワメントすることによって解決できるかのような記述である。このように、教育は社会変革のためではなく、むしろ社会適合のための営為とされている。よりよい未来社会の構想／構築という視点はなく、現状に追認する従順な学習者像が期待されているのである。

　もちろん、社会全体で取り組む／解決すべき命題であっても、各個人ができる／すべきことがあるのは事実である。しかしながら、後者ばかりが強調されることにより、社会構造の問題への気づきは喚起されにくくなってしまう。さらには、個人の能力を高めることによって、社会構造の問題も解決し得るという美しい幻想を作り上げることに寄与する。一部の偶発的な「天才」はともかく、多くの者がいかんともしがたい現実に直面し、挫折を味わうことになりかねない。ところがそれは、個人の努力／能力不足として片付けられてしまうのである。そこには、努力したくてもできないという、決して少なくない人びとへの配慮は見られない。これでは、「生徒が夢や希望をもって未来を拓き……よりよく生きようとする力が育成」(同)されるとは考えにくい。このような社会全体で取り組むべき課題を個人の努力／能力の次元に閉じ込める道徳観は、各個人の測定可能な能力を育成するコミュニケーション能力

観とも合致する[5]。英語教科書において、閉鎖的な価値観が描かれることも、その表れとみなすことができよう（本稿4.1）。

　もちろん「グローバル化」によって、学習者たちが様々な「異質な人びと」と交流する可能性を考慮すると、積極性や主体性を身につけるべきとする教育観が必要となる場面もある。筆者はその必要性・重要性を否定しているわけではない。そうではなく、積極性／主体性に嫌悪感を抱いてしまう学習者の存在を無視してよいということにはならないことに留意すべきであると考えている。積極的／主体的になれない人びとにとって、「コミュニケーション能力の育成」という教育標語は、単にコミュニケーションが強いられるだけにとどまらないのである。積極的／主体的になれない事情が覆い隠されるのである。そして、積極的／主体的であることに価値がおかれることで、積極的／主体的になれない自己を追い込むことになってしまいかねない。彼らは積極的／主体的に反論しにくいために、ますます積極的／主体的になれなくなってしまう。その結果、コミュニケーションへの「積極的な態度」・「主体的な態度」を育成することは、逆の効果ももたらし得る。つまり、コミュニケーションそのものを嫌悪したり、遠ざけたりする学習者を生み出しかねないのである。

　もう1点、留意すべきことがある。それは、コミュニケーションをうまくとれないことが自らの能力の不足として評価されてしまう危うさをも併せ持つことである。「コミュニケーションへの積極性・主体性」という教育標語は、「伝え合いに参加できない人びとの存在、そして伝え合いがそのような人びとを生み出している可能性」（板場，2011：9）を看過しやすい状況を生み出し得るのである。言うまでもなく、そのような人びとも「コミュニケーション」への積極性／主体性が求められている。積極性／主体性が重んじられる教育環境においては、彼らは「劣った」生徒とみなされてしまう。このように、積極的／主体的になれない事情を考慮せずに、無批判にコミュニケーション能力の育成を礼賛することは、彼らには教育という名のもとで行われる暴力となる。そこには、学習指導要領が求める、異質な他者を認め合う姿勢や「公正な判断力」が身につく可能性が感じられないのである。

5　コミュニケーションの能力観にせよ、それと共犯関係にある道徳観にせよ、いずれもが測定不可能なものを測定可能化する際に捨象してしまった側面がある。「教育の崩壊」を嘆くならば、その根源的な問題にメスを入れるべきであろう。

6．おわりに

　英語教科書の登場人物たちを分析すると、相互理解が達成される姿ばかりが描かれているのであった。つまり、異質な他者と遭遇する場面はあったとしても、価値観の相違によるコミュニケーションの衝突が描かれることはない。その意味で、西山（2015）の「理解という認知行動ではとても対抗できないような存在に対峙した時にこそ、私たちの異文化（間）性は試されていく」（p.71）という指摘を、英語教育は重く受け止めるべきであると考える。彼は、塩澤・吉川・石川（2010）による「異文化理解」の定義をひき、それを認めつつも「違和感」を次のように示している。

　　……このような言説に違和感を隠しきれないのは、おそらくこの言説が移民との日常の出会いに基づくのではなく、自らが望んだ、いわば幸福感にあふれる異文化との出会いが根底にあるのではないかとの思いが断ち切れないからだ。異文化との出会いがすべて幸福感に満ちたものであれば、異文化理解に問題はない。ところが、むしろ陶酔感とはおよそ縁遠い異文化との強烈な出会いこそが、異文化間性を考える上での課題となるのではないだろうか。（同：71）

　西山が「違和感」とする「幸福感に満ちた異文化理解」は、少なからぬ英語教育関係者に共有されているであろう。だからこそ、「英語教育の抜本的改革」といった文脈では、「英語は世界をつなぐ」といった言説がまかり通るし、「課題」として挙げられるのは、異文化間性ではなく、英語教員の英語運用能力や指導力であることが多いのだろう。本稿で指摘したような問題を克服するには、言語教育政策の関係者や、大学の英語教員養成に関与する研究者のコミュニケーション能力観や異文化間性もまた、抜本的改革の対象とする必要があると考える。さもなければ、英語教科書が描き出す幸福な異文化間交流とは裏腹に、学習者たちは異質な他者との出会いやわかりあえない他者との交流に、それを乗り越える術を持たずに対峙することになる。閉じられたコミュニケーション能力観や異文化間性の欠如が問い直されない限り、英語教育が学習者たちに幸福をもたらすことはないであろう。

第2部　外国語教育と異文化間教育

文献

池田理知子・E.M. クレーマー（2000）．『異文化コミュニケーション 入門』有斐閣アルマ．
板場良久（2011）．「コミュニケーションという力」板場良久・池田理知子（編著）『よくわかるコミュニケーション学』ミネルヴァ書房、pp.2-21．
大木充（2015）．「異文化間教育と市民性教育・グローバル教育」西山・細川・大木（編）、pp.142-154．
岡本真一郎（2013）．『言語の社会心理学——伝えたいことは伝わるのか』中公新書．
齋藤純一（2000）．『公共性』岩波書店．
小山亘（2012）．『コミュニケーション論のまなざし』三元社．
貴戸理恵(2011)．『「コミュニケーション能力がない」と悩むまえに——生きづらさを考える』岩波ブックレット．
塩澤正・吉川寛・石川有香（編）（2010）．『英語教育と文化——異文化間コミュニケーション能力の養成』大修館書店．
高田明典（2011）．『現代思想のコミュニケーション的転回』筑摩書房．
土井隆義（2009）．「フラット化するコミュニケーション——いじめ問題の考現学」長谷正人・奥村隆（編著）『コミュニケーションの社会学』有斐閣アルマ、pp. 271-289．
仲潔(2012)．「〈コミュニケーション能力の育成〉の前提を問う——強いられる〈積極性／自発性〉」『社会言語学』第 12 号, pp.1-19．（かどや・ひのでり、ましこ・ひでのり（編者）『行動する社会言語学』、三元社、再掲、2017 年）
——（2015）．「英語教育は『グローバル化』に対応しているか——『グローバル人材』像を支える言語文化観」、森住衛教授退職記念論集 編集委員会『日本の言語教育を問い直す—— 8 つの異論をめぐって』三省堂、pp.407-416．
——（2018）．「中学校英語教科書における『社会的な話題』——視点の画一化を覆い隠す題材の多様化」『社会言語学』第 18 号．
仲潔・岩男考哲（2017）．「中学校『国語』・『英語』教科書における『異文化間交流』像——『コミュニケーション能力の育成』の前提を問う（その3）」『社会言語学』第 17 号：75-87．
仲潔・大谷晋也（2007）．「中学校英語教科書に見られる価値観——『夢の実現』を迫られる学習者たち」『言語と文化の展望』.英宝社、pp.129-143．
西山教行（2015）．「異文化間教育はどのように生まれたか」西山・細川・大木（編）、pp.62-72．
西山教行・細川英雄・大木充（2015）．『異文化間教育とは何か——グローバル人材育成のために』くろしお出版．
平田オリザ（2012）．『わかりあえないことから——コミュニケーション能力とは何か』講談社現代新書．
細川英雄（2012）．『「ことばの市民」になる——言語文化教育学の思想と実践』ココ出版．
村野井仁・渡部良典 ほか（2012）．『統合的英語科教育法』成美堂．

【付記】
　本稿の一部は JSPS 科研費（17K04853）の助成を受けている。また本稿の一部は、仲（2017）を加筆修正したものである。

第3章

教育の潜在的葛藤場面における異文化間能力と言語能力 [1]

クリストフ・メルケルバッハ（訳　大山万容）

1．導　入

　ヨーロッパは常に、現在の EU 加盟国のなかに 18 世紀に現れた国民国家の数よりも多くの文化をもつ多言語・多文化社会でしたが、多くのヨーロッパ人がこの事実を忘れています。ヨーロッパにおける国民国家創設のプロセスの中で、一つの国民文化と一つの国語へのしばしば強制的な同一化を優先した結果、少数民族の文化や言語は、それがヨーロッパ発祥である場合でさえも、組織的に抑圧されてきました。この同一化の行為はしばしば、関係するすべての当事者に対して直接に、嫌悪感あるいは不安の感情をもたらすことになりました。他者への統合を強制された人々と、強制した人々の双方が、こうした影響を受けたのです。

　20 世紀後半には、言語や文化の価値を含むすべての価値は、生き残るためには慎重に管理され、保護されねばならないことが常識になったようでした。『ヨーロッパ言語共通参照枠（CEFR）』はボローニャ・プロセスで採択された結果、広く認識され、徹底的に議論されています。それにもかかわらず、外国語習得と異文化間コミュニケーション分野における研究は完全に無

---

[1]　この論考は 2017 年 3 月 10 日に京都大学で行われた公開研究会で筆者が行った講演「移民とボランティアの間の対立場面における異文化間能力」に基づいています。

視されるか、阻害されるか、あるいは研究の足場が固まる前に、完全に停止しています。それに加えて、EU 加盟国の言語政策も、統合政策と同様、相互理解と価値観の受け入れに対応していません。世界中の価値はしばしば非常に似ているにもかかわらず、それらは異なる形、色、または比喩的表現を通して現れます。こうした価値を持ち上げることは流行りなのだと主張する人もいるでしょう。しかしながら、研究結果を持続的に施行するには、ほとんどの場合、基金が足りていません。現在の移民問題に直面し、文化や言語の伝統的な教授法に挑戦して、新しい方法を示しているのは、ボランティアや言語教師です。彼らもまた、人道主義にもとづくヨーロッパの考え方を維持し促進するための手段として、学界からの支援を期待しています。

　本論では、Brizić（2007, 2009）の言語資本モデルと Hufeisen（2003, 2005, 2018）の要素モデルに基づき、ある社会において現前しているすべての言語とすべての文化を包摂するような多言語主義の言語カリキュラムが、多言語主義や多文化主義よりも豊かな結果をもたらし、また社会への積極的参加にもつながることを論じます。私が意図しているのは、文化の多面的な概念を構成する多言語カリキュラムのみが、その社会の成員それぞれの知識と教育水準を上げるとの考えを明確にすることです。結論として、私は、それぞれの教育制度内で言語と文化が同等の価値を持つものとして扱われている限り、異なる言語的・文化的背景を持つパートナーとの間に敬意のある相互作用が生まれると論じます。

2．背　景

　様々な政治家たちが、現在のヨーロッパの難民と移民の状況は前代未聞のことであるかのように言っていますが、実際にはこれは新しい問題でも、初めてのことでもありません。私の目には、この危機はむしろ、ヨーロッパの価値についての危機であるように見えます。その価値とは、実際には明確には定義されていません。数十年前、ヨーロッパの保守派知識人は、ユダヤ人ボルシェヴィキの陰謀について論じていました。同種の人々が今、宗教指導者と結びつき、ヨーロッパのユダヤ・キリスト教遺産に対するイスラムの脅威について語っています。かつては、キリスト教徒対ユダヤ人の二分法であったものが、現在はオープンで寛容なユダヤ・キリスト教ヨーロッパ社会に対

する、偏狭でホモフォビアで女性の権利を認めない右翼的イスラム教徒という二分法になっているのです。

　私は研究者として、また言語学者、言語教師として、確実な研究成果を教育で実践することにより、民族中心主義から脱出することを自分の仕事と考えています。幸運なことに他の多くの人々も、時に「善人たち」と冷罵されながらも、同じことを考えています。ヨーロッパが多言語かつ多文化であるという否定できない事実をふまえれば、外国人嫌いはどんな種類であっても、ヨーロッパそのものに牙をむくことになります。しかし外国人嫌いは、ヨーロッパの教育機関の外国語政策や言語研究、また欧州評議会の応用言語政策や、その加盟国の国家的（国民主義的）利害を含む教育機関に、既に深く根ざしています。

　ドイツ連邦共和国憲法第16条に基づいてドイツに来る合法的権利を持つ難民は、長い間無視されてきたこのヨーロッパのジレンマを表面化し、ヨーロッパ人自身があまりにも長い間無視してきた言語的および文化的問題についての責任を押し付けられているのです。

3．教育環境における伝統的なパラダイム

　ヨーロッパとは、確立された多数の言語および多数の共同体からなる地域です。欧州連合（EU）には24の公用語・作業言語があります。アルファベット順に述べると、ブルガリア語、クロアチア語、チェコ語、デンマーク語、オランダ語、英語、エストニア語、フィンランド語、フランス語、ドイツ語、ギリシャ語、ハンガリー語、アイルランド語、イタリア語、ラトビア語、リトアニア語、マルタ語、ポーランド語、ポルトガル語、ルーマニア語、スロバキア語、スペイン語、スウェーデン語（Home 1）です。欧州評議会の「民族的少数者の保護のための枠組み条約」は、少数民族の権利と土着の少数民族の言語を保護することを目的とするもので、28の加盟国のすべてに批准され、1998年に発効しました。さらに1992年には、歴史的言語（例えばラテン語）や地域言語、その他少数民族言語（ポーランドのタタール語やスウェーデンの

2　訳注：ポーランドに住むムスリムの維持するチュルク語族系の言語。

第2部　外国語教育と異文化間教育

メアンキエリ語³、ヨーロッパのすべての手話言語）をEU内で保護し、促進するための「ヨーロッパ地域語・少数語憲章」が欧州評議会によって採用されました。これらの言語は、上記の公用語・作業言語とは大きく異なり、加盟国の境界地域で「伝統的に」話されてきた言語で、土着の少数言語と呼ばれます。欧州連合（EU）の言語政策を取り巻く法的枠組みは、EUが事実として多言語社会で、また疑いの余地なく多文化社会であると自己認識しているとはっきり示すものです。しかし、このような理解には、移民や難民の言語、特に非西洋世界のいわゆる「非土着の」言語は含まれていません。Corson(2001: 123)によれば、言語的少数者はつぎの3つのカテゴリーに分けられます。

1）特定国の内部で生まれた土着の言語的少数者（例えば、ドイツのデンマーク語）
2）遠い昔に特定国に移住してきた言語的少数者（例えば、南アフリカのオランダ語）
3）ほんの近年に特定国に移住してきた言語的少数者（例えば、ドイツのベトナム語）

先ほどの言語リストには、「近年に」ヨーロッパに到着した移民の言語は含まれていません。しかし、「近年」という言葉が何を指すのかは明確ではありません。EUがこのようにEU自身の言語政策と矛盾していることは驚くことでもありません。というのもEUは、ヨーロッパ地域語・少数語憲章の第1条で、地域語・少数語をつぎのものとして述べているためです(Home 2)。

1）伝統的に、その国家の領域内で、人口の少数派を形成する国民によって使用されている
2）その国の公用語と異なっている
3）その国の公用語の方言や移民の言語は含まない

この定義はそれ自体が、EU加盟国すべてが署名した国連の「市民的及び政治的権利に関する国際規約（B規約）」と矛盾しています。その第27条に

3　訳注：北スウェーデンのフィンランドとの国境沿いの地域で話されるバルト・フィン系の言語。

第3章 教育の潜在的葛藤場面における異文化間能力と言語能力

はつぎのように述べられているためです。「種族、宗教または言語的少数者が存在するすべての国において、当該の少数者は、その集団の他の構成員とともに自己の文化を享受し、自己の宗教を信仰しかつ実践し又は自己の言語を使用する権利を否定されない」(Home 3)。

上記の矛盾は、EU の枠組みの中でどのように文化が定義されているかという問題、そしてこれらの定義が実際には「他人化」(othering) を含意し、外国嫌悪へとつながるのか、という問題に関連するものです。19 世紀以来、文化 (culture) は知性や心の形成とみなされました。文化は、人間の基本的欲求の充足に費やされた時間が少なければ少ないほど、心と趣味と知性を形成する時間が長ければ長いほど、優れていると考えられていました (Müller & Wendlborn, 1998)。ミュラーとヴェンドルボルンが述べるように、文化とは知的達成の物差しだったのです (c.f. Wundt, 1913：22)。焦点となっていたのは、文化を創造する能力ではなく、文化の実際の達成度、すなわち文化的生産物そのものでした (Boas, 1914：3 および 173)。しかし、これらの著者をあからさまに人種差別主義者だと言うのは間違いでしょう。というのも当時の共通理解では、人種そのものは文化や知的達成とは関係しないと考えられていたからです[4] (Boas, 1914；Wundt, 1913 参照)。科学者があらゆる文化の基本的な平等性を訴え始めたのは、ようやく 20 世紀半ばになってからでした。文化とは学習され、世代間で共有され、象徴体系[5]に基づいて構造化されるものであり、新しい環境に適応することができます。したがって、文化は遺伝するものでも、生物学的に伝達されるものでもありません。文化は経験や学習によって獲得されるもので、特定の集団や社会の構成員によって共有され、世代を越えて伝わります。文化は蓄積され、世代から世代に伝

---

4 訳注：ここで筆者はフランツ・ボアズやヴィルヘルム・ヴントらの著作が出た 20 世紀初頭の学術的背景を考慮することに注意を喚起している。当時は、「人種 (race)」そのものは文化に関係がないと論じられる一方で、文化は「個人の能力」としてではなく、「文化的達成物」として捉えられていた。文化的達成物とは、それぞれの人種による文明化の水準を示す。ここでヨーロッパ文明こそが地上で最も優れた文明であるとすると、ヨーロッパ文明圏の外にいる人種は、水準が劣ることが含意されてしまう。
　しかしボアズやヴントらの文化相対論は、当時支配的であった社会的ダーウィニズムへの異議申し立てであり、文化の基本的な平等性という後の考え方への道を開くものでもあった。したがって、これらの著者を現代的な意味で「人種差別主義者」としてのみ断罪するのは誤りである。
5 訳注：ある文化のなかに現れる行動や様式の意味は、それら一つ一つに絶対的な意味があるのではなく、その文化が形成している象徴体系のなかにおいて初めて意味を持つという意味。

達されます。さらに文化は、象徴体系に基づいています。それはそれぞれの型をもった慣習的な方法によって構成され、様々な領域やさらには他の文化とも相互に関連しています。ある一つの領域における変化が、別の領域の変化を引き起こします。このような変容のプロセスは、環境に適応するという人間の基本的な能力に基づくものです（Hodgetts & Luthans, 1997：95f）。覚えておくべき重要な事実は、文化が、異なる集団や社会、コミュニティの様々な成員がそれによってお互いを区別できる暗黙知であるということです。しかし、その差異そのものは文化の価値とはなんら関係がありません。すべての文化は同じ価値を持つのです。それは、言語も同様です。

　言語教育に関心のあるヨーロッパの教育機関は（特に2000年のCEFR実施後、また21世紀の、文化に関する現代の行動理論的定義に基づく教育に関する学術的言説の成果として）、他人化、外国人嫌悪、人種差別といった異文化を持つ人への19世紀的な態度を、既に乗り越えている、と主張する人もいます。しかし実際には、政治家や教育者の間に、これらの問題は存在しています。それは、新しい外国語教育において母語や既に学習した言語が果たす役割について、彼らが限られた知識しか持っていないためです。

4．なぜ母語教育か

　応用言語学者や教師は長い間、第1言語は第2言語の習得に悪い影響を及ぼすという考えを持っていましたが、この考えは明確に反駁されています（例えば、de Vriendt, 1972; Stedje, 1976; Ringbom, 1982）。第1言語は実際には、人間の社会化のための最も強力なツールであり、さらに本稿の議論においてより重要なことに、メタ言語的知識、すなわち言語そのものがどう機能するかに関する知識を発達させるツールであると認識されてきています。明らかに、第2言語を学ぶ教室から母語（あるいは他の多くの移民が話す言語）を排除する理由は存在しないのです。1980年代には、第2言語の学習を進めるためにまず母語を禁止することが教育のあり方だとされてきましたが（Steinmüller, 1981）、今日の応用言語学者は、二つの言語を習得するには、早期からの二重の言語学習と文字学習が必須であると考えています（Stölting, 2001; Rösch, 2005：22）。

　学校がある特定の言語を受け入れないのは、心理言語学的な理由からでは

なく社会政治的な理由のためです。ある言語に文化的あるいは経済的価値が高いと考えられた場合、例えばドイツでは、英語、スペイン語、フランス語が該当しますが、こうした言語が教室内にあって多言語状態になったとしても、それが国の経済的、文化的エリートの物議をかもすことはありません。それどころか、教育政治家やヨーロッパ出身の保護者は、できるだけ早く学校でこれらの言語に触れさせようとします。これに対してトルコ語やポーランド語といった威信のない言語は、まったくの無知のために、威信の低い言語として価値を貶められるのです（Gärting, Plewnia & Rothe, 2010）。

　第3言語（すなわち、最初の外国語の後に学ぶ言語）の習得には、その前に学習した言語が大きな役割を担うことが、近年大きく論じられてきています。例えば Cenoz（2003）、Cenoz, Hufeisen & Jessner（2001）、Hufeisen（2003, 2005）、de Angelis（2007）、Hammarberg（2009）らの研究は、新しい言語の学習には、既存の言語知識が確実に大きく貢献することを示しています。第3言語の習得が、質と量ともに、第2言語の学習と大きく異なることは、今では確立された事実となっています（Hufeisen, 2003, 2005; Merkelbach, 2006; Rohs, 2001 参照）。バイリンガル学習者は、より優れたメタ言語的知識や外国語学習経験、（言語）学習戦略を持ちます（Mißler, 1999; Hufeisen, 2003; Merkelbach, 2011）。これらの事実は外国語学習に限るものではなく、例えば最近 Brehmer & Mehlhorn（2015）が示したように、継承語、家庭内言語あるいは家族の言語の学習にも当てはまります。

　既習の言語を排除する単一言語的な直接法をいまだに信奉し、移民出身の学習者に対して伝統的な単一言語的指導を行おうとする多くのアングロ・サクソンの研究者が持つ前提に対し、カミンズもまた、2010年の論文において異議申し立てを行いました。彼は「(世界中のデータが) 言語への接触とその言語能力の達成との間に直接的な関係があると仮定する Time-on-Task 仮説の強い解釈を否定している。［……］多数派言語の達成度とその言語による授業時間数の間には、いかなる相関も逆相関もない」（Cummins, 2010：17）とさえ述べています。カミンズはさらに、つぎの5種類の転移が可能であると主張します。

1．概念的要素
2．メタ認知的およびメタ言語的方略
3．言語使用の語用論的側面

4．特定の言語要素
5．音韻に関する意識（Cummins, 2010：17-18）。

こうした事実は第3言語習得の議論においては目新しいものではありません。実際、ブッツカムは既に1970年代に、モノリンガルなアプローチを批判し、外国語習得に母語を包摂することを求めた論文を書いており、そこでこのようなモノリンガル指導のジレンマについて論じています（Butzkamm, 1973）。

この10年間に、ブリジッチは言語資本モデル（2007）を開発しました。彼女は、言語の能力とアイデンティティは、お金の投資に比較できると想定しています。マクロレベルが成長に適している場合、言語能力とアイデンティティは、集められ保護されることによって剰余を生成し、繁栄することができます。社会条件が適切である場合に限り、言語の獲得は全体として発展することができるのです。ブリジッチの議論の中心にあるのは、第1世代の言語能力が、つぎの世代のために不可欠だという点です（Brizić, 2007：173 f）。彼女は言語資本モデルによって、多言語能力の発達が柔軟なアイデンティティ形成につながり、それを通じて新たに獲得した言語においても高いレベルが達成できることを示しています。別の言い方をすると、何らかの理由で家族が十分に高いレベルで母語を話せない場合、その家族は言語と知識に加え、教育資本を失うことになるのです。言語資本の喪失は、上述のカミンズが相互依存仮説において論じた転移が不可能になるため、他の言語の習得にもマイナスの影響をもたらしてしまいます。

結果として、初等、中等および高等教育において土着の言語や少数派の異言語を排除することは、その話者から言語資本だけでなく、それぞれのコミュニティを奪うことにもなります。こうした排除は、言語資本の喪失が現在の移民世代だけでなく、数世代先の子孫にまで影響を与えるという事実を顧みないものです（Brizić, 2007 参照）。新しい社会で成功するためには、親は子どもに多数派の言語で話さなくてはいけないという考えは、善意から出たものではありますが、現実に即していません。質の不十分な言語のインプットを行うと、子どもは質の不十分な言語を受け取ることになり、結果、その言語習得は不十分なものとなります。すると子どもの学力も低下してしまいます。この全体的なプロセスは、連鎖が断ち切られない限り、無限に続くことになります。

5．言語政策の新しいパラダイムの必要性

　確実で柔軟性のあるアイデンティティを確立するためには、個人が自分のアイデンティティに含まれる様々な言語的・文化的側面にうまく対処できるよう、(たとえ少数派に属する異言語であったとしても)継承語または第1言語の運用能力を高いレベルで保持するか、あるいは言語教育と学習に関するメタ認知的、メタ言語的な優れた学習方略を持たなくてはいけません (Brizić, 2007：190 参照)。学習者の多言語的背景を包摂することは、自分の持つ文化や言語に対して肯定的な感情を育むだけでなく、より大きく、ヨーロッパの文化や言語の多様性に向けての肯定的な感情も育みます。包摂により、「言語資本」(Brizić, 2007：173-202; Brizić, 2009 も参照)という意味で、すべての言語学習者のアイデンティティ形成過程を支援することができ、これによって言語習得への全体的なアクセスが可能となり、また学習者の言語をヨーロッパの多言語多文化的価値という枠組みの中で対等なパートナーとすることにつながります。言語はヨーロッパの誰もが平等なアクセスを持つ資本の一形態とみなされるべきで、限られた人にしかアクセスできない人為的で希少な資源とみなされるべきではありません。

　事実、移民は、ヨーロッパに住むためには、ヨーロッパ言語を学ぶことが重要であることを知っています。その逆はほとんど意味を持たないでしょう。というのも、誰であっても、その社会で生き残り、成功するために必要な主要資源へのアクセスを自ら奪うことはないためです。そして、もしその社会が経済的な成功を確実に果たすために、熟練した、資格のある知識労働者を必要とするならば、重要な資源である言語能力へのアクセスを妨げることは無意味です。言語習得を統合プロセスの必須要素にしたいのであれば、ホスト言語[6]を学ぶための合理的な動機付けの条件を作る必要があります。これは、担当機関が言語習得領域で積極的な刺激を行わなくてはならないことを意味します。もしそうでなければ、その社会は経済的にも知的にも恵まれない階級を作り出すだけでしょう。

　上述の第3言語習得の研究が正しく述べているように、外国語習得は、そ

6　訳注：ここでは移民を受け入れる社会の多数派言語を指して「ホスト言語」としている。

れが既に行った言語資本に基づいている場合にのみ成功します。これを筆者の行っている仕事の文脈で述べれば、外国語としてのドイツ語は、学習者個人のマルチリンガリズムに付加されるものとして理解すべきだということです。外国語習得をホスト国のアイデンティティという目標に向かうものとのみ理解すると、それは長期的にはうまく機能しません。

　第1言語または家族の言語は、アイデンティティの中心的な次元にあるため、第2言語や第3言語の習得の基礎となります。第3言語習得プログラムが成功するのは、それらが第1言語および既に学習した言語を体系的に含む場合に限られます。それには、家族の言語を維持し、また強化する機会を提供することが必要です。このために、多数派の社会がオープンに他の言語を包摂し、統合の動機づけを高め、適切な時間枠で多言語または柔軟なアイデンティティの形成を可能にする必要があります。しかし、CEFRに基づく適切な時間枠の解釈は、ヨーロッパの国によって大きく異なっています。ここでは、妥当性のある実証研究が不可欠です。

　外国語教育が成功するため、それが、多様な生活状況、社会文化的・教育的背景、および移民の経済的状況に適したものでなくてはいけません。均質な移民集団というものは存在しないので、ある一つの語学コースがすべての移民にとって役立つ、ということはありえません。ボランティアの言語教師が、難民キャンプで最善を尽くすかもしれません。しかし、彼らは訓練された言語教師ではありません。私は同僚と一緒に、ボランティアの言語教師を支援し、難民の言語学習者による外国語学習を助ける方法を解説するために初期トレーニングプログラムを2つ開発しました（Merkelbach & Sulzer, 2016）。しかし、当然のことながら、プログラムの評価をするに当たって、ボランティアは訓練された外国語教師の代わりになるわけではないことが明らかになります。学習者は、様々な言語学習方略や外国語習得経験、そして様々な外国語を持っており、それを学習の場面にもたらします（Bushati, Niederhoff & Rotter, 2016 参照）。ここでは、CEFRの線に沿った言語能力の明確な分類は困難です。BICS（基礎的対人コミュニケーション能力）だけでは、外国での生活には十分ではありません。統合を達成するためには、CALP（認知的学習言語能力）を達成することが目標になります（Drumm & Henning, 2016 参照）。サブマージョンの原理（すなわち、学校における、児童のための言語に特化した訓練）は失敗しました。より成功しているように見えるのはイマージョンの

原則です。イマージョン・プログラムは学習者を通常の内容授業の中で言語的に支えながら、より大きな教育の成功と、新しい第3言語の深い知識をもたらします（Gogolin et al., 2011; Schulte-Bunert, 2016）。しかし、このようなプログラムは、ドイツのシュレースヴィヒ・ホルスタイン州（Schulte-Bunnert, 2016 参照）で示されているように、長期的な計画と実行とを必要とします。この同じ研究者は、移民背景を持つ家族の子どもたちが、学校で彼らが持つ知的能力レベルで成功するのは、言語の支援を受けている場合だけであると述べています。こうした支援だけが、彼らに、多数派の社会の周縁から社会の中心へと逃げ出す機会を与えます（Schulte-Bunert, 2004 参照）。

6．第3言語の習得

ヨーロッパに移民または難民として来る現在の学習者のうち、多くの人、あるいは大多数の人が、複数の第1言語と複数の第2言語を話す能力を持っているはずです。ここで私はつぎに引用する、バートランドとクライストの定義に従うことにします。「複言語主義とは、個人が様々な言語を同じ程度の能力で保持することを意味するのではない。そうではなく、談話のいくつかの領域において、母語に加えて2つの言語で限定された知識を持ち、作文や読解、会話や聴解の際にこれらの言語で社会的な接触を構築することができる時、その人を複言語話者と考えることができる。」（Bertrand & Christ, 1990）

第3言語習得に関する研究の中心的な側面は、既存の第2言語の外国語能力を、他の外国語を習得するためにどれだけ積極的に使用できるか、という問題です。ほとんどの移民と難民がいくらか英語を話すだけでなく、他の既習の（外国語の）言語知識を参照できることは、これ以上ここで述べる必要はないでしょう。しかし、このような状況は、外国語教育の教授法や方法論に直接影響します（例えば、Merkelbach, 2006, 2011 を参照）。

この数十年に渡って、多言語話者の言語使用と学習を記述するために、多くのモデルが開発されてきました。例えば言語スイッチモデル（William & Hammarbert, 1998）や、外国語獲得モデル（Groseva, 1998）、マルチリンガリズムの動的モデル（Jessne, 1997; Herdina & Jessner, 2002）、多言語の生態モデル（Aronin & O Laoire, 2001）、複言語教授モニターモデル（Meissner,

2004)、要素モデル（Hufeisen, 1998, 2003）があります。Hufeisen (2018) によれば、文献で最も頻繁に参照され、実証されているのは Jessner (1997) の DMM（マルチリンガリズムの動的モデル）と Meissner (2004) の PDMM（複言語教授モニターモデル）の2つでした。

　マルチリンガリズムに関する研究は、最近まで、モノリンガルの言語習得研究モデルに基づいたものでした。しかし、第二言語研究、マルチリンガリズム研究、動的システム論の研究分野を組み合わせたより複雑なモデルを作成する必要性が明らかになってきました。DMM は、多言語話者が使用する複数の言語がもつ諸機能に加えて、それぞれの言語に関連付けられた多様な能力を記述します。このモデルでは、言語維持のための労力と言語損失が中心的な機能と捉えられます。このモデルでは、言語習得プロセスは線形で連続的なものではなく、自然に変化するプロセスとみなされています。というのも、生物学的な観点から言えば、すべての人間は言語を含むあらゆる分野において限定されたリソースしか持たないためです。言語知識と能力の水準を維持するために、社会的、心理的側面が注目されています。

　より教授法を志向するモデルである PDMM は、EuroCom プロジェクト[7]に大きな影響を与えるもので、主にこれらのプロジェクト間の相互理解に通底する考え方に適用されます（Meissner, 2004）。成功した言語間転移（Meissner, 2004 : 41）として理解される相互理解は、文法的、意味的、語用論的な転移の3つの基本原理に基づいており、EuroCom のパラダイムにともなうすべての学習に適用されます（Hufeisen, 2018）。さらに Hufeisen は、要素モデルを発展させており、これは外国語教育の授業計画のための非常に有用なツールであることが、Merkelbach (2006), Kärchner-Ober (2009), Kursiša (2012), Fan (2017) らにより実証されてきています。

　母語の自然な習得は、言語的な普遍性と学習環境によって決まります。管理された第2言語学習においては、これらのものに加え、それまでの学習経験や学習戦略、および第1言語が加わります。しかし、管理された第3言語の学習はこれとも根本的に異なります。外国語学習と外国語学習戦略の知識

---

[7] EuroCom プロジェクトはヨーロッパにある3つの語派相互理解教育の考え方に基づくもので、ロマンス諸語に関する EuroComRom（Klein and Stegmann, 2001）、ゲルマン諸語に関する EuroComGerm（Hufeisen and Marx, 2007, 2014）、スラブ諸語に関する EuroComSlav（Tafel, 2009）からなるプロジェクトを指します。

と経験（Bimmel, 1993）に加え、自分の学習スタイルに関する知識までが加わるため、学習者が第1外国語を学んだ状況とはかなり異なったものになるのです。さらに決定的な要因は、第2言語そのものの知識による影響です。このモデルは、第3言語の学習は、そこに影響を及ぼす要因がより複雑であるだけでなく、第2言語が既に存在し、さらに第3言語の学習者が既に特定の外国語学習を経験したことによって、第2言語学習とは質的に異なることを明示しています（Hufeisen, 2001：649; Rohs, 2001：2-3; さらに Hufeisen, 2010 も参照）。

　学習者の年齢、学習の時間的な順序、限られた学習時間もまた、第3言語の教育と学習を定義づけ、変容させます。これらの要素を基礎として、新しい言語と文化を、既に獲得された言語と文化の知識と明示的に比較することを一般に推奨できるかもしれません。これらの要素には、社会文化的、語彙的、コミュニケーション／語用論的な次元が含まれます（Rohs, 2001：2）。

　理論的、認知的、心理的、構成主義的観点から、第2言語の学習者と第3言語の学習者を区別することは合理的です。第3言語習得を始める時点で、学習者は多くの場合、既に子どもではなく、自分の学習スタイルを認識し、（意識しているとは限らないけれども）主体的な言語学習理論を既に有した、有能な外国語学習者とみなすことができます。Hufeisen（2001：648）は、第3言語の学習者が、より自信を持ってテキストにアプローチし、同族言語の語彙を探したり、語彙の意味を推測したり、詳細だけでなくテキストの根幹にある重要なメッセージの意味をつかんだりすると述べています。

　言語間の干渉現象について、その片側だけを固定しようとすることは、教師にも学生にも依然として広く見られますが、そのような考えは放棄し、学習スタイルやコミュニケーション知識の転移を促進するべきなのです（Bausch & Heid, 1990：16; Rohs, 2001：2）。ここでの転移とは、さらなる外国語を学び、さらに教える時に、既存の言語能力や言語学習経験、既存の言語知識（宣言的知識と手続き的知識を含む）を認知的に探しだし、使用することを指します。

7．文化的に規定されたプロセスとしての学習

　移民や難民へのホスト言語教育が直面する課題には、学習者がその言語の

習得よりも前に学習した異言語の影響についての、さらに詳細な研究が必要です[8]。教師は言語の学習に加え、言語学習のプロセスにも焦点を当てて支援をしなくてはいけません。構築主義的なプロセスという意味での学習とは、文化的に習得され、規定される作用のパターンであり、その中ではかなり異なる目標が出てくる可能性があります。すなわち、一方には将来のリーダーを選び出せるように、個人の発展に焦点を当てた学習や、忠実で読み書きのできる市民に焦点を当てた学習があります。その一方で、文化遺産の継承と発展、保護のために行う学習もあります。学習は、学習者中心であることもあれば、教師中心であることもあり、前者は手続き的知識と創造性を獲得し、能動的な学習者を育成するためのもので、後者は、受動的な試験指向の学習者を育成するために事実を学び、記憶するためのものです。これらの概念はいずれも「間違っている」わけではありません。これらは常に特定のありかたで志向された文化を学び、教えることには成功してきたのです。しかし、学習環境に対する理解と期待が異なる異文化の成員が出会うときには、問題が生じます。

　学習習慣が異なる人々は、ある特定の社会が持つ学習プロセスや目標に対応できないことがよくあります。彼らはまた、言語能力の欠如が学習プロセスに、また結果的に言語学習の成功にも影響することを認識します。さらに、何が期待されているかが不明確なために、どのようなルールや例外や他の事例を記憶し、再現されるべきかがわからず、したがって成績の要件に対処するのも困難に感じます。社会レベルでは、こうした学習者は、新しい社会の人々の持つ学習プロセスや教育目標に当惑しているために、固定された集団的状況に入る機会を逃し、教師や他の学生と個人的接触を持たないことがよくあります。言語学習者が外国語を話すとき、母語の習慣に引きずられて誤解をする傾向があることも覚えておかなくてはいけません。こうした習慣により、お互いに誤解をする可能性が高まります。なぜなら、いずれかの話者が異なる意味や含意を念頭に置いている場合であっても、同じ言語を使用する人々は、すべての人に同じ意味が共有されているものと考えるからです

8　大多数の移民や難民は、複数の外国語に加え、2つ以上の第一言語を話します。Bartelheimer, Hufeisen und Janich（2018）は既習言語の影響について調査を行っています。この研究では、フランス語が既習外国語である場合と、英語が既習外国語である場合を比較し、ドイツ語のアカデミック・ライティングへの影響の違いを調べています。こうした研究が急務です。

(Fisher, 1980: 62)。さらに、言語の選択は、特に教育システムの中では、勝者と敗者をもたらすこともあります。強い言語はしばしば権力と影響力を持つためです（Schneider & Barsoux, 1997：195）。

8．言語カリキュラムの課題

　最も重要なパラダイム変換を必要としているのは、研究対象としての言語教育、教育学、言語教育に対する現在の見方です。これらの領域は、政治家の領域ではなく、学校教育の専門家や実践者、研究者による妥当な研究テーマとみなされる必要があります。後者のみが妥当な言語政策を作成できます。ただしそのためにはヨーロッパの人々に研究と経験の結果を理解してもらわなくてはいけません。その中でも最も重要なのが、多言語主義とは、単に個々人の持つ言語の累積ではない、との事実です。既に学習した言語の知識が、外国語を学ぶプロセスの不可欠な部分であることが理解されなければなりません。さらに、高い能力を持つ熟練した多言語話者を生み出すためには、既に学んだ言語と現在学んでいる言語とが、活発に相互関連し合う必要があります。これは一つには、ヨーロッパで話されている言語の様々な教授法の間に協力関係を構築することを意味し、もう一つには、特定の言語が他の言語よりも優等であるとの考えを放棄することを意味します。

　言語教育学のもう一つの課題は、外国語学習者にとって望ましい目標として、ネイティブ・スピーカー（並み）の能力を設定することをやめることです。そうではなく、現実的な意味での言語能力を定義し、受容的で領域特有的なマルチリンガリズムに基づいて学習目標を確立する必要があります。例えば、ドイツで洗濯機を修理する訓練を受けた人は、ドイツ語のナノテクノロジーに関する特殊な用語を知る必要はありません。こういう点において、学習者の言語学習の動機づけと外国語を学ぶ適性とが現実的になるのです。すなわち言語教育学は、学習者が一般に、また個人として実践している学習方略や学習技術をより詳細に検討する必要があります。この領域の研究は結局のところ、学習そのものは個人の能力であり、個人の社会化と文化的遺産のレベルに強く関連していることを解明してきたわけです。

　つぎの段階は、現在の教育機関において支配的なモノリンガリズムの習慣を置き換えることです。あらゆる教科の教師が、自分の科目が言語に関連し

ていること、また、就学言語を母語としない児童生徒だけでなく、すべての児童生徒が、内容を理解するためには言語支援が必要であることを理解する必要があります。Drumm（2016）は、理科系の教師は教科を教える際に、その領域の専門言語についてあまり認識していないことを明確に示しています。すなわち、関連するメタ言語的知識が欠落しているのです。教師が言語を支援しながら最良の方法で生徒に内容を教えるためには、自分自身の言語使用を積極的かつ継続的に振り返ることが奨励される必要があり、もし可能であれば、すべての継承語や家庭言語を含むCLIL（内容言語統合型学習）が、学校教育での関心の中心となるべきです。可能性のある別の解決策としては、Hufeisen（2011, 2015）によって開発された学校での多言語政策があります。学校の多言語政策とは、言語に関連する科目だけでなく、理科系の科目も含み、カリキュラム内のすべての科目が、言語を通して相互作用することを目指すものです。このモデルには、教育機関で使用されるすべての外国語が含まれます。ただし、こうした政策の変更は、事実を教える教育や学習から、厳密に構成主義的で手続き的な教育法へと移行することで、学習者自身が学習プロセスと最終的な成功の責任を取ることになるため、残念ながら従来の学校教育の基盤を揺るがすことになるでしょう。

9．結　論

　われわれの進むべき道は長いものです。多くの必要な研究が行われ、結果が出ており、今やこうした結果を実践に移すことが政治家の義務です。しかし、正面から向き合いましょう。この研究成果を実施するには、財政的負担と、将来への明確な投資が必要です。言語権の平等のための多言語教育の批評家たち（その多くが政治家ですが）はふつう、資源や権力の配分争いにおいて地盤を失うことを恐れるあまり、研究結果からは導けないような虚実入り混じった話を持ち出し、外国人を受け入れるどころか外国人嫌いを誘発します。彼らは実際には、4年間の在職期間内に確実に収益が得られないような投資を避けようとします。最近ヨーロッパで生じた金融危機でもはっきりわかったように、彼らは収益が保証されている銀行の方に投資するのです。
　現在のヨーロッパの移民状況は、多言語社会に対する昔からのマイナスイメージ、すなわち「一言語、一国民国家」モデルの障害になるとする見方

第3章 教育の潜在的葛藤場面における異文化間能力と言語能力

を乗り越えるための最良の機会に他なりません。ヨーロッパ（別の場所でも同じことですが）は実際問題として、モノリンガルな国民から成るわけでも、モノリンガルな国家から成るわけでもないのです。また、これに付随するネイティブ・スピーカーのみが言語の完璧な話者であるとの想定も、端的に言って誤りです。

　ヨーロッパの国はいずれもカラフルで、それ自体として多様であり、それぞれの社会の新しい成員に家庭や避難場所、自由を提供する場所になるためには、新しい考え方を開発しなければなりません。私たちは、そもそもうまく機能したことがない、古くからの移民と教育に対する快適な考え方を捨て、快適な空間の外に出て行動する必要があります。新しい未知の領域に取り組むために、新しい考え方を急ぎ発展させる必要があります。国家主義的で、植民地主義的、人種差別的な見方は、多言語多文化のヨーロッパ社会に入る余地はありません。本稿で示してきたような言語と文化の新しい政策が、この方向性にとって最初の大きな一歩となるでしょう。意外で、また喜ばしいことに、いま新しい発展を推進しているのは、政治家や学者ではなく、ボランティアの言語教師や実践者です。ボランティアについては驚いてはいませんが、政治家や学者についてはむしろ失望させられます。政治家や学者はこの分野での最前線で新しい考え方に取り組み、発展させることにもっと積極的になるべきなのです。しかしながら、私も学者の一人として、この状況については理解できます。専門家たちがこの大きなプロジェクトへの参加を拒否するのは、公共空間において政治家によって様々に取引きされている枠組みや条件が、乱暴な言葉で言えば、科学よりも「オルタナティブ・ファクト[9]」に基づいているからなのです。研究者や応用言語学者、教師たちが、現在支配的な政治情勢の中で設定されている研究条件で手を打ち、それに従ってしまうなら、自分たちの評判を落とすことになります。政策を正当化するのは、学術専門家の仕事ではありません。そうではなく、実証的で学術的に健全な言語政策を確立するための支援者であるべきなのです。研究者は、この分野における知識の深さと幅を広げ、リソースを提供することができます。しかし、研究者もまた、このプロセスの重要なステークホルダーとして認識

9　訳注：2017年初頭にアメリカ大統領顧問が、明らかに虚偽とわかる発言を「もう一つの事実（alternative fact）」だと強弁したことに由来する。文字通りの意味は「代替的事実」であるが、ここでは明らかな虚偽を権力をたてに無理やり正当であるかのように言い張ることを意味する。

第2部 外国語教育と異文化間教育

されなければなりません。そうでなければ、必要な変化は起こらないでしょう。

文献

Aronin, Larissa / O Laoire, Muiris (2001). *Exploring multilingualism in cultural contexts: towards a notion of multilinguality*. Proceedings of the Second International Conference on Third Language Acquisition and Trilingualism (CD-Rom), Leeuwarden. Netherlands.

Bausch, K.-R. & Heid. M. (Hrsg.) (1990). *Das Lehren und Lernen von Deutsch als zweiter oder weiterer Fremdsprache: Spezifika, Probleme, Perspektiven*. Bochum: Brockmeyer.

Bartelheimer, Lennart; Hufeisen, Britta; Janich, Nina (2018). *Hilft die Vorfremdsprache Französisch bei der Textproduktion in der folgenden Fremdsprache Deutsch? Das Projekt DaFnE/F*. In: Merkelbach, Chris; Sablotny, Manfred (Hg.) 18 Seiten.

Bertrand, Y. and Christ, H. (1990). Vorschläge für einen erweiterten Fremdsprachenunterricht. *Neusprachliche Mitteilungen* 43, 208-212.

Bimmel, Peter (1993). Lernstrategien im Deutschunterricht. *Fremdsprache Deutsch* 8, 4-11.

Boas, Franz (1914). *Kultur und Rasse*. Leipzig: Veit & Comp.

Brehmer, Bernhard; Mehlhorn, Grit (2015). Russisch als Herkunftssprache in Deutschland. Ein holistischer Ansatz zur Erforschung des Potenzials von Fremdsprachen. *Zeitschrift für Fremdsprachenforschung* 26 (1), 85-123.

Brizić, Katharina (2007). *Das geheime Leben der Sprachen. Gesprochenen und verschwiegenen Sprachen und ihr Einfluss auf den Spracherwerb in der Migration*. Münster, New York, München, Berlin: Waxmann.

Brizić, Katharina (2009). Familiensprache als Kapital. In: Plutzar, V; Keschhofer-Puhalo, N. (Eds.) *Nachhaltige Sprachförderung. Zur veränderten Aufgabe des Bildungswesen in einer Zuwanderergesellschaft. Bestandsaufnahmen und Perspektiven*. Innsbruck: Studienverlag, 136-151.

Bushati, Bora; Niederhoff, Lisa & Rotter, Daniela (2016). Ehrenamtlicher Deutschunterricht mit Geflüchteten. Spracherwerbstheoretische und didaktische Überlegungen für die Praxis. *Fremdsprache Deutsch. Zeitschrift für die Praxis des Deutschunterrichts*. Sonderheft 2016 http://www.fremdsprachedeutschdigital.de/download/fd/FD-Sonderheft_2016-01_Bushati.pdf [last access 2016/7/13].

Butzkamm, Wolfgang (1973). *Aufgeklärte Einsprachigkeit: Zur Entdogmatisierung der Methode im Fremdsprachenunterricht*. Quelle & Meyer, Heidelberg.

Cenoz, Jasone (2003). The additive effect of bilingualism on third language acquisition: A review. *International Journal of Bilingualism* 7 (1), 71-87.

Cenoz, Jasone; Hufeisen, Britta & Jessner Ulrike (Eds) (2001). *Cross linguistic influence in third language acquisition: Psycholinguistic perspectives*. Clevedon: Multilingual Matters.

Corson, David (2001). *Language Diversity and Education*. London: Lawrence Erlbaum.

Cumming, Jim (2010). *Language Support for Pupils from Families with Migration Backgrounds: Challenging Momolingual Instructional Assumptions*. In: Benholz, Claudia; Kniffka, Gabriele; Winter-Ohle, Elmar (Hg.) Fachliche und sprachliche Förderung von Schülern mit Migrationsgeschichte. Beiträge des Mercator-Symposiums im Rahmen des 5. AILA-Weltkongresses „Mehrsprachigekit: Herausforderungen und Chancen. Münster, New York, München, Berlin: Waxmann: 13-23.

de Angelis, Gabriela (2007). *Third or additional language acquisition*. Clevedon: Multilingual Matters.

de Vriendt, S. (1972). Interferenzen der ersten Fremdsprache beim Erlernen einer zweiten. In: Nickel, G. (ed.) *Papers from the International Symposium in Applied Contrative Linguistics*. Stuttgart. October, 11-13, 1971. Bielefeld: Cornelsen Velhagen-Klasing.

Drumm, Sandra (2016). *Sprachbildung im Biologieunterricht. Eine Studie zu Vorstellungen von Lehrenden an Schulen zum Fach und dessen Sprache*. Berlin: de Gruyter.

Drumm, Sandra and Henning, Ute (2016). *Bildungs- und Fachsprache als Herausforderung und Ziel der sprachlichen Bildung von Fluchtmigrantinnen und- migranten*. Fremdsprache Deutsch. Zeitschrift für die Praxis des Deutschunterrichts. Sonderheft 2016, 10-14.

第3章　教育の潜在的葛藤場面における異文化間能力と言語能力

Fan, Linyan (2017). *subjektive Theorien über das Lehren des Detuschen als zweite Fremdsprache in China – ein empirische Studie*. Tübingen: Stauffenburg.

Fisher , G. (1980). *International Negotiation: A Cross-Cultural Perspective*. Chicago: Intercultural Press

Gärtig, Anna-Kathrin & Plewnia, Albrecht, Rothe, Astrid (2010). *Wie Menschen in Deutschland über Sprache denken*. Ergebnisse einer bundesweiten Repräsentativerhebung zu aktuellen Spracheinstellungen. (amades. Arbeitspapiere und Materialien zur deutschen Sprache) Mannheim.

GG = Grundgesetz der Bundesrepublik Deutschland, Artikel 16 https://www.gesetze-im-internet.de/gg/art_16a.html (last access 2016/7/30).

Gogolin, Ingrid et al (2011). *Förderung von Kindern und Jugendlichen mit Migrationshintergrund FörMig*. Münster, New York, München, Berlin: Waxmann.

Groseva, M. (1998). *Dient das L2-System al sein Fremdsprachenlernmodell?* In: Hufeisen, Britta; Lindemann, Beate (Hg.) Tertiärsprachen. Theorien. Modelle. Methoden. Tübingen: Staufenburg. 21-30.

Hammarberg, Björn (2009). *Process in Third Language Acquisition*. Edinburgh: Edinburgh University Press.

Herdina, Philip; Jessner, Ulrike (2002). *A Dynamic Model of Multilingualism. Perspectives of Change in Psycholinguistics*. Clevedon: Multilingual Matters.

Hodgetts, Richare M & Luthans, Fred (1997). *International Management*. New York: McGraw-Hill.

Home 1: http://ec.europa.eu/languages/policy/linguistic-diversity/official-languages-eu_en.htm (last access 2016/7/13).

Home 2: http://www.coe.int/de/web/conventions/full-list/-/conventions/rms/090000168007bf4b (last access 206/7/13).

Home 3: http://www.ohchr.org/en/professionalinterest/pages/ccpr.aspx (last access 2016/7/13).

Hufeisen, Britta (1998). Individuelle und subjektive Lernerbewertungen von Mehrsprachigkeit. Kurzbericht einer Studie. In: *International Review of Applied Linguistics* 36: 2, 121-135.

Hufeisen, Britta (2001). *Deutsch als Tertiärsprache*. In: Helbig, Gerhard; Götze, Lutz; Henrici, Gert & Krumm, Hans-Jürgen (Hrsg.), Deutsch als Fremdsprache. Ein internationales Handbuch. 2 Bände. Berlin: Walter de Gruyter, 648-654.

Hufeisen, Britta (2003). L1, L2, L3 L4, Lx - alle gleich? Linguistische, lernerinterne und lernerexterne Faktoren in Modellen zum multiplen Sprachgebrauch. Zeitschrift für interkulturellen Fremdsprachenunterricht 8 (2/3) http://zif.spz.tu-darmstadt.de/jg-08-2-3/docs/Hufeisen.pdf (last access 2016/7/7).

Hufeisen, Britta (2005). Multilingualsim: Linguistic models and related issues. In Hufeisen, Britta; Fouser, R.J. (Eds) Introductory readings in L3. Tübingen: Stauffenburg, 31-45.

Hufeisen, Britta (2010). Theoretische Fundierung multiplen Sprachenlernens – Faktorenmodell 2.0. *Jahrbuch Deutsch als Fremdsprache* 36, 200-207.

Hufeisen, Britta (2011). Gesamtsprachencurriculum: Überlegungen zu einem prototypischen Modell. In Baur, R. and Hufeisen, B. (Eds.) "*Vieles ist sehr ähnlich.,,* – Individuelle und gesellschaftliche Mehrsprachigkeit als bildungspolitische Aufgabe. Baltmannsweiler: Schneider Hohengehren, 256-282.

Hufeisen, Britta (2015). Gesamtsprachencurricula –Zwischenbericht zur Projektidee "PlurCur" am Europäischen Fremdsprachenzentrum in Graz. In: Böcker, Jessica/Stauch, Anette (Eds.) (2015), *Konzepte aus der Sprachlehrforschung - Impulse für die Praxis*. Frankfurt/Main, Peter Lang, 103-124.

Hufeisen, Britta (2018). Models of multilingual competence. In: Bonnet, Andreas; Siemund, Peter (eds.) (2018) *Foreign languages in multilingual classrooms*. London: Benjamins.

Hufeisen, Britta; Marx, Nicole (Hg.) (2007). *EuroComGerm: Die Sieben Siebe zum Einstieg in die Welt der germanischen Sprachen*. Aachen: Shaker.

Hufeisen; Britta; Marx, Nicole (Hg.) (2014). *EuroComGerm: die Sieben Siebe zum Einstieg in die Welt der germanischen Sprachen*. [2t. vollständig überarb. Auflage] Aachen: Shaker.

Jessner, Ulrike (1997). *Towards a dynamic view of multilingualism*. In: Pütz, Martin (Hg.) (1997), Language choices: Conditions, constraints and consequences. Amsterdam, Benjamins, 17-30.

Kärchner-Ober, Renate (2009). *The German Language is Completely Different from the English Language*.

Besonderheiten des Erwerbs von Deutsch als Tertiärsprache nach Englisch und einer nicht-indogermanischen Erstsprache. Tübingen: Stauffenberg.

Klein, Horst; Stegmann, Tilbert (2001). EuroComRom – Die sieben Siebe: Romanische Sprachen sofort lesen können. Aachen, Shaker (2. Auflage) (Editiones EuroCom Bd. 1).

Kursiša, Anta (2012). *Arbeit mit Lesetexten im schulischen Anfangsunterricht DaFnE: Eine Annäherung an Tertiärsprachenlehr- und -lernverfahren anhand Subjektiver Theorien der Schülerinnen und Schüler.* Hohengehren: Schneider.

Meissner, Franz-Joseph (2004). Modelling plurilingual processing and language growth between intercomprehensive languages: Towards the analysis of plurilingual language processing. In: Lew N. Zybatow (eds.): *Translation in der globalen Welt und neue Wege in der Sprach- und Übersetzerausbildung.* (Innsbrucker Ringvorlesung zur Translationswissenschaft II). Frankfurt a.M.: Peter Lang 2004, 31-57.

Merkelbach, Chris (2006). The negative Influence of EAL-Methodology on the Acquisition of an L3 in Taiwan. Zeitschrift für Interkulturellen Fremdsprachenunterricht 11 (1) http://www.ualberta.ca/~german/ejournal/Merkelbach1.htm (last access 2016/7/7).

Merkelbach, C. (2011). Wie unterscheiden sich die Lernstrategien beim Erlernen von L2 und L3? Ergebnisse einer empirischen Studie bei taiwanischen Deutsch-als-L3-Lernenden.Zeitschrift für Interkulturellen Fremdsprachenunterricht 16 (2) ,126-143 http://tujournals.ulb.tu-darmstadt.de/index.php/zif/article/view/123/118 (last access 2016/7/7).

Merkelbach, Chris & Sulzer, Sandra (2016). Zwei Modelle zur Unterstützung ehrenamtlicher Spracharbeit mit Geflüchteten. *Fremdsprache Deutsch. Zeitschrift für die Praxis des Deutschunterrichts.* Sonderheft 2016, 61-65.

Merkelbach, Chris; Sablotny, Manfred (Hg.) (2018). *Darmstädter Vielfalt – 10 Jahre Fachgebiet Sprachwissenschaft – Mehrsprachigkeit.* Hohengehren: Schneider Verlag.

Mißler, Bernd (1999). *Fremdsprachenlernerfahrungen und Lernstrategien.* Tübingen: Stauffenburg.

Müller, Martin & Wendlborn, Sören (1998). *Wege der Rekonstruktion des Fremden: Historische Aspekte kulturvergleichender Forschung.* In Hegel, R.D. and M. Müller: Der Name des Fremden. Berlin, Milow: Schibri, (1998), 35-68.

Ringbom, Håkan (1982). The influence of other languages on the vocabulary of foreign language learners. In: Nickel, Gerhard; Nehls, Dietrich (Hg.) (1982). Error Analysis, Contrastive Linguistics and Second Language Learning. Papers from the 6th Congress of Applied Linguistics, Lund, 1081 (Special Issue). *International Review of Applied Linguistics,* 85-94.

Rösch, Heidi (2001). Zweisprachige Erziehung in Berlin um Elementar- und Primarbereich. EliSe: Essener Linguistische Skripte 1 (1), 23-44 https://www.uni-due.de/imperia/md/content/elise/ausgabe_1_2001_roesch.pdf. (last access 2016/8/20).

Rösch, Heidi (2005). Zweitsprachenerwerb theoretisch gesehen. In: Rösch, Heidi et al (Eds.) *Deutsch als Zweitsprache. Sprachförderung in der Sekundarstufe 1. Grundlagen, Übungsideen, Kopiervorlagen.* Mitsprache. Braunschweig: Schroedel 15-24.

Rohs, Kai. (2001). Vom Nutzen der Berücksichtigung der Sprachlernerfahrungen in der ersten Fremdsprache Englisch im „Deutsch als Fremdsprache"-unterricht in Südkorea. *Zeitschrift für Interkulturellen Fremdsprachenunterricht 6* (1). http://tujournals.ulb.tu-darmstadt.de/index.php/zif/article/view/607/583 (last access 201/7/7).

Schneider, Susan C. & Barsoux, Jean-Louis (1997). *Managing Across Cultures.* London: Prentice Hall.

Schulte-Bunert, Ellen (2004). *Sprachförderung von Migrantenkindern im Vorschulbereich – Evaluationsbericht zur wissenschaftlichen Begleitung des Pilotprojektes an der GS Eichelholz/Lübeck.* Universität Flensburg.

Schulte-Bonert, Ellen (2016). Umsetzung des Mehrstufenmodells. Die Notwendigkeit langfristiger sprachlicher Eingliederung. Fremdsprache Deutsch. Zeitschrift für die Praxis des Deutschunterrichts. Sonderheft 2016 http://www.fremdsprachedeutschdigital.de/download/fd/FD-Sonderheft_2016-01_Schulte-Bunert.pdf (last access 2016/7/13).

Stedje, Astrid (1976). Interferenz von Muttersprache und Zweitsprache auf eine dritte Sprache beim freien Sprechen – ein Vergleich. *Zielsprache Deutsch* 1, 15-21.

Steinmüller, Ulrich (1981). Begriffsbildung und Zweitsprachenerwerb. Ein Argument für den muttersprachlichen Unterricht. In: Essinger, H.; Hellmich, A.; Hoff, G. (Eds.) *Ausländerkinder im Konflikt*. Königstein/Ts: Scriptor, 83-97.

Stölting, Wilfried (2001). Zweisprachigkeit, gesellschaftliche Mehrsprachigkeit und die Stellung der Migrantensprachen. EliSe: Essener Linguistische Skripte 1 (1) ,15-22 https://www.uni-due.de/imperia/md/content/elise/ausgabe_1_2001_stoelting.pdf (last access 2016/8/20).

Tafel, Karin (2009). *Slavische Interkomprehension: Eine Einführung*. Tübingen: Gunter Narr.

Williams, Sarah; Hammarberg, Björn (1998). Language switches in L3 production: Implications for a polyglot speaking model. In: *Applied Linguistics* 19: 3, 295-333.

Wundt, Wilhelm (1913). *Elemente der Völkerpsychologie*. Grundlinien einer psychologischen Entwicklungsgeschichte der Menschheit. Leipzig: Kröner. (ウィルヘルム・ヴント（著）比屋根安定（訳）(1959).『民族心理学――人類発達の心理史』誠信書房.)

編者インタビュー Part2

アンリ・ベス

コミュニケーション能力と異文化間能力の関係

訳　関デルフィン

Profile：長年、フォントネー／サン＝クルー高等師範学校でFLE（外国語としてのフランス語）の教員養成にあたる。FLEおよびFLS（第二言語としてのフランス語）教育に関する著作多数。フランス語教育界の重鎮。世界各地でフランス語の教授経験があり、このインタビューでは中国での経験が紹介されている。実際の教授経験にもとづくベス氏の主張は、具体的でわかりやすいだけでなく、説得力がある。

■　異文化間能力とは何ですか？

　異文化間能力というのは自分とは異なる文化の人間の立場に立つことを、少なくとも想像の上で、可能にする知識と思いやりのことです。なので、異文化間能力は必ずしも言語能力を持っていることを条件としているのではなく、原則として多くの非言語的知識を持っていることが条件になっています。これらの非言語的知識は文化の違う人間がどのように考え、行動するのかを想定することを可能にします。

　――外国語の知識がなくても異文化間能力が備わっていることはありえますか？

　異文化間能力とは知識だけの問題ではなく、想像力の問題でもあります。その想像力は、自分を文化の異なる相手に投影する手段なのだと思います。しかしながら、まったく言語的知識がないとするならば、投影することはとても難しいと思います。最低限の知識は必要だと思いますし、相手の文化に

対する最低限の興味を持つことも大切です。

　例えば、私の知り合いにトゥールーズ大学の男性教員がいるのですが、その人の母親はロシア人で父親はトゥールーズ出身の人でした。そして、父親の方は、ロシア語を一言も話せなかったそうです。けれども、ロシアに家族で行くと、父親は身振り手振りでロシア人とコミュニケーションを取っていたそうです。少し古風とはいえ、ロシア語を話していた自分の妻よりも上手に。父親は、ロシア語を話さずとも、ロシア文化にある種の理解を示していたのでしょう。コミュニケーションは父親の方がよりスムーズにできたようです。

——他の文化に好意的でなくても、異文化間能力は持ち合わせることはできますか？

　それはないと思います。異文化間能力は知識だけの問題ではないと思います。文化や文化的要素などを教えるようには教えられていません。

　私が初めて中国に行った年、それは1980年でしたが、私の受け持った学生たちは皆とても上手にフランス語を話していました。そのなかに、私の教えていたアンスティチュ（フランス政府公式のフランス語学校・フランス文化センター）で働いていた教員もいました。私はフランス語の作品を授業で使っていましたが、彼らはそれらの文章のどの単語もすべて理解していました。しかしながら、知識不足、そして、フランス文化がどのようなものなのかという想像ができていなかったせいで、彼らは言語的には可能な解釈でも、フランス語本来の意味とは異なる解釈をしていました。

　例えば、お休みに関するインタビューの断片を授業で勉強した時のことです。そのなかに「私にとって、お休みって何にもしないで、のんびり過ごすこと」という表現がありました。これはフランスではそれなりによく使われている表現です。1980年といえば、文化革命が終結してまだ3、4年のころですが、アンドレ・ジッドの『狭き門』を中国語に訳していたアンスティチュのある教員が、私にこう言いました。« Se mettre au vert »（注．直訳「緑に身を置く」）というのは「田舎に帰って百姓と兵士と暮らすこと」です。 « Les doigts de pied en éventail »（注．直訳「扇状の足の指」）とは、「田んぼのなかに沈み込まないため」です。このように、彼らはすべての単語の意味を理解していたわけですが、この2つの表現のフランス文化における本来の意味とはまったく別の意味を与えていたのです。フランスはこの類いの文化革命を経験したことがなかったこともありますし、フランスには田んぼがたくさんあるわ

けでもないわけですから……これらの間違いは « Se mettre au vert » =「何もしない」や « Les doigts de pied en éventail » =「のんびりする」などの慣用表現を知らなかったためです。要するにお休みというのは、仕事の世界から離れることです。しかしながら、学生たちは単語を理解してはいたものの、フランス文化に即した解釈ではなく、中国文化に即した解釈をしていたのです。

——では、言語的知識だけで異文化間能力を備えるのはまったくもって不十分ということですか？

ええ。けれども、もう一つ言えるのは、彼らがもしこれらの表現の比喩的意味を既に知っていたなら、このような解釈をしなかったのではないでしょうか。

■ 異文化間能力を構成する要素の中で、最も重要なものはなんでしょうか？

私にとって一番大事なのは、自分が慣れ親しんでいる世界とは別の世界に想像の上だけでも自分を置いてみようとする気持ちを持つことだと思います。「もしかしたら、彼や彼女は私とは別の考え方を持っているのかもしれない」と。たとえ多少知識が必要でも、この気持ちは常に直感的で、感情に訴えかけるものです。

根本的に、大切なことは他者へと歩み寄る、他者に好奇心を抱くことです。けれども、好奇心とは言っても、同時にある程度の寛容性も必要です。なぜならば、単なる好奇心であれば、相手に自分にないある種の特徴を探し求めるという意味になるからです。ここでは、自分が何を探し求めているのかがわからないのです。彼や彼女が自分とは同じものを理解してないということはわかるのですが、では相手は何を理解しているのでしょうか？

■ 異文化間能力を育成する重要性はどこにあるのでしょうか？

それは、外国語習得の中で、基本レベルをマスターした場合、例えば文学作品を勉強したり、または「何通りはどこですか？」のような観光レベル以上の会話がしたい時、誤解が生じます。なぜなら、私たちは何かを理解するわけですが、相手の言いたいことを理解できていないことがあるからです。

ある一定の外国語レベルを学生たちが持つようになった場合、彼らがそれらの誤解に気づくようにしなくてはなりません。なぜならば、全員がそのこ

とに気づかず、言われていることとは別のことを理解している学生も中にはいるからです。例えば、中国で新聞記事を使って勉強した時、フランス人であれば、誰しもがするであろう新聞記事の見出しの解釈と、中国の学生たちの解釈はどれ一つとして、一致しませんでした。« Pays-Basque, Veto de Paris pour Bayonne : Nantes / Saint-Sébastien interdit »（バスク、パリがバイヨンヌに対して拒否権：ナント対サン・セバスチャン禁止）、これが新聞の見出しです。中国では、例えば、「ナントからサン・セバスチャンにかけての地域は夏のあいだ観光客に禁じられている」と解釈した人がいました。実際は、フランス領バスクの中心都市バイヨンヌでのテロ行為多発のため、政府はバイヨンヌでのナント対サン・セバスチャンのサッカーの試合開催を禁止した」という意味です。でも、中国人の学生は、自国の事情をフランスにあてはめて解釈したのです。実際、当時、中国には観光客が行くことのできない地域がありました。

　──言外の意味が多いということですね。

　コミュニケーションに言外の意味が多いのは、至極当然のことです。そのため、CREDIF（フランス語普及研究センター）では中間レベルを、「行間」(interligne) と名付けたのです。行と行の間にある言外の意味を理解することが必要であると示すためです。例えば、文学作品を訳すとします。言外の意味を理解せずに直訳をしたら、目標言語では結果はお話しになりませんね。だから、ある言語である程度の言語レベルに達したい時は、異文化間能力を持っていることが前提です。

■　教育を通して異文化間能力を育成することは可能ですか？

　できると思います。様々な科目がそれを実現する手助けになると思いますが、学生を異文化間能力に関心を持たせることを可能にする、より適している科目があります。外国語や歴史などがその類いで、歴史であれば、例えば、それぞれの国で、ある歴史的事柄の伝え方を比べるなどといったことができます。第二次世界大戦を例に挙げると、ドイツでドイツ人生徒に教える内容と、フランスでフランス人生徒に教えるのを比較すれば、重なりあうこともあれば、もしかしたらまったく異なることが多くあるかもしれません。それは日本、中国、韓国においても同じことで、大体同じ出来事が別な風に説明されているはずです。

結論として言えるのは、ある程度の異文化間能力を育成するのにより適した科目があるということです。

——しかし、外国語教育には、一方には学生の出身国での教育、そして、もう一方には目標言語の国での教育。例えば、外国語教育は学生の出身国の教室のみで行われるわけではありません。フランスに留学している日本人にとってのフランス語教育と、フランス語を日本で勉強している日本人にとってのフランス語教育は違いますね。

確かにそうですね。もし、日本人がフランスでフランス語を学ぶのであれば、授業外でフランス人やフランス語の環境に接することができるでしょう。そして、日本でフランス語を学ぶよりも、より容易にフランス語を吸収したり、発見したり、知識として得ることができるでしょう。

——異文化間能力が外国語教育で習得可能の場合、学生の出身国で学ぶのと目標言語の国で学ぶのと同じことですか？

先程お話しした外国語教育と歴史の教育についてですが、私は教育機関の枠組み内でのことを想定していて、学生の出身国、または目標言語の国で、などのことは別に想定していませんでした。例えば、フランス人として、ドイツ人の子どもたちがどのように歴史を学んでいるのかをまったく知らずともドイツを旅行することはできますし、ドイツ人として、フランスを観光するにあたって、フランスでフランス人の子どもたちがどのように歴史を学んでいるかを知らなくても、観光はできます。

授業とは、生徒たちを文化的に違う世界に関心を持たせるよう、より整然と順序立てられている方法なのです。

——その場合、生徒たちに影響を与える授業内容の多くは現地文化の由来のものです。もしフランス人がドイツでそのような内容の授業を受けたとしても、まったく別の受け取り方ではありませんか？

根本的に違うということはないと思いますよ、人類的基盤が多くの点で似通っていますから。私にとって、それは自分自身を改めて知る方法なのだと思います。それは、「ほう、私はこの人のようには反応しないな」と言ったふうに感じることにより、自分とは違う言語を話し、自分とは違う世界に住む他者が自分とは別の視点から世界を見ているということを受け入れる、またはそれに気づく方法、そして結果的には自分自身の文化的アイデンティティを自覚することなのです。これには常に、自分の視点と、他者の視点へ

の行き来があります。

■　フランスの教育機関では異文化間教育はどれくらい実施されていますか？

さあ……もともとホーキンズ氏が考え出したLanguage Awareness、後に「言語への目覚め活動」へと発展する授業は、クラス内で文化的背景の違う生徒の存在を使って、皆の多様性に気づかせるためにできたものです。私が思うに、多少行われていると思います。様々な出自の生徒がいるクラスではおそらく。

■　フランスで異文化間教育は十分に実施されていると思われますか？

どうでしょう。でも、おそらく一部の教員を除いて、十分ではないのではないでしょうか。私の知る限りでは、学校のカリキュラムには組み込まれていないはずです。

――異文化間能力の育成は外国語としてのフランス語教育（FLE）のなかに組み込まれていると思いますか。また、その場合、一体いつ頃からでしょうか？

異文化間能力の育成の試みはずっと以前から存在しています。例えば、方法は違いますが、レアリア（生教材）です。実際の生活で使われる物をクラス内に持ってくることで、外国がどんなものかを学習者にイメージさせようとします。けれども、これは、ごく基本的なものです。「異文化間能力」と呼ばれるずっと前から、この試みは存在していました。

――18世紀にさかのぼる「実物教授」« La leçon des choses »は、異文化間教育の起源と言えるでしょうか？

そうですね。けれども教員がどのように授業を行っていたかに大きく左右されていたはずです。もし、教員が両方の文化で物事が同じであり、両方の文化で同じように受け取られていると考えていたなら、異文化的な事柄は何も教えたことにはなりません。例えば、「これはコップです。」と訳そうにも、もし、コップ自体が学習者の文化に存在しなければ、学習者の頭の中はどうなるでしょうか？

■　異文化間教育と世界市民教育は、どのような違いがあります

か？
　「世界市民」というのは、法律的見地からすると難問です。なぜなら、たとえその概念が何となく理解できても、実際は私たちは法律的には市町村や国の市民なのですから。自分を「世界市民」という人は、自分が人種、または社会的階級によって分割されるべきでない理想の「人類」に属していると主張しているのです。すべての男性も、女性も、男性と女性なのです。しかしながら、世界市民権は国連が与えるものではありません。
　──「世界政府」が存在すれば良いという考えもありますが。
　けれども、現実に存在しない以上、世界市民は存在し得ません。市民権というのは、権力機関が与える地位です。フランス革命から由来する用語で、権力機構が都市の法の支配下にあると決めた人であり、同時にそれらの法にある程度の決定権を持っている人でもあるのです。選挙権があるとか……しかしながら、それは世界レベルには存在しません。
　「市民」とは、古典ギリシア語で、都市の「市民」という意味です。つまり、その都市に対する義務と権利があるのです。都市の法に従う者は都市によって守られるのです。ところで、日本では、あなたがたは日本市民なのですか？日本人で天皇の臣下なのですか？　« citoyen » はどのように日本語で訳されますか？
　──日本では国籍と市民権は双方ともにつながっています。私たちは国民です。« citoyen »は「市民」という言葉に訳すことはできますが、日常生活では使わない言葉です。市民ということは、税金を納めないといけなかったり、働かないといけなかったりと、義務が生じますね。しなくてはならないことと、してはならないことが常にあります。そして、これらは都市によって違ってくるのです。
　──例えば、私たちは議員を選挙で選ぶことができます。
　もしかして、(「市民」という言葉を使っている異文化間教育の研究である）バイラム氏はこのことが言いたかったのかもしれませんね。政治的に活動できると。

　■　異文化間能力を評価する最も良い方法は何でしょう？
　学校の枠組みでの評価に関してはわかりません。なぜなら、価値のある唯一の評価とは、実際の現場にいる時です。けれども、クラス内では異文化間

能力を評価するとはどういう意味なのでしょうか?
　——アメリカでは異文化間能力を学校で評価できるとしている人がいます。私はそれには疑問を持っています。
　——しかし、もし学校で教えるとするならば、評価せざるをえません。その場合、大切なのが、学生に教えたことを評価するということです。もし、歴史についてならば、相手国ではどのように歴史が教えられているか、その方法について質問や、もし、言語に関することであれば、比較できるものにしなくてはいけませんね。私が思うに、授業で取り扱っていないことを評価することはできません。

第3部

諸外国における異文化間教育

移民の複言語能力
―― 受け入れ社会にとっての課題と利点
（スイスの視点から）

ジョルジュ・リュディ（訳　大山万容）

　移民やグローバル化、移住の増加にともない、世界の多くの場所で、個人の複言語能力（plurilingualism）が様々な形態の発展を遂げている。その結果、国家言語の地位や異言語話者の言語的・文化的統合についての問題が生じている。本稿では、複言語教授法や異文化間教育の役割、出身言語や出身文化を価値づけることが、受け入れ社会にとっての経済的・文化的利点となることを論じ、さらに多言語主義の課題に対する反応として、バイリンガル・バイカルチュラルな「境界を越境する人」と、様々な形態の複言語使用（plurilanguaging）について論じる。

1．文　脈

　外国人の人口比について、日本の統計では人口127,083,000人のうち外国人の割合は1.7%であるが[1]、スイスの永住外国人の割合は2014年時点で人口8,237,666人のうち24.3%に及んでいる[2]。スイスは公式には4言語使用をとる国だが、現実には多言語状態にある。4つの国語が国内に分布しており（ドイツ語63.6%、フランス語19.2%、イタリア語7.6%、ロマンシュ語0.6%）、これらの言語はそれぞれの言語領域内で、主要言語としても、家庭語または職

1　http://www.stat.go.jp/english/data/nenkan/1431-02.htm
2　http://www.bfs.admin.ch/bfs/portal/fr/index/themen/01/01/key.html

業語としても支配的であり、この状況は非常に安定している。一方で、22%の住民は、自分たちの主要な言語は国語とは異なる言語であると報告している。日本の人口は言語的に非常に均質であるが、スイスの言語地域はまったく違っていて、言語的に非常に混合した状態にある。異言語話者との共存と、異言語話者のスイス社会への統合は重要な課題となっている。

社会の多言語状態や個人の複言語能力の源泉にあるのは、いわゆる古典的な意味での移民の出入りだけではない。「グローバル化」の中で人口移動や思想の移動がますます増えることにより、これまでになかったような言語領域を超えたコミュニケーションが必要になっている。モノリンガルでとどまることは、個人にとっても、国の経済にとっても、国の学術コミュニティにとっても、国際的に展開するイノベーションや進歩のネットワークから切り離されることを意味している。

2. 統 合

スイスでは移民をめぐる論争が増加しており、時にきわめて不快な議論も現れる。ナショナリストのなかには、例えば学校の運動場で使う言語をその土地の国家語に限定せよと求める者までいる。現在すべての専門家が同意するように、統合には確かにホスト言語の習得が必要である。このためホスト言語の授業は義務化されている。また統合されるためには受け入れ言語を話せるだけでは不十分で、ゲットー化を避けるためにはホスト社会の価値を共有しなくてはならない。

しかし統合の概念は曖昧である。ある人々にとっては、統合は出身言語と出身文化を捨て去るもので、ホスト社会の言語および価値に対して無条件に言語的忠誠を誓うことを意味する。するとこれは同化と同義になる。つぎに引用するトルコ出身のドイツ人作家が強烈な比喩によって示すように、母語の剥奪は非常に苦しい経験になることが多い。

そして彼女は統合され始めた。今や彼女はとても上手にドイツ語を話し、自分が外国人であると気づかれまいかと常に自問した。(……)（しかし）この悪夢は何重にも重なった。彼女は常に、自分から顔をもぎとっていく手（支配者）を見ていたのだ（ビロル・デニズリ，1983：16-18）

しかし、移民はホスト文化への同化と、出身文化とパラレルな関係にある社会でのゲットー化とのいずれかを選択する必要はない。出身社会への統合は非常に複雑なプロセスである。EUはその基礎となる政策原理において、「統合とは、移民と加盟国のすべての住民による、双方向からの受け入れを必要とする動的なプロセスである」と定義している。2003年にパパデメトゥリウはつぎのように「二重の経路による統合モデル」を提唱した。

　成功したどの統合モデルの核心にも、継続した相互的なやりとりと適応、調整がある。最も良好な結果を生みやすいのは、モデルが公平性と相互性に基づいていることと、適応のリズムがより自然で強制されないことである。(Papademetriou, 2003, 英語からの翻訳)

誰もがこのモデルに賛同するわけではない。しかしながら、二重の経路による統合は、ホスト国の言語・文化と、出身言語・出身文化の間のバランスという点において、Bhabha (1994) が特に創造的なプロセスを生みやすいとして理論化した「第三の場」によく合致している。さらに、複言語レパートリーやホスト社会における成功についての様々な考え方、すなわち「文化への二重の接近方法」(Supper, 1999：60) と呼ばれる現象についての重要な考え方が、しだいに認められつつある。

このためには移民の体系的な統合が必要であるが、受け入れ社会側による努力と寛容もまた必要である。2006年にスイスのバーゼル＝シュタット準州が採用した統合プランは、(移民に欠落しているものではなく) 移民の潜在力に基づくアプローチを取ることに成功しており、統合を社会全体の共通課題と捉えている。ここでは、移民の責任感を増大させることが重視されている。

　責任を持たせることは、主体が自分の才能や潜在力、知識や経験を考慮するようになるプロセスであり、これにより自律性を発達させ、意思決定に十全に関わる責任を負うことができるようになる (de Mejía/Tejada,

---

3　http://www.consilium.europa.eu/uedocs/cms_data/docs/pressdata/fr/jha/143112.pdf
4　http://www.welcome-to-basel.bs.ch

2003：42，英語からの翻訳）

　EUはまた、つぎの2つの例にみるように、子どもが出身言語と文化を維持する権利についても認識している。

- 1991年にスイス各州文部大臣会議は、スイス在住で異言語話者の子どもを、出身国の言語文化を維持するという子どもの権利を尊重して、公立学校に受け入れるのが重要であることを改めて確認している。

- フランスでは、1978年7月25日の通達「移民の子どもの就学について」(No. 78-238) において、つぎのことを認めている：
　経験から知られているように、外国人の子どもが出身言語・出身文化の知識を維持することは、フランスの学校に適応するためのポジティブな要素になりうる。したがってあらゆる教育レベルでこうした文化の価値づけを促進すべきである。

　また2002年2月14日付の官報「幼稚園プログラム」で、つぎの原理が確認されている：
　国内において話されている言語、とりわけ児童生徒の母語で、価値づけされるべき言語の多重性（を考慮に入れなくてはいけない）

　このことは、教師が往々にして抱いている見方、すなわち家庭での移民の言語の使用は問題であり、バイリンガリズムは利点にならない、との考え方とは対照的である。
　しかし、言語領域性の原則、またとりわけホスト言語による就学の結果、スイスのそれぞれの地域では、国家語が支配的な位置を占めると考えられる。実際、家庭や職場／学校での言語レパートリーにおけるホスト言語への統合率は、義務教育を受ける間に劇的に増加する（Lüdi/Werlen, 2005）。したがって、バイリンガリズムがいわば害をもたらすといった話は誤りである。

3.「単一言語イデオロギー」に対抗する

　つぎの引用は、非常に広範にみられるが既に時代遅れとなった、単一言語イデオロギーを示すものである。バイリンガル／複数言語話者の人々はそれぞれ利益を享受しているが、複言語教育に反対する偏見はいまだに数多く残っている。19世紀のイギリスの教育学者はつぎのように主張していた。[5]

> もし子どもが2つの言語を同時に、同じだけよく生きることが可能であるとすると、まったく気の毒です。その子どもの知的、精神的な成長は二倍になるのではなく、半減してしまうでしょう。そうした環境では、精神や人格の統一を発達させることが非常に困難になるでしょう。（Laurie, 1890, 英語からの翻訳）

　今日でもなお、小児科医や教師、教育学者たちが、子どもを2つ以上の言語で育てないよう両親に助言することが続いている。
　こうした偏見の元となっている個人の「単一言語観」が生まれたのは大きく過去にさかのぼる。『創世記』第11章（6 - 7）には、かつて一つの言語しか持たなかった人類が「混乱」の結果として複数言語状態に追いやられたとあり、このことは人類にのしかかる神の呪いとして記述されている。これはヨーロッパにおける国民国家の創生の時に形を変え、「国民」の凝集性のためには「国語」がきわめて重要な要素であり、国民は必然的に言語領域と一致すべきであるとのイメージに至った。このステレオタイプに従えば、単一言語主義は人類の原初の状態であり、神によって望まれたものであり、また政治にとっても好都合ということになる。「理想的な」人間とはしたがって単一言語話者であり、異なる言語コミュニティは近隣の領土に生きるべきであって、言語的に均質な集団は、それぞれの言語ごとに分かれて住まなくてはならない。フランス革命のイデオロギーはこの社会観を拡張させ、言語的均質性を求める政策を正当化し、その他のすべての話語や言語を政治的判

5　訳注：サイモン・サマーヴィル・ローリー（1829-1909）：スコットランドの教育学者。『学校における言語と言語学的方法についての講義』などの著作がある。

断によって根絶やしにしてきた。これに対してドイツでは、ヘルダー[6]が、人々の生活を組織化する社会的表象や社会的信念の集合の基盤としての共通語の価値を主張していた。このイデオロギーは18世紀から20世紀にかけての言説の中で構築されたものだが、明らかにそれまでに見られた、あるいは当時現れつつあった権力構造に由来するものであり、日本も含め、あらゆる大陸において今日も認められるものである。

しかし言説は変化し始めている。Meisel（2004）は、「単一言語とは、言語機能を十分に発達させる機会を得ることができなかった欠損的環境の帰結と見なすことができる」と論じる。また欧州評議会は「移民の子どもが身につけ、そして学校にもたらす言語、エスニシティ、文化は、発展させるべき利点である」と述べている。[7]フランスでは、移民の子どもは自分の言語を完全に合理的かつ補完的な方法で用いていることが研究によって示されている。Hélot & Young（2003：192）は、「学校が、家庭で話されて伝達される言語に興味を持つならば、学校は移民の子どもたちの言語的・文化的遺産をよりよく受け入れ、よりよいアイデンティティを構築できるだけでなく、彼らの持つ差異を共有すべき豊かさとして捉えることができる」と論じている。

4．複言語主義の相補性モデル

複言語主義が利点として表象される条件について論じる前に、用語を明確にしておかなくてはならない。まず、一つのコミュニティあるいは領土において複数の言語が用いられているという事実（社会の多言語状態）と、ある機関が言語の多様性に配慮することを公に認め、それぞれの言語の利害関係者に働きかける場合（機関の多言語使用）を区別したい。例えば、トヨタ自動車は、ウェブサイトのページがどの地域で開かれるかによって、日本語、ポルトガル語、スペイン語、ドイツ語、フランス語、ギリシャ語などで顧客に対応している。

個人の複言語能力とは、一人の個人が複数の言語を用いて表現できること

---

6 訳注：ヨハン・ゴットフリート・フォン・ヘルダー（1744-1803）：ドイツの哲学者。『言語起源論』などの著作がある。
7 https://www.coe.int/t/dg4/linguistic/Source/Source2010_ForumGeneva/MigrantChildrenConceptPaper_FR.pdf

を指す。広く流布したイメージとして、完全に調和のとれた言語能力を持たなければバイリンガルとは自認できないし、そうみなされない、というものがある。例えば「私のスペイン語はなまっていますから、自分のことはバイリンガルだとは思いませんね」(フランソワ・グロジャンによる引用[8])という発言や、あるいはバイリンガルを「それぞれ言語におけるネイティブ話者と同じ能力を2つの言語で持つ人」(Bloomfield, 1933：56, 英語からの翻訳)とする定義に見られる。しかしこうした理想主義的な見方は、個人の複言語能力についてごくわずかな側面しかカバーすることができない。つまり、言語接触のほとんどの文脈において観察されることをモデル化するには、説明力を持たないのである。「複言語能力の零度」を定めるのは難しい。もし大多数の理論家が、一つの言語について最低限の機能、つまりコミュニケーションできる能力を要求しても、必要な知識レベルについては一致を見ないだろう。そこで本稿では複言語能力を、たとえ不完全であっても、第一言語とは異なる環境で、習得方法や習得された能力レベル、言語間の距離によらず、コミュニケートできる能力と定義する(2001年に公開されたCEFRを参照)。この定義は、複数の言語において非常に優れた能力を持つことを排除しないが、そのことを定義的特性にはしていない。

　つぎの問題は、複言語レパートリーの構成要素の地位についてである。「加算的」な考え方では、複言語話者とは複数の単一言語話者の重ね合わせに該当するとみなされていた。しかし複言語能力は特殊であり、それ自体の規則に従う(Grosjean, 1985)。したがって複数の単一言語話者の能力が加算された合計としてイメージしてはならない。複言語能力あるいは多言語能力(Cook, 2008)においては、一人の個人が話す複数の言語のそれぞれが分離したシステムとしてではなく、「入れ子状のシステム」として(同上)、すなわち統合された一つの能力としてみなされなくてはならない。

　この文脈では、言語はもはや恒久的で理想化された「対象」とはみなされ

8　http://www.psychologytoday.com/blog/life-bilingual/201010/who-is-bilingual

第1章　移民の複言語能力

ない[9]。人間の行為は文脈的で相互行為的であるとの考えに基づくとき、強調は談話の次元における言語の使用に置かれる。Hopper（1998）は、言語構造を本質的に一時的かつ創発的なものと論じていた。相互行為の習得という社会構築主義の考え方によれば、「文法は副次的現象、創発的本質を持つ『行為』」（Dewaele, 2001）と捉えられる。同様にラーセン・フリーマンもこのような習得の「支配的モデル」を批判し、ネイティブによる固定的かつ均質的な目標言語のようなものがあって、言語習得とはそこへの接近（ますます同化すること）だとする見方を排除している（Larsen-Freeman, 2006）。こうしたことから、能力の概念はしばしばレパートリーの概念に置き換えられる。レパートリーとは、行為者によって実践的な問題をその場で解決するために一斉に動員される言語的、非言語的なものを含むリソースの集合と定義される（Lüdi & Py, 2009）。複言語レパートリーは動的なものであり、使用することによって発展し、認知的かつ社会的なリソースを同時に映し出す（Ellis & Larsen-Freeman, 2006）。

Makoni & Pennycook（2007）と Pennycook（2010）によれば、言語は一般に、人が話す行為から生まれ（ランゲージング）、それは行為であって、行動に先立つというよりもわれわれが作り出すものである。このことは、われわれが既存の言語規則や形式のすべてを動員しながらコミュニケーションを取るとの直感とは矛盾する。聞き手のレパートリー間に大きな非対称性がある状況では、聞き手は「ブリコラージュ」を行う人が使う「道具箱」のごとく（Lévi-Strauss, 1962：27）、いくつかの方法や手段を用いる。このことで特殊な文脈においても言語活動を作りだし、演じ、進んでゆき、リスクを取ることができるのだ。こうした極度に異言語使用の状況においては、作家が詩的創作において自分の言語の境界をわざと超越する時のように、言語規則は移りゆき、また言語間の境界は消えてゆく。複言語話者は日々の様々なコミュニケーション行為において、特定の目的のための言語のなかに新語を広める

9　Haugen（1972：325）は、「厳密な一枚岩的な構造としての言語という概念は、たとえそれが言語学の発展にとって有用なフィクションであったとしても、誤りである。それはわれわれの科学史のある瞬間において必要とされたある種の単純化に過ぎず、今やより洗練されたモデルに置き換えられるべきである」と批判しており、また Canagarajah（2007：98）は、例えば「英語」のような言語を記述する時の名付け方が、「言語学が発展した哲学や知的文化に基づく支配的な仮説の結果として生じたものである。言語学を開始するために、言語はそれ自体が一つの対象で、客観的に同定可能なものと捉えられた」と論じている。

とき、そしてもちろん上述の Bhabha (1994) が論じた「第三の場」において、「言語の限界に来たとき」に、とりわけ創造力を発揮する。これが「混淆（ハイブリッド性）」の基礎である。この表現は長きにわたって「混成」としてその価値を貶められてきたが、この伝統に対抗して本稿ではこの表現を肯定的に用いている。

　最後に、複言語能力の様々な構成要素は互いに邪魔しあうのではなく、互いに豊かにすることを付け加えたい。「相互依存仮説」(Cummins, 1991) によれば、「マイノリティ」と呼ばれる言語のリテラシーが伝達されると、それは「マジョリティ」言語におけるリテラシー能力の向上に役立ち、またその逆も成り立つ。

5．複言語主義の利点

　欧州委員会に委託を受けた複言語能力の利点に関する比較研究によると、複言語使用と創造性の間には相関があり、複言語使用は情報へのアクセスを増大させ、異なる思考を組織化する方法や、環境世界を知覚する様々な方法をもたらす。さらに、新たな言語の習得は、創造的思考の潜在力を増大させる (Compendium-1, 2009)。

　こうした利点をよく説明するのは、各自が持つレパートリーにおいて複数の言語が共存しているという要因である。

　　バイリンガルには、活性化している2つの言語体系、あるいは2つの概念空間を管理する能力がありますが、こうした空間の中では創造的な類推が最も起こりやすくなります。それは、関連はするが予期できない連想を選択したり、（中略）関連しない情報を抑圧したりするためです (Furlong, 2009：351、英語からの翻訳)

　　創造性と複言語能力が認知的に連結しているのは、新たな意味のまとまりを知覚し、産出する能力によるものと考えることができます。（中略）したがって、高い能力を持つ複言語話者は、知覚の感受性が増大しているため、新しい知識を獲得したり、新しい類推を生み出したり、知覚が働くあらゆる領域において創造性の瞬間を経験しやすくなるのです (Furlong,

第1章　移民の複言語能力

2009：365, 英語からの翻訳）

　これらの利点は言語的に混成した集団においても認められうる。簡潔に言うと、欧州のDYLANプロジェクト[10]の枠組みから得られた知見では、2つのタイプの利点が区別されている。一つは認知的な利点で、複言語的環境における知の構築および伝達に関連する。複数言語を使用する大学の授業またはゼミでは、より深く、より豊かな概念が観察され、概念の「異化」や「微調整」が起こり、それによって伝達され構築された知がより明示的に問題化され、独創的なネットワーク化や対立化によって概念がより積極的に把握される。そして知を扱う様式にも多様性が見られる。もう一つは社会的、方略的レベルの利点で、複言語レパートリーを使用することは、話者による組織化や、参与の様式、交渉の形式、同意・非合意の示し方、意思決定の構築にも影響を与える（Berthoud, Grin & Lüdi eds., 2013 を参照）。これらの結果は、言語的な混成集合は多様で複雑なタスクの課題によりよく向かい合うとする先行研究の知見とも一致するもので（Marquardt & Horvath, 2001）、組織にとって利点であると言える（Kirton & Greene, 2005）。Mitchell & Nicholas（2006：72）によれば、異なる視点の出会いや、解釈の様式や予想モデルが一致しないことによって、「それまで共有されなかった知識の共有および統合に基づく相互作用過程のおかげで、新しい知識が構築される」ことが起こる。

　いくつかの研究結果から、複言語能力の認知的利点や、複数言語を話すことがアルツハイマー病の進行を大きく遅延させるとの事実[11]は、早期のバイリンガリズム／複言語使用に限らないと示唆されている。言語的混成集団で働くことの利点は、成人してからの非対称的な複言語話者にも獲得可能であり、したがって複数の外国語教育／学習をさらに推進することの、決定的な論拠となっている。

---

10 訳注：2006年から2011年までに行われた欧州12か国が参加した研究プロジェクトで、筆者リュディらが中心となった。ヨーロッパの企業や機関、高等教育の文脈において、複数言語使用が利点となる条件を調査し、検証した。（cf. Lüdi, G., Hochle Meier, K., & Yanaprasart, P.（eds.）（2016）. *Managing plurilingual and intercultural practices in the workplace: The case of multilingual Switzerland*. Amsterdam: John Benjamins）

11　http://www.alzheimers.net/2013-11-11/speaking-two-languages-delays-dementia/

6．コミュニケーション方略と複言語話法

　異なる言語をもつ人々に協働してくれるよう頼むだけでは、より多くの創造性や成功を保証することはできない。というのも、「効果的な相互作用は、認知の境界を超えてやりとりする力に依存する」ためである（Mitchell & Nicholas, 2006：68）。あまりにも大きな多様性は、適切な対策が取られなければ、負の効果を生みやすい（Martin, 2002; Fine & Handelsman, 2010）。多様性の管理が秀逸であるためには、特に、行為者が互いを信頼し、開かれた精神を持つことを示し、コミュニケーションの共同体を構築できる必要がある（Yanaprasart, 2016）。言い換えると、相互コミュニケーションを保証するには、様々なコミュニケーション方略を用いる能力が必要である。受け入れ社会における移民の統合について考察するにあたり、ここで、職場において複言語で仕事を行う多国籍企業や異国籍間での研究グループなどのチームが、どのように協働的な空気を構築するかを検討したい。

　DYLANプロジェクトは、その成果の一つとして、革新の基盤である多様性を平坦にならしてしまうモノリンガル・イデオロギーの罠にはまることなく、包括的な談話共同体を構築するためのコミュニケーション方略に、かなり大きな幅があることを示した。知識社会における高速かつ効率的なコミュニケーションの道具として、英語は大きな役割を持つが、それにもかかわらず、英語のみを選択することは不快感や不安、情報の欠落、情動的なコミットメントの欠如等につながりうる（例えば Lüdi, 2014 を参照）。英語のみとは別の選択肢として、つぎのものがある。

- リンガ・レセプティヴァ：それぞれが自分の言語を話す場合（ten Thije & Zeevaert, 2007）
- リンガ・フランカ：国語であっても英語であってもよいが、共通言語を一つ選択する場合（国語が選択される場合は、スイスならドイツ語かフランス語、非常にまれにイタリア語であり、日本では日本語である。）
- 同時通訳や逐次通訳：専門家または同僚が行う場合
- 複言語ランゲージングやトランス・ランゲージング：それぞれが様々な形式で複数言語を話す場合

第 1 章　移民の複言語能力

- 単一・異言語使用（unilingue-exolingue）：例えばネイティブと学習者の間など

　以上の方略はそれぞれが排除しあうものではなく、また一度選択したら変えられないものでもない。これらは常に、コミュニケーションの行われる場や、参与空間または参与の枠組みが変わるにしたがって再交渉され、また新たに発展し続ける。
　紙幅の都合で詳細は述べないが、ここで二点のみ指摘しておきたい。まず、「複数言語話法」の形式は非常に頻繁に生じるもので、複言語レパートリーを利用することによって、コミュニケーション能力は非常に豊かになる。話者はこのことをはっきりと自覚することができ、つぎのスイス製薬会社役員のケースにも見られるように、言語の混成をまったく否定的な含意を持たずに捉えることができる。

　新しく入った審査委員たちとの最初のミーティングを私が企画しました。新人が 10 人来るので、まず彼らをまとめてから、話す言語を決めます。するとバーゼルドイツ語と英語の混成になるのですが、これはいわばわれわれで作ったエスペラントみたいなもので。（中略）つまり創造のプロセスが軌道に乗っていくわけです。とりあえず言語のことはあまり考えないで、いきなり話し始めて、そのデタラメのエスペラントで議論を進めたのですよ。（TB <Pharma A>、スイスドイツ語からの翻訳）

　一般に、バイリンガル／複言語話者が自分のリソースを実践するのに使う方法は環境によって異なる（Grosjean, 1985, 2001）。彼らは必要あれば一つまたは複数の言語を「互いに接触させない」ようにすることもでき、逆にもしそのほうが機能的で便利であれば、複数の言語を混成して使うこともできる。
　つぎに、リンガ・フランカの概念を再考する必要がある。巷間にあるイメージとは異なり、国際的な通用語はいわゆる「英語」ではなく、行為者の能力レベルによって異なる「英語の一形態」である。そこには「単一異言語使用」の様式（話者がいずれもその言語を非常に高度なレベルで習得している）から、「複数異言語使用」の様式（話者は自分のもつリソース全体を使用した結果、英語で「ブリコラージュ」したものや、他の様々な言語の痕跡が残る混成版の話し方）まである。

実際、リンガ・フランカとしての英語の事例を数多く観察すると、われわれは厳密な意味である一つの言語変種を話すことはできず、複言語話法か、またはもともとの様々なリソースが混成されたトランスランゲージングの形式が主流となることがわかる。[12]頻繁に誤解が生じるのは、単一言語イデオロギーから、現代の国際的共同体への移行が急速に生じていることの結果である。

国際的な会話の中では、「Xは本当に英語が下手だ」とか、「Y国の人たちはものすごくいいかげんな英語を習得している」といった言い方をよく耳にする。本稿でこれまで述べてきたことの結果から見れば、こうしたことはまったくもって普通のことで、国を超えた言語共同体の参与者の大多数がこれに該当する。これらの能力について、伝統的な(つまり単一言語主義の)枠組みで判断するのはやめ、やりとりの中で何が実践されており、どのような相互理解と誤解が生じているかを観察することによって判断するべきであろう。

7．異文化間教育

最後に、移民に特徴づけられる国の中でも、国家を超えた、また国境を越えた水準においても、ますます多言語使用の傾向にある今日のコミュニケーションの課題に答えることができ、そのためになされるべき教育手段について見ておきたい。このために推進されているのは、移民だけでなく、もともとの国民、すなわち言語や文化の境界を越えて協働しコミュニケーションに参入する大多数の人々を対象にした「複言語・異文化間教育」である。

複言語教育とは、第一に、早期のバイリンガリズム／複言語能力を発展させたり、人生計画の一部として言語を学習したりといった、複数の第二言語または外国語を習得することである。複言語レパートリーを深め、拡張させることを目的とした様々な教育方式が提唱されている。例えば第二言語または外国語を用いて、語学ではなく教科教育によって、いわば「自然」な習得と同様のことを引き起こすインターンシップや複言語教授がそれにあたる。しかしこのことと同様に、複言語教育のとりわけ大きな課題とは、メンタリティを変化させることである。複言語能力を教授法に取りいれるという口

---

12 例えばつぎの文献を参照：Hülmbauer & Seidlhofer, 2013; Garcia & Wei 2014; Lüdi, Höchle Meier & Yanaprasart eds., 2016

第1章 移民の複言語能力

実（Billiez, 1998）に続き、「多元的アプローチ」（Candelier, 2008）が提唱され、さらに「複言語教授法」（Hufeisen, 2006; Jessner, 2008）や、「言語多様性の教授法」（Blanchet & Coste, 2010）が提案されている。それぞれ個別の言語の教育を、複言語レパートリー構築という大きな目的への一歩と捉え、構築途上にある複言語主義を手段として用いながら計画する。このことにより、カリキュラムの目的と、協調的教授法または統合的教授法による方法論的配慮とを同時に達成することが意図されている。理論面では、第3言語習得における一般要素と特殊要素の相互作用（Hufeisen & Gibson, 2003）を分析し、以前に習得された言語がつぎの習得プロセスに与える影響を測定することが重要である。複数言語を同時に習得することは、それが統合され、複言語レパートリーの構築として理解されているならば、利点となる。このためには、「充当複言語能力」（Bono & Stratilaki, 2009）に働きかけるとよい。学習者のレパートリーの構成要素には、認知的、教授法的な利点と同時に、習得やコミュニケーションのリソースが含まれている。これらの目的は、学習者のレパートリーのなかにある共通のリソースを引き出しながら、別々の言語を維持するのを助けることにある。しかし、社会的行為者（教師、保護者、雇用者、そして学習者自身）の多くが、複言語能力の「加算的」モデルにいまだに深く絡め取られているために、こうした利点はいまだに十分に引き出されていない。

　教育方略の第二の部分は、異文化間教育（比較文化教育と言及される場合もある）である。これはつぎのようにまとめられている。「すべてのことばに関わる教育とは、学校にあるすべての言語と教育のすべての分野につながるもので、複数性と言語文化の多様性に開かれたアイデンティティの基礎となるものである。言語文化の多様性のなかにおいて言語とは異文化の表現であり、また同一文化の内部での差異の表現でもある。（中略）このすべてのことばに関わる教育が目的とするのは、複言語・異文化間能力の育成である」（Cavalli et al., 2009）。あるいは、「学習者に異なる視点や異なる価値、異なる行動をする『他者』を理解し受け入れることを可能にし、そうした経験や関係性のもつ豊かな本質をつかむよう助ける」（Byram et al., 2002：12）という教育である。ここで重要なのは、異文化だけでなく、自文化の確実性についても問いかけようとする点である。グローバル化の進展する社会において「異文化のなかで作られた文書または出来事を解釈する能力、それを説明し、そ

れを自文化で生まれた文献と関連付けること、ある文化や文化的行為についての新しい知識を習得する能力、知識や態度、技能を用いる能力」(Zarate, 2003：114) が、実際に世界的な規模での経済や科学での成功には必要不可欠なものとなる。

さて「平等や複言語主義／複文化主義に基づく欧米起源の異文化間コミュニケーション能力の概念」は、「アジアの現実にはほとんど関係がない」(Parmenter, 2003：150s.) ので、考慮すべきでないとする議論があるが、これについて考えてみたい。この点に対し、簡潔に2点指摘したい。一点目は、ヨーロッパにももちろん不平等が存在する。不平等は移民と受け入れ社会の間にも、言語コミュニティ間にもある。トルコ語話者はスイスにおいて英語話者と同じほどの歓待を受けておらず、これらの言語の威信は同じではない。こうした不平等はマクロ社会言語学的レベル（雇用政策、賃金、学校の成績）にも、ミクロ社会言語学的レベル（相互対話のマイノリティ化）にも観察できる。こうした多様性の適切な管理は社会が適切に機能するためにどこにおいても必要不可欠のものである。

もう一つは、労働界では、国境を越えたグループで作業を行う場合、様々な国の異なる場所の間での協働作業を管理するために複言語・異文化間能力がいわば当然のこととして必要とされるため、「国家」の境界がますます薄れていく。こうした多国籍企業は完全に多言語を使用しているが、多言語使用の影響は行為者によってしばしば過小評価される。「境界を打ち砕くバイカルチュラル・バイリンガルの人」(Barner-Rasmussen et al., 2014) または「越境する人」(Coste, 2003) に頼る人もいる。しかしコミュニケーション・ネットワークの中で複層的な接触がますます色濃く複雑になるにつれ、さらに多くの人、スイスのツェルマット駅や京都駅の駅員から、フランスのオナンや愛知県にあるトヨタ工場入口の門衛まで、こうした能力を習得する必要が出てくる。経済だけでなく政治の未来にとっても、スイスのような小規模な国家も日本のような大きな国家も同様に、異文化間能力や、複言語能力を持ち、国境を越える人々が増えることに依存していくのだろう。

文献

Barner-Rasmussen, W. (2015). What do bicultural-bilinguals do in multinational corporations? In N. Holden/S. Michailova/S. Tietze (eds.). *The Routledge Companion to Cross-Cultural Management*. Oxford,

第1章 移民の複言語能力

Routledge, 142-150.
Berthoud, A.-Cl. / Grin, F. / Lüdi, G. (eds. 2013). *Exploring the Dynamics of Multilingualism. Results from the DYLAN project*. Amsterdam: John Benjamins.
Bhabha, H. K. (1994). *The Location of Culture*. London: Routledge.
Billiez, J. (dir. 1998). *De la didactique des langues à la didactique du plurilinguisme*, Grenoble, CDL-Lidilem.
Blanchet, P. / Coste, D. (dir. 2010). *Regards critiques sur la notion de l'« interculturalité ». Pour une didactique de la pluralité linguistique et culturelle*, Paris, L'Harmattan.
Bloomfield, L. (1933). *Language*. New York: Holt, Rinehart and Winston. (ブルームフィールド(著)、三宅鴻、日野資純(訳)(1987). 『言語』大修館書店)
Bono, M. / Stratilaki, S. (2009). The M-factor, a bilingual asset for plurilinguals? Learners' representations, discourse strategies and third language acquisition in institutional contexts, *International Journal of Multilingualism* 6 (2), 207-227.
Byram, M. / Gribkova, B. / Starkey, H. (2002). *Développer la dimension interculturelle de l'enseignement des langues. Une introduction pratique à l'usage des enseignants*.
Canagarajah, S. (2007). The ecology of global English, *International Multilingual Research Journal* 1 (2) 89-100.
Candelier, M. (2008). Approches plurielles, didactiques du plurilinguisme : le même et l'autre, *Les Cahiers de l'Acedle* 5/1, 65-90.
Cavalli, M. / Coste, D. / Crişan, A. / van de Ven, P. (2009). *L'éducation plurilingue et interculturelle comme projet*. Strasbourg. Conseil de l'Europe (www.coe.int/t/dg4/linguistic/Source/LEtextsSource/EducPlurInter-Projetfr.doc)
Compendium (2009). *Study on the Contribution of Multilingualism to Creativity. Compendium Part One: Multilingualism and Creativity: Towards an Evidence-base*. Brussels: European Commission. (http://eacea.ec.europa.eu/llp/studies/documents/studyonthecontributionofmultilingualismtocreativity/compendiumpart1en.pdf)
Cook, V. (2008). *Second Language Learning and Language Teaching*. London: Arnold. (ビビアン・クック(著) 米山朝二(訳)(1993). 『第2言語の学習と教授』研究社出版)
Council of Europe (2011 [2001]). *Common European Framework of Reference for Languages: Learning, Teaching, Assessment*. Strasbourg: Council of Europe/Cambridge: Cambridge University Press.
Cummins, J. (1991). Interdependence of first and second language proficiency in bilingual children. In Ellen Bialystok (coord.), *Language processing in bilingual children*. Cambridge et al., Cambridge University Press, 70-89.
de Mejía, A.M./Tejada, H. (2003). Bilingual Curriculum Construction and Empowerment in Colombia, *International Journal of Bilingual Education and Bilingualism* 6:1, 37-51.
Dewaele, J.-M. (2001). *L'apport de la théorie du chaos et de la complexité à la linguistique*. © La Chouette (http://www.bbk.ac.uk/lachouette/chou32/Dewael32.pdf)
Ellis, N. / Larsen-Freeman, D. (2006). Language emergence: Implications for Applied Linguistics — Introduction to the Special Issue, *Applied Linguistics* 27/4, 558-589.
Fine, E. / Handelsman, J. (2010). *Benefits and challenges of diversity in academic settings*. Brochure prepared for the Women in Science & Engineering Leadership Institute (WISELI), University of Wisconsin-Madison.
Furlong, A. (2009). The relation of plurilingualism/culturalism to creativity: a matter of perception, *International Journal of Multilingualism* 6 (4). 343 – 368.
García, O. / Wei, L. (2014). *Translanguaging: Language, Bilingualism and Education*. New York: Palgrave Macmillan.
Grosjean, F. (1985). The bilingual as a competent but specific speaker-hearer, *Journal of Multilingual and Multicultural development* 6, 467-477.
—— (2001). The bilingual's language modes, In *Language Processing in the Bilingual*. Oxford, Blackwell,

1-25.
Haugen, E.（1972）. The Ecology of Language, In Dil, A. S.（éd.）. *The Ecology of Language: Essays by Einar Haugen.* Stanford, 325-39.
Hélot, C. / Young, A.（2000）. L'enseignement des langues à l'école: Pour une plus grande prise en compte du pluralisme culturel, *La Revue des deux rives: Europe-Maghreb*, n°2. Paris, L'Harmattan, 27-41.
Hopper, P.（1998）. Emergent Grammar, In *The new psychology of language*, edited by M. Tomasello, 155-175. Mahwah, NJ: Lawrence Erlbaum.
Hufeisen, B.（2006）. Mehrsprachigkeitsdidaktik, In Jung, U.（éd.）, *Praktische Handreichung für Fremdsprachenlehrer.* Frankfurt/Main, Peter Lang (4. Aufl.), 530-537.
―― / Gibson, M.（2004）. Zur Interdependenz emotionaler und kognitiver Faktoren im Rahmen eines Modells zur Beschreibung sukzessiven multiplen Sprachenlernens, *Bulletin suisse de linguistice appliquée* 78, 13-33.
Hülmbauer, C. / Seidlhofer, B.（2013）. English as a Lingua Franca in European Multilingualism, In Berthoud, A.-Cl./ Grin, F. / Lüdi, G.（eds）, 387-406.
Jessner, U.（2008）. Teaching third languages: Findings, trends and challenges. State-of-the-Art Article, *Language Teaching*, 41（1）, 15–56.
Kirton, G. / Greene, A.-M.（2005）. *Dynamics of Managing Diversity.* Oxford: Elsevier Butterworth-Heinemann.
Larsen-Freeman, D.（2006）. The emergence of complexity, fluency, and accuracy in the oral and written production of five Chinese learners of English, *Applied Linguistics* 27/4, 590-619.
Laurie, S.（1890）. *Lectures on Language and Linguistic Method in School.* Cambridge, Cambridge University Press.
Lévi-Strauss, C.（1962）. *La pensée sauvage.* Paris: Plon. （クロード・レヴィ=ストロース（著）大橋保夫（訳）（1976）.『野生の思考』みすず書房）
Lüdi, G.（2014）. Les ressources plurilingues : représentations et mise en oeuvre dans des contextes institutionnels, In Bigot, V./Bretegnier, A./ Vasseur, M.（eds.）: *Vers le Plurilinguisme ? Vingt ans après.* Paris, Editions des archives contemporaines, 109-117.
――/ Py, B.（2009）. To be or not to be ... a plurilingual speaker, *International Journal of Multilingualism* 6（2）. 154-67.
――/ Werlen, I. et al.（2005）. *Le paysage linguistique en Suisse.* Neuchâtel, Office Fédéral de Statistique (Statistique de la Suisse. Recensement fédéral de la population 2000).
Makoni, S. / Pennycook, A.（eds. 2007）. *Disinventing and reconstituting languages.* Clevedon.
Martin, J.（2002）. *Organizational culture: Mapping the terrain.* Thousand Oaks, CA: Sage.
Meisel, J.（2004）. The Bilingual Child, In Bhatia, T.K. / Ritchie, W.C.（eds.）. *The Handbook of Bilingualism.* Oxford, Blackwell Publishers, 91-113.
Mitchell, R. / Nicholas, S.（2006）. Knowledge creation in groups: the value of cognitive diversity, transactive memory, and open-mindedness norms, *The Electronic Journal of Knowledge Management*, 4（1）, 67-74 (available online at www.ejkm.com).
Papademetriou, D. G.（2003）. *Policy Considerations for Immigrant Integration.* Migration Policy Institute Europe (http://www.migrationpolicy.org/article/policy-considerations-immigrant-integration; accessed Mai 11th, 2016).
Parmenter, L.（2003）. Describing and defining intercultural communicative competence – international perspectives. In Byram, M.（ed.）: *Intercultural competence.* Strasbourg: Council of Europe, 123-156. (http://www.coe.int/t/dg4/linguistic/Source/SourcePublications/InterculturalCompetenceEN.doc)
Pennycook, A.（2010）. *Language as a social practice.* New York.
Supper, S.（1999）. *Minderheiten und Identität in einer multikulturellen Gesellschaft.* Wiesbaden: Deutscher Universitätsverlag.
ten Thije, J. D. / Zeevaert, L.（2007）. *Receptive Multilingualism: Linguistic analyses, language policies and didactic concepts.* Amsterdam, John Benjamins.

Yanaprasart, P.(2016). The Challenge of the Management of Diversity. In Lüdi, G. / Höchle Meier, K. / Yanaprasar, P. (eds.) : *Managing Plurilingual and Intercultural Practices in the Workplace. The Case of Multilingual Switzerland*. Amsterdam: John Benjamins, 187-234.

Zarate, G. (2003). Identités et plurilinguisme : Conditions préalables à la reconnaissance des compétences interculturelles, In Byram, M. (ed.) : *Intercultural competence*. Strasbourg: Council of Europe, 89-124. (http://www.coe.int/t/dg4/linguistic/Source/SourcePublications/InterculturalCompetenceEN.doc)

Zuckermann, M. (1999). *Gedenken und Kulturindustrie. Ein Essay zur neuen deutschen Normalität*. Berlin, Philo Verlagsgesellschaft.

第2章

多民族社会・移民社会における異文化間教育
―― シンガポールの社会科教材から考える

斎藤里美

1. はじめに

　本章では、多民族国家・移民国家としての歴史をもつシンガポールを事例に、異文化間教育の意義と課題を考える。シンガポールは、1965年の建国以来50年以上にわたって「多民族・多文化政策」をとってきた。学校教育の中でも移民の存在を積極的に位置付け、異文化間教育を実施している。しかし一方で、選別的な外国人受け入れ政策と英語を第一言語とする言語管理政策も長期にわたって継続している。そこで本報告では、シンガポールの事例を通して、社会統合の手段としての異文化間教育の一面を明らかにし、異文化間教育の意義と課題を考える。特に、教育省（MOE）カリキュラム開発局発行の高校社会科教材 Upper Secondary Social Studies を取り上げ、その多文化教育、異文化間教育の目標・内容から、シンガポールにおける異文化間リテラシーとは何か、社会統合政策、文化政策としての異文化間教育の意義と課題を考える。

2. シンガポールの多文化政策とその歴史的、社会的背景

2.1 国家戦略としての「多文化政策」

　シンガポールは、1965年のマレーシアからの分離・独立にともない、あらたに「シンガポール人」としての国民統合政策が求められることになった。分離・独立の背景には、マレーシア人優遇政策をとっていたマレーシアと、華人人口が多くを占め、民族平等を謳うシンガポールとの間で政治的対立が深まったことが挙げられる。1964年には、シンガポールのマレーシア人たちが優遇政策を求めるデモを決行した際、そのデモ隊と中華系住民が衝突したことをきっかけに、中華系住民とマレー系住民との間で二度の暴動も発生した（田村，2000：135-141）。その後、1965年8月にマレーシアからの分離独立を果たしたが、独立前後の1960年代は上記以外の暴動も発生し、多民族国家のシンガポールにとって民族融和と国民統合は最優先の政治課題であった。そのため、国民の4分の3ほどが中華系（2014年シンガポール統計局の調査）でありながら、国民の母語（中国語方言、マレー語、タミル語）でない英語を中心とした教育政策、文化政策をとってきた（大原，1997; 田村，2015）。1984年以降、学校教育で用いられる教授言語は、英語に統一されており、華語（マンダリン）、マレー語、タミル語等は第二言語として学習することになっている。また後述するように、学校教育の内外で、中華系、マレー系、インド系、その他のエスニシティを同等に価値あるものと認める「多文化政策」も実施してきた。

　ただし、その「多文化政策」は、常にシンガポールの国家戦略と国際政治に左右され、大きく揺れた歴史であった。例えば、1956年に開学し、1980年に姿を消した南洋大学はその象徴である。

　南洋大学は、シンガポールやマラヤ地域の華語教育の最高学府として創設され、その開学と運営の資金は東南アジアに住む中国系移民の献金で賄われた大学であった。創立の背景には、華語大学を創設して、華語派華人エリートを育成することで、自分たちの言語や伝統文化が新国家シンガポールの中で確たる地位を占めることへの期待があった（田村，2013：9-15）。これに対

して、当時の政権中枢を担っていた英語派華人エリートたちは、東西冷戦の中で中国共産党の影響力が華人を通してシンガポールに及ぶこと、また、シンガポールが「第三の中国」と見なされて近隣諸国から警戒されることを恐れ、南洋大学を華語大学から英語大学へと再編するための政策を展開した。そして1966年11月、南洋大学修正法案の可決・成立によって、南洋大学は華語大学としての役割を終えることになった（田村，2013）。

しかしその後、シンガポール人民行動党は、1980年代に入ると華語奨励政策に転ずる。その背景には、英語の普及と経済発展によって若者の価値観が欧米化し、規律や勤勉、親孝行といった「アジア的価値観」が急速に失われつつあるとの懸念が政府に広がったこと、また中国との経済交流が活発化し、他の東南アジア諸国よりも中国との経済関係を有利に進めたいとの国家戦略があったという（田村，2013：163-166）。

このように、シンガポールの「多文化政策」の背景には、シンガポールの独立国家としての生き残り戦略が前提になっている。以下、こうしたシンガポールにおける多文化政策および異文化間教育の光と影を論じる。

2.2 シンガポールのエスニック構成および言語状況

シンガポールの教科書をみる前に、シンガポールにおける近年のエスニシティ別人口構成および言語状況をみておこう。シンガポール統計局によれば、国の調査においては、シンガポール国民は「中華系」「マレー系」「インド系」「その他」のいずれかを選んで申告することになっている。

図表1からは、シンガポール住民（国籍および永住権保持者）の約4分の3が中華系であること、またこうした構成はこの10年で大きく変動していないことがわかる。さらに図表2からは、英語とマンダリンの使用割合が若年層および中年層において多いことがわかる。シンガポールにおいては、英語とマンダリンを中心とした教育政策、文化政策を強力に推し進めてきた結果、家族やエスニシティは必ずしも「言語」や「文化」の継承主体とはなりえていない。

実際、シンガポールにおける家庭内の使用言語の状況は大きく変わりつつある。図表2からは、中国語方言の使用が多い高齢者層に比べ、若年層および中年層においては中国語方言の使用が激減して英語とマンダリン（華語）の使用が大半であることがわかる。また、20歳未満の世代においては、英

第2章 多民族社会・移民社会における異文化間教育

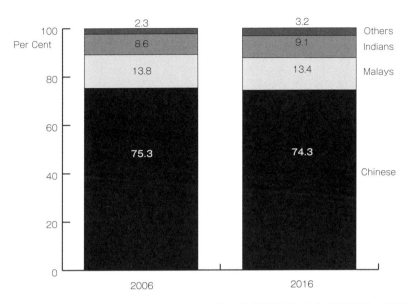

図表1　シンガポールにおけるエスニシティ別人口構成（2006年および2016年の比較）
出典：Statistics Sngapore（2016）Population Trends 2016, p.5.
http://www.singstat.gov.sg/publications/publications-and-papers/population-and-population-structure/population-trends

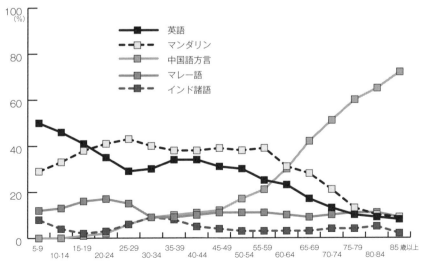

図表2　年齢層別にみた家庭内の使用言語
Source: Census of population 2010, Statistics, table47　にもとづき、矢頭（2014）が作成。
出典：矢頭典枝（2014）「シンガポールの言語状況と言語教育について」p.62

語の使用がマンダリンを上回っており、マンダリン（華語）は学校で学習する第二言語の位置づけであることがわかる。

シンガポールの多文化政策は、こうしたエスニック構成と言語状況を背景にしながら、英語を教授言語とする学校教育の中でまずは実施されることとなった。

英語による公教育と多文化政策は、どちらも国民統合のための手段だったのである。以下に取り上げる社会科教科書 Upper Secondary Social Studies がすべて英語による記述となっている背景には、こうした事情がある。

3．シンガポールの高校社会科教育と多文化教育の位置

3.1 シンガポールの学校制度と Upper Secondary Social Studies の位置づけ

シンガポールの学校制度は、いわゆる複線型の学校教育体系をとっており、

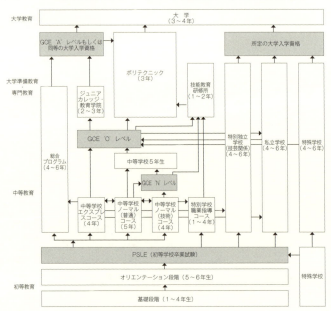

図表3　シンガポールの学校系統図
出典：Education in Singapore にもとづき、（財）自治体国際化協会シンガポール事務所（2011）が作成。

初等学校修了試験（PSLE）の結果によって、中等教育は、エクスプレスコース、ノーマル（普通）コース、ノーマル（技術）コース等のコースに振り分けられる（図表3参照）。

大学受験資格を得るためには、シンガポール・ケンブリッジ「普通」教育認定試験（GCE-O）を受験しなければならないが、この試験のための科目がカリキュラムに用意されているのは、エクスプレスコースとノーマル（普通）コースである。「社会科」もそれら試験科目の一つであり、前期中等教育段階と後期中等教育段階の両方に設けられている。以下で紹介するのは、後期中等教育における Social Studies のためのテキスト Upper Secondary Social Studies である。

3.2 シンガポールの後期中等教育における社会科教育の目標

ここでは、シンガポールの後期中等教育における社会科教育がどのような異文化間リテラシーを育てようとしているのかを、シンガポール教育省（Ministry of Education：以下ＭＯＥと略す）が示すシラバスと教科書 Upper Secondary Social Studies から考えてみたい。

まず、シンガポール教育省（MOE）によれば、社会科教育の目標は図表4のように定められている。

これらの目標は、初等・中等教育における10年間の社会科カリキュラムが目指す市民像とそこで期待される能力であるが、それらは「知識ある市民」「関心ある市民」「参加する市民」の三つに大別される。そしてそのいずれにも多様性に関わるリテラシーが位置づけられている。例えば、「情報を適切に評価すること、多様な視点から考慮すること、合理的な結論と責任ある決定を導くために適切な判断を下すこと」「社会の多様性を認め、社会的結束を高める取り組みに参加すること」「社会的利益のための変革に個人および集団で責任を果たせるようになること、また他者にプラスの効果をもたらすことができるようになること」（翻訳は斎藤）などである。

また、シンガポールの後期中等教育で用いられる社会科教科書の目次は、図表5-1および5-2のとおりである。ここに掲げた Upper Secondary Social Studies の目次をみると、目標・内容は、つぎの四つから構成されていることがわかる。

①市民と政治を考える

As ***informed*** citizens, students would:
- understand their identity as Singaporeans with a global outlook;
- understand different perspectives;
- view the world with an understanding of the Singapore perspective;
- apply reflective thought in making quality decisions;
- analyse, negotiate and manage complex situations; and
- evaluate information, consider different viewpoints and exercise discernment in reaching well-reasoned conclusions and making responsible decisions.

As ***concerned*** citizens, students would:
- have a sense of belonging to their community and nation;
- appreciate the importance of engaging in issues of societal concern;
- be committed to building social cohesion by appreciating diversity in society; and
- have an awareness of the ethical considerations and consequences of decision-making.

As ***participative*** citizens, students would:
- be motivated to identify issues of concern and take action;
- be resilient in addressing concerns of the community or society in spite of challenges faced; and
- be empowered to take personal and collective responsibility for effecting change for the good of society, and serve to make a positive difference to others.

図表4　シンガポールにおける社会科教育の目標
出典：シンガポール教育省（2016）, Social Study Syllabus Upper Secondary Express Course Normal（Academic Course）, p.3.

②多様な社会に生きる
③グローバル世界の一員として生きる
④必要なスキル（社会調査と分析スキル）を身につける

ここでは、特に②の多様性に関する記述に焦点をあてて考察してみよう。

4．官製シチズンシップとしての多文化リテラシー
― *Upper Secondary Social Studies* にみる「多様性のための教育」

4.1 シンガポールにおける「市民」「多様性」の概念

「多様性」を論じる前に、シンガポール社会を構成するのは誰か、また「市民」はどのように定義されているのか、教科書 *Upper Secondary Social Studies* の

第2章　多民族社会・移民社会における異文化間教育

Contents

Issue 1　Exploring Citizenship and Governance

Inquiry Focus
Working for the Good of Society: Whose Responsibility Is it?

Chapter 1　What Does it Mean for Me to Be a Citizen of My Country?
- Different Attributes Shaping Citizenship

Chapter 2　How Do We Decide What Is Good for Society?
- Challenges in Deciding What Is Good for Society
- How the Government Manages Conflicting Demands

Chapter 3　How Can We Work for the Good of Society?
- Role of Government in Society
- Role of Citizens in Society

Issue 2　Living in a Diverse Society

Inquiry Focus
Living in a Diverse Society: Is Harmony Achievable?

Chapter 4　What Is Diversity?
- Identity and Diversity

Chapter 5　Why Is There Greater Diversity in Singapore Now?
- Immigration Policy
- Economic Opportunities
- Socio-cultural Environment

Chapter 6　What Are the Experiences and Effects of Living in a Diverse Society?
- Interactions in a Diverse Society
- Exchange and Appreciation in a Diverse Society
- Challenges in a Diverse Society

Chapter 7　How Can We Respond in a Diverse Society?
- Management and Impact of Socio-cultural Diversity
- Management and Impact of Socio-economic Diversity

図表5-1　シンガポールの後期中等教育における社会科教科書の目次
出典：Curriculum Planning &Development Division, Ministry of Education, Government of Singapore, 2016. *Upper Secondary Social Studies*.

第3部　諸外国における異文化間教育

Issue 3　Being Part of a Globalised World

Inquiry Focus
Being Part of a Globalised World: Is it Necessarily Good?

Chapter 8	What Does it Mean to Live in a Globalised World?

- Globalisation
- Driving Forces of Globalisation

Chapter 9	How Do We Respond to Tensions Arising From Some Economic Impacts of Globalisation?

- A Global Economy
- Economic Impacts on Countries
- Economic Impacts on Companies
- Economic Impacts on Individuals

Chapter 10	How Do We Respond to Tensions Arising From Some Cultural Impacts of Globalisation?

- Cultural Homogenisation and Hybridisation
- Homogenisation and Hybridisation in Entertainment
- Homogenisation and Hybridisation in Food

Chapter 11	How Do We Respond to Tensions Arising From Some Security Impacts of Globalisation?

- Security Challenges
- Cyber Security Challenges in a Globalised World
- Transnational Terrorism in a Globalised World

Skills Chapter

Chapter 12	Skills for Issue Investigation

- What Is an Issue Investigation?
- How Do You Develop Your Issue Investigation Question?
- How Do You Gather Data?
- How Do You Exercise Reasoning?
- How Do You Make Reasoned Conclusions and Recommendations?
- How Do You Practise Reflective Thinking?

図表5-2　シンガポールの後期中等教育における社会科教科書の目次（続き）

記述からその枠組みをみておこう。

　Upper Secondary Social Studies の第1章「市民と政治を考える」の第1節のタイトルは、「この国の市民であるということはどういうことか」である。ここではまず、「シンガポール市民」になるには①親のいずれかがシンガポール市民であること、②シンガポール市民と結婚すること、③一定の要件を満たし、帰化申請すること、の3つの方法があることが紹介されている（pp.8-9）。また、市民権獲得の前に永住権保有者「PR」という地位を経る必要があることも紹介される（p.158）。さらにシチズンシップは、法的な地位だけでなくアイデンティティと社会参加を含む概念であることが説明されている（p.19）。

　また、*Upper Secondary Social Studies* では、アイデンティティの多様性を4つの観点から定義する。それは、①国籍、②民族やエスニシティ、③宗教、④社会経済的地位、である（図表6を参照）。上掲書では、これら4つの観点についてそれぞれページを割いて説明しているが、特に②の民族やエスニシティについての説明を見てみよう（図表7、8、9）。

　上掲 *Upper Secondary Social Studies* では、まずはシンガポール国内に多様なアイデンティティをもつ人々がともに生活していることを示し、それらの多様性は相互理解や交流のあり方によって、価値にも緊張にもなることを伝えている（図表6）。

　またこのテキストでは、"race" と "ethnicity" の二つの概念がどのように異なるかについても紙幅を割いている（図表7）。またシンガポール社会においてこの二つの概念は互換的に使用されており、身分証明書（National Registration Identity Card。以下 NRIC と略）では "race" が4つのカテゴリー（中国系、マレー系、インド系、その他）に分類され、登録されていること、そうした "race" の構成が教育、住宅、福祉などの政策に反映されており、多様なコミュニティからなるシンガポールにとってこうした分類とそれに基づく政策が必要不可欠だったこと、などが語られる（図表8）。さらに、従来用いられてきた "race" の分類は、近年になって改められつつあり、2011年の1月からは異なる "race" に属する両親のもとに生まれた子どもの場合には "double-barrelled race"（二つの人種）を選択し、登録することができるようになり、NRICにも反映されることが紹介されている（図表8、9）。

　このように、シンガポールにおける「エスニシティ」や「文化的多様性」

図表6 シンガポールの教科書 *Upper Secondary Social Studies* におけるアイデンティティと多様性に関する記述
出典：*Upper Secondary Social Studies*, p.105.

Within the Malay race, there are also different ethnic groups like the Bataks, Bugis, Dayaks, etc. Race and ethnicity shape our identity as we belong to particular racial and/or ethnic communities. The practices and beliefs of these communities shape our way of life, thus influencing our identity.

Batak

Dayak

There are a few areas in the world where race and ethnicity can refer to the same group of people. For instance, the term "Japanese" can refer to both the race and the ethnic group. This is because about 98 per cent of the population in Japan is of the same Japanese race and they engage in common cultural activities such as the viewing of cherry blossoms.

▼ **Figure 4.7** Many Japanese enjoy the spring season by partaking in night-time *hanami* (flower-viewing) festivals during the blooming of cherry blossoms.

図表7　シンガポールの教科書*Upper Secondary Social Studies*における人種とエスニシティに関する記述
出典：*Upper Secondary Social Studies*，p.113.

▲ Figure 4.8 Children of various racial/ethnic groups celebrating National Day in Singapore

In Singapore, the terms "race" and "ethnicity" are sometimes used interchangeably. Most Singaporeans would have their race indicated in their identity cards. The four main categories are CMIO (Chinese, Malay, Indian and Others) and these reflect racial markers that have been used to shape policies in the areas of education, housing and welfare. This categorisation was necessary in our early nation-building days to bring different communities together.

This categorisation has been revised to reflect increasing diversity in Singapore. On 1 January 2011, Singapore implemented the registration of double-barrelled race option for Singaporean children born to parents of different races. An example of a double-barrelled race option is "Indian-Malay" for a child born to Indian and Malay parents, where the races of both parents are reflected in the child's race. Before this option was available, parents had to choose between one of two races for their child.

Inter-ethnic Marriages in Singapore

	2011	2012	2013
Total Number of Marriages	27 258	27 936	26 254
Inter-ethnic Marriages (% of Total Marriages)	20.0%	20.7%	20.9%

▲ Figure 4.9 From 2011 to 2013, at least one in five of all marriages in Singapore were inter-ethnic marriages.

図表8　シンガポールの教科書 Upper Secondary Social Studies における人種とエスニシティに関する記述（2）
出典：Upper Secondary Social Studies，p.114.

The choice of having a double-barrelled race option is reflected in the National Registration Identity Card (NRIC). An example of an NRIC featuring the double-barrelled race option can be seen in **Figure 4.10**.

In Singapore, diversity in terms of race and ethnicity means that many customs are celebrated and observed by the different races and ethnic groups in Singapore.

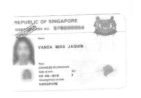

▲ **Figure 4.10** An artist's impression of the double-barrelled race classification reflected on the NRIC

▲ **Figure 4.11** Singaporeans celebrate many festivals and a set of stamps released by the Singapore Post Office in 2014 reflects this. Which festivals do you recognise from the stamps?

図表９　シンガポールの教科書*Upper Secondary Social Studies* における人種とエスニシティに関する記述（3）
出典：*Upper Secondary Social Studies*, p.115.

の概念は、まず国家によって定義され、承認されることを必要とする、いわば「官製」の「エスニシティ」「多様性」である。こうした「官製」の「エスニシティ」は、言語政策、教育政策、福祉政策、住宅政策などに反映されるが、それが目指すのは何よりも国民統合であり、国家が承認する「多様な社会」であるといってよい。では、官製シチズンシップとしての「多文化リテラシー」はシンガポールではどのように育成されているのだろうか。次節ではその仕組みをさぐる。

4.2 シンガポールにおける多文化リテラシー

図表10は、*Upper Secondary Social Studies* のなかで Harmony Center に各宗教団体のリーダーが集まっている写真を掲げたページである。Harmony Center は、異なるエスニックグループ間の交流や相互理解を深めるために設立された機関である。ここでは、こうした資料を参照しながら「学校内の多様な人種もしくはエスニックグループの相互交流を増やす活動を議論し、提案する」「民族調和の祝日のような活動について考え、次の問いについて議論する」ことが学習活動として挙げられている。またここで提示されている問いは「そうした活動から得られるものは何か」「異なる人種やエスニックグループ間の交流を増すための活動を改善するとしたら何がよいか」である。ただ、ここで目指されているのは、「エスニックグループ」間の交流であって、個人を単位とした「多文化リテラシー」ではない。

このように、シンガポールの目指す「多文化リテラシー」は国家への帰属意識や国民としての一体感の醸成を目指した官製シチズンシップとしての「多文化リテラシー」である。そこには、多民族国家として独立を果たしたシンガポールにとって、民族融和が国家としての統合をかけた最重要課題であったという背景がある。

4.3 多文化リテラシーを支えるシンガポールの社会政策

シンガポールの社会政策の特徴として挙げられるのが、その住宅政策である。シンガポールでは建国当初の住宅不足を解消するため、住宅開発庁が各地に公営住宅(HDB住宅)を建設し、現在では国民の8割以上が公営住宅(HDB住宅)に入居するまでになっている。その住宅開発の過程で、シンガポール政府は、特定の民族が集住していた地区の解体も同時に進めた。現在観光地

1. Interactions in a Diverse Society

As societies become increasingly diverse, it is essential to ensure harmonious interactions. For this to occur, there must be a willingness to live together and build harmony as a society. Harmony refers to an agreement in actions, opinions and feelings. While disagreements will happen, interactions need to remain meaningful in order to strengthen harmony in society.

As you have learnt in Chapter 5, the diversity in Singapore has increased in recent times because of an increase in the number of migrants and immigrants who have chosen to work, study or make Singapore their home.

▲ **Figure 6.1** Religious leaders of different faiths gather with the guest of honour, Minister Yaacob Ibrahim, at the refurbished Harmony Centre.

In this Quick Buzz activity, you will be discussing with your partner suggestions for activities that strengthen interactions between different races and ethnic groups in school. Think about some of these activities, such as Racial Harmony Day celebrations, and discuss the following questions with your partner.

Questions
(a) What can you learn from these activities in your school?
(b) What suggestions do you have to improve these activities so that they further strengthen interactions between different races and ethnic groups in school?

図表10　シンガポールの教科書 *Upper Secondary Social Studies* における人種とエスニシティに関する記述（4）
出典：*Upper Secondary Social Studies*, p.157.

となっているチャイナタウンやリトルインディアにおいても住宅開発の名のもとに取り壊しが進められた。

その一方、公営住宅（HDB住宅）の入居者比率が国民全体の民族比率と同程度になるよう工夫されてきた。これは、一つの地域に同じ民族・宗教・言語の住民が集中するのを防ぐためである。さらにHDB住宅は、一つの棟に複数タイプの住戸型式を組み合わせるなどして、一つの団地に所得階層や家族構成の異なる人々が住み、異なる背景を持つ住民同士に自然な交流が生まれるよう工夫が施されている。

また1990年には「宗教調和維持法」が制定され、宗教の調和を乱す行為や対立を生む行為が禁止された。しかし反面、言論の自由や政治活動にも制限が加えられるようになった（鍋倉, 2011：54）。

このように、シンガポールにおける多文化リテラシーの背景には、国による徹底した「文化管理政策」があり、それらは光と影の両面を持っている。

5．おわりに

世界では、移民の社会統合が大きな課題になっている。とりわけ、移民の子どものホスト社会への帰属意識や社会参加が1世から2世にかけて一層低くなっている（OECD, 2006）。そうした課題の解決のためにも、異文化間教育を社会統合政策として位置づけることの意味は大きい。

しかし、「文化」や「エスニシティ」が国家によって承認され、管理されることの功罪を、シンガポールの多文化政策に見出すことができる。国家による「承認と管理」のもとで展開される異文化間教育を「成功」と呼べるのか、異文化間教育の「成功」とは何か、問い直す必要に迫られている。

文献

大原始子（1997）．『シンガポールにおける言葉と社会　多言語社会における言語政策』三元社．
斎藤里美・上條忠夫（2002）．『シンガポールの教育と教科書――多民族国家の学力政策』明石書店．
田村慶子（2000）．『シンガポールの国家建設　ナショナリズム、エスニシティ、ジェンダー』明石書店．
田村慶子（2013）．『多民族国家シンガポールの政治と言語――「消滅」した南洋大学の25年』明石書店．
OECD, 斎藤里美監訳（2006 = 2007）『移民の子どもと学力――社会的背景が学習にどんな影響を与えるのか』明石書店．

Curriculum Planning &Development Division, Ministry of Education, Government of Singapore, （2016）. *Upper Secondary Social Studies*.

編者インタビュー　Part 3

マイケル・ケリー

EUにおける社会的状況と異文化間教育

訳　松川雄哉

Profile：サウサンプトン大学名誉教授。彼の専門は現代フランス文化・社会だけでなく、思想史やインテレクチュアル・ヒストリー、EUやイギリスにおける言語教育の公共政策など多岐に及ぶ。インタビューの中でケリー氏は、異文化間能力とそれが必要とされる現在のEUや特にイギリスの社会的状況について詳しく解説し、言語教育の中でどのように異文化間能力を伸ばすかについて論じている。さらに、近年注目されつつある異文化間教育を、本人自身の実践やイギリスにおける教育の現状も交えながら紹介している。

■　異文化間能力とは何なのでしょうか。そして、この能力を構成しているものは何なのでしょうか。

　異文化間能力とは、外界に向けて表れる人間の能力の一部です。世界はますます多様化しており、私たちは様々な背景を持つ人たちとうまく付き合えることが必要になってきています。また、何が起こっているのか不明瞭な状況下で、私たちは自身の意向を持ち続ける必要があります。つまり、異文化間能力の基本的なところには、不確実なことを処理する能力、目の前の人が見せる振る舞いについて急いで判断を下さない能力、そして他人との交流中に見られる要素を様々な角度から分析する能力があります。もちろん、これらの能力を得るには、たくさんの知識と経験が必要です。これらの能力があ

れば、様々な文化背景を持った人たちに対して柔軟な姿勢を取ることができるのです。

　では、異文化間能力は何で構成されているのでしょうか。この能力には理解、知識、実践、経験、それから学識といった要素があると思います。それに、話し相手にとって大事な文化的要素を知ることも必要です。だが、ある状況では、文化的背景に関する高度な知識が必要になったり、他の文化的分野に関するもっと深い知識が必要になることもあります。しかし、すべての人との関係を維持するのに十分な知識を持つことは不可能でしょう。人にはそれぞれ多様性があるからです。だから、常に柔軟でいること、何かを知ろうという状態であること、そして何かを発見しようという心構えでいることが重要なのだと思います。異文化間能力とは、他者の発見なのです。もちろんそれは他者と共有しなければならない課題や目的だったり、あるいは理解しなければならない他者の要求といったものをともないます。そして、どのようにその要求が表現されるかも察しなければなりません。これはとても複雑です。

　正直なところ、英語話者の私にとってフランス語で言う「能力（compétence）」という概念にはあまりしっくりきていません。この概念は英語で言う所の「スキル（skills）」であって、これは考察や知識といった概念を含まない、ある程度容易に獲得できる手続きであるという印象を私は強く受けてしまいます。だから私は、異文化間能力に関してはもっと広い見方をしていますし、異文化間能力とは、マイケル・バイラムの言葉を借りるならば、態度（savoir-être）の一部なのです。そしてこの態度というのは、様々な文化背景を持った人たちに対して柔軟で寛容に対応することを可能にする振る舞い方なのです。それから、いくつかの文化があって、その中のある文化が当たり前であるという考え方もあまり好ましくありません。この考え方はステレオタイプの始まりだと思います。この言葉は便利ですが、何かを判断する際のほんのきっかけであって本質ではありません。ある国またはある文化の内側にある多様性はかなり大きく、外国人に対しても、また自分と同じ社会状況に属する人々に対してでさえも異文化間能力は必要だと思います。つまり、この異文化間能力とは世の中でうまく生きる術なのです。

　多様性という考え方を発展させると、世の中で生きることは複雑で、いろいろな方法で生きる必要があります。そして、そこには様々な社会的状況が

考えられます。例えば、ビジネスパーソンが外国人と取引するためには、交渉をしなければなりません。今日では、異文化間能力は仕事上の良い関係を築くためにとても重要です。文化的なミスをしてはならないというわけではありませんが、間違った理解に陥るのではなく、相手の反応を理解する必要があります。したがってビジネスの世界では、異文化間能力は欠かせません。最近では、この異文化間能力が話題になることが多くなりました。移民の流動性というものがきわめて重要な状況を形成しています。既にいくつかの国々では、この異文化間能力が特に重要視されていると私は感じています。例えばギリシャやイタリアがそうです。これらの国では、異文化間能力がまさに新しい移住者たちの理解への道であり、それによって彼らが社会に溶け込みやすくなります。

——イギリスでもそうではないのですか。

イギリスでは様々な状況が混在しています。イギリスでは、教育的状況でこそ異文化間能力が重要であると私は思います。イギリスの学校には、多かれ少なかれ海外出身の子どもがいます。両親はアフリカ出身であったり、アジア出身であったり、中南米出身であったりするので、教師はクラス内でこの文化的な違いに対応できることが求められます。この「違い」とは、文化や言語の違いを意味しているのですが、教育におけるもう一つの重要な部分は言語教育なのです。まさにこの点において、マイケル・バイラムのような研究者が、「言語教育とは言語の問題だけでなく、異文化間コミュニケーション能力の学習である」という方向性を発展させたのです。つまり、私たちは外国語を学ぶとき、その言語を話している人たちに対して取るべき適切な態度も学んでいることになるのです。

社会的状況は徐々に多様化しつつあります。これはある意味では文化人類学の序章であると思います。特にアメリカにおける異文化間能力に関する研究は、かの有名な文化人類学者のエドワード・ホールの研究を起源としています。彼の関心は、ヨーロッパ系アメリカ人とは異なる生活様式を持っていたアメリカ先住民についてでした。彼は民俗学研究のアプローチを駆使し、とても洗練された方法でこの違いを調査しました。

今日、異文化間能力の必要性は急速に高まっていると思います。というのは、今では以前にも増して誰もが外国人に会う機会がありますし、新聞やメディア、スーパーマーケットでさえも移民の流動性を感じられるようになっ

たからです。目に見えて外国人に囲まれていると感じるのは、ヨーロッパの大都市に出てきたときです。こんなとき、もちろん私たちには現実から目をそらすという選択肢がありますが、もし彼らと共存したいのなら、お互いが共生するということを学ばなければなりません。これは感受性、つまり異文化に敏感になるということなのです。

　異文化間能力の分野で学術的に最も推し進められている研究は、民俗学や応用言語学の産物だと思います。この分野の専門家は、特に文化の違いに興味があるのですが、彼らが得た研究結果は今のところ、高校や大学の教育にうまく統合されていないと思います。今後の課題は、外国語を学ぶことに加えて、その言語を話す人たちに対する振る舞い方も学ぶことです。ですが言語教育の伝統は、「どのようにネイティブスピーカーのように話し、振る舞うか」という問題に取り組んでいるにすぎないのです。

　その一方で、対象言語を集中的に学ぶイマージョン教育の伝統は、学習者を慣れない環境に移すことに焦点を当てています。しかしよく見落とされてしまうことは、そのような環境に身を移すことで生じる意識の変化なのです。例えば、私がイマージョン教育で日本語を学ぶとしたら、日本語を学ぶことは、自分は日本人のように人生を最後まで全うできるだろうということを前提としてしまいます。だが異文化間能力は、このこととは一致していませんし、ましてや望ましくもありません。なぜなら、外国語やその文化を学んでも、自分自身の言語や文化を失ってはいけないからです。それどころか、ハイブリッドなアイデンティティを維持することや、様々な方法で獲得するであろう言語や文化を自分自身のものにすることが重要になってきています。この点において、異文化間能力が作用します。なぜなら異文化間アプローチでは、たとえ部分的にであっても私たちのなかに内在している言語と文化の関係をうまくコントロールすることを学ぶからです。したがって今後は、語学教師が自身の教育のなかに異文化間能力を少しでも取り入れることを私は期待しています。既に指摘したように、これは挑戦です。明確なことではありませんし、すべての教師に受け入れられるというわけではないでしょう。しかし、これは言語教育の未来の進むべき道であると私は考えています。つまり、若者に世の中でうまく振る舞う方法や、いわゆる様々な言語文化の流れの中をうまく渡っていく方法を教えるということなのです。

■　異文化間能力の構成要素の中で何が一番重要なのでしょうか。

一番大事なのは、「表現」というよりはむしろ「理解」だと思います。話し相手の前でうまく振る舞うことができることよりも、まず異文化間的状況下で起こっていることを理解することの方が重要です。そして、「状況の理解（intelligence de la situation）」というものが異文化間能力の中心にあると思います。異文化間的状況下で起こったことについて判断を下さなければならない時でも、急いではいけません。このような状況下では、起こったことが最後には本当に理解できるように、寛容で柔軟な思考でいることが必要です。なぜなら、何が起こったかがわからないと、そのことに対して適切に対応できないからです。

もちろん、うまく振る舞うことはとても重要です。だがその前に、今いる状況を理解できなければ、適切に振る舞うことはできません。このことは言語教育の問題に関係しています。なぜなら現在実践されている言語教育では、産出面、つまり話すことや、時には書くことが重視されているからです。その一方で受容面、つまりよく聞いて理解したり、文章を読んでそのニュアンスを掴んだりするという活動は、明らかに産出活動ほど重要視されていません。言語教育においては、いわゆる優先順位のヒエラルキーがあり、その頂上には「話す」があるのです。理解することは教育においては確かにそれほど重要ではないのかもしれませんが、異文化間能力という観点からすると、理解はヒエラルキーではもっと上に来なければなりません。つまり、理解の方が重要なのです。なぜなら、私たちは異文化間的状況下にいる時、目の前の相手も同じ状況下にいて、彼らも私たちとうまく付き合っていかなければならないからです。理想的なケースは、話し相手を目の前にして寛容でいられる時です。例えば、私たちは外国人が私たちの言語を完璧に話せないことを知っていますし、たとえその外国人が間違った振る舞いをしても、私たちはそれらの違いに対処できます。なので、振る舞う前に、この状況の理解を完璧にすべきなのです。したがって私の考えでは、他者の介入を理解し、メッセージを受け取ることがより重要です。

私たちが生きている世界は徐々に異文化間的になってきていますし、先進国では特に大きく変化してきています。今日ヨーロッパが直面している移民問題の危機的な状況をみると、なぜ異文化間能力が早急に必要になってきているのかがよくわかります。大多数の人が自国で苦しみ、避難を必要とし、

より良い生活を求めています。これは今日ではごくありふれた現象となっています。このような状況で異文化間能力が重要な要素でなくなることがあり得るでしょうか。

　ビジネスの分野では、グローバル化や通商の国際的な発展が異文化間能力の必要性を示していると言えるかもしれません。ですが私は、これはもはやそれほど重要でなくなっていると思うのです。なぜなら、ビジネスの世界は独自の国際的な文化を発展させているからです。ビジネスパーソンは世界のあらゆるところで出会い、ともに仕事をします。その中で、彼らはお互いにうまく付き合っていく術を学び、仕事における言語的な問題を回避するために共通言語（linga franca）を選び、会議などで見られる基本的な振る舞いを理解しています。それはどこの社会の文化であるとは正確には言えませんが、彼らの間だけで理解し合える、いわゆる「暗黙の文化」を発展させているのです。このような理由で、ビジネスにおける異文化間能力はそれほど重要でなくなっていると私は考えています。むしろ、社会の変化、言語や人口の多様性、社会の流動性においてこそ、異文化間能力の重要性があるのです。

　現在では、異文化間能力に関する大部分の問題が公共サービスの現場で起こっています。例を挙げると、警察は、外国人を不法入国させる犯罪集団に対応するために、その人たちの言語や習慣を理解しなければならないですし、そういった犯罪に対してどういった介入をすべきかを知る必要があります。したがって、公共サービスである警察が直面する状況は徐々に深刻になってきています。犯罪もビジネスと同じように国際化し、自然と暗黙の文化が出来上がります。これはモダンというよりははるかにポストモダンです。以前、イギリス南部を管轄している警察のトップと話す機会があったのですが、彼によると、4分の3の犯罪者が英語でない言語を使用しているそうです。電話での聴取でも、起こった事件をどう解釈するか、どう訳すかを解明する必要があるそうです。

　医療サービスの現場でも異文化間的問題があります。イギリスに移住してきたばかりの妊婦や病気の子どもには、医療を受ける必要があるのですが、そのためには高度なコミュニケーションが不可欠です。だが言語の多様性が幅広いため、医療サービスの現場は言語資源に乏しく、医者は患者の言語がわからないことがあります。その場合、患者の子どもが仲介役をすることがありますが、英語が完璧なわけではありません。重要なことは、人と接触す

る中で語用論的な要素や行動の痕跡を感知することです。この点において、異文化間能力が特に適切です。なぜならそうしないと、医療現場ではもっと深刻な事態を引き起こしかねないからです。
　——例えば日本なんていう国は、ほとんど一枚岩のような文化に支配されていて、まるで日本には日本人しかいないように見えるのですが、実際はそうではありません。現在、国勢調査が行われており、その調査に私も参加しています。そこで、政府は17もの言語で書類を準備していたことを知りました。
そんなにですか。
　——国勢調査は、日本に住んでいるすべての人、つまりあらゆる国籍を対象にしていますので。
そうですね。
　——きっと日本語を使えない住民もいるはずです。そのような時は、その人たちがわかる言語で書いてある書類を渡さないといけません。
確かにそうですね。よくわかります。これはとても重要ですね。
　——そして、公共の秩序に関しても、日本の警察も、中国語やイラン語、パシュトー語といった、最近日本で増えつつある言語の若い専門家を定期的に募集しています。ケリーさんの国ではどうかわかりませんが、日本の警察には多言語の部署というものがあります。
そうですね、私の国でも英語以外の言語を話すコミュニティから警察官を募集しますし、警察官になるための教育もしています。結局、ロンドンには380もの言語が学校で話されていて、その学生数は10,000人を超えます。これは多いです。これは全体的に局地化しています。例えばロンドンのある界隈では、ナイジェリア人が多数いて、そのすぐ隣の界隈ではリトアニア人が多数います。この2つのコミュニティの間には、きっと通訳が必要でしょう。どのように翻訳がなされるかはわかりませんが。とにかく、日本の国勢調査で17言語を使用していることは、私にとっては当然のことだと思います。
　——確かに、イギリスの非常に複雑な言語状況に比べたら、日本の17言語なんて大したことないですね。
そうですね（笑）
　——ワーテルロー駅では、日本語を話せる従業員が一人いるのです。
そうですか、それは驚きです。そうですね、駅のような公共サービスはま

さに異文化間的空間ですね。

■　どのように異文化間能力を伸ばすことが重要なのでしょうか？

　能力という範疇を出ないのであれば、異文化間能力は基本的な能力だと思います。まず、異文化間能力を教えることはそれほど難しくはありません。例えばビジネスの世界では、ビジネスパーソンは、週末に、もしくは一週間の研修を受けています。完全に異文化間能力を習得することはできませんが、それでも効果があります。それに対して、週末の研修だけでは新しい言語を習得することは不可能です。ですが、少なくとも異文化間能力、もしくはこの能力を伸ばすために必要な姿勢は、比較的早く習得できます。

　公共サービスでは、この能力の重要性が認識され始めていると思います。しかし、この能力を普及させるためには、学校や大学だけでなく、社会のより広い分野に働きかけていく必要があります。またこの能力の習得は多くの産業分野において、職業訓練の一部であるべきでしょう。

　そこで私が思うことは、大学は学生に異文化間能力を身につけさせる場であるということです。私たち大学教員は学生を抱えており、彼らには学ぶ姿勢があります。だから授業内で異文化間能力の一端を教えることはできるはずです。そうすることによって、学生たちは将来のキャリアにおいて必要な能力を伸ばすための基礎を身につけることができるのです。社会の中では、異文化間的姿勢でいること、そしてこれを高等教育に組み込むことがとても重要だと私は思います。私が先ほど挙げた「言語教育の伝統」という障害を乗り越えることができれば、語学の授業は、この異文化間的姿勢を導入する良い機会だと思います。ただ言語学習においては、どうしても文化的なことを学ぶことに終始してしまうため、この異文化間的側面というものを積極的に取り入れていかなければならないと思います。

■　異文化間能力は評価できるということでしょうか。

　これは難しい質問です。もちろん、異文化間能力を評価できる必要はあります。ですが、よく使われている評価方法というのは少し違っていて、振る舞いを評価するというよりは、態度を評価するということになります。授業内で行われる実践を想像してみましょう。学習者に異なる役割を与えて行う活動や、構造化された練習問題は、評価をすることができるでしょうが、実

はそれはとても難しいことです。私はやはり態度が最も大事であると考えています。もし異文化間能力の価値について言うならば、態度の変化について評価することができるでしょう。学生の心が前と比べてどのくらい開いたかとか……。しかしこの評価も容易ではないですね。これを初めて指摘したのは私ではないのですが、とても重要な資料である『ヨーロッパ言語共通参照枠』は異文化間能力の必要性を示してはいますが、それが評価表のなかに含まれていないのです。ヨーロッパ共通参照枠を作成したあのころ、この能力の評価について議論をする十分な時間がなかったのです。もう少し努力していれば評価についてもっと詳しい記述ができたのですが……。実際のところ、問題は時間ではなくて、もっと根本的なことでした……。

とにかく、評価すること自体が教育の一部である方が良いと私は思います。例えば、学生にある状況下で、なぜ自分たちの姿勢がうまく機能しないかといったことを理解させるような評価訓練をさせることは可能でしょう……。ですが結局、評価は必要なのでしょうか……。大学では、評価されていない事を教えることは難しいので、評価方法を思い浮かべてみる必要がありますね。実を言うと、私は評価の専門家ではありません。でも異文化間な状況における知識を評価することはきっと可能であると私は思っています。しかし多くの場合、それらの知識はステレオタイプに帰してしまいます。例えば、ある国のあるジェスチャーをどう解釈するかといったことです。これは基礎的なことで、可能ではあるのですが、私はそれにはあまり意味がないと思っています。とにかくこれは本当に難しい問題です……。

──あなたがよりよく考察できるように質問を変えましょう。例えば、アメリカ文化の伝統においては、評価というものは言語教育の中では一番重要な部分を占めています。だが結局、アメリカの教育文化は学習者の言語能力やコミュニケーション能力を評価することで、これは言語教育においてとても重要な点です。しかし、例えばフランス文化においては、評価することはあまり重要視されていません。だからフランスにおける評価に関する研究は英語圏の国と比べると、それほど盛んではありません。だからアメリカやイギリスの研究者は評価については詳しい。特にアメリカでは盛んで、その裏には心理学や経営学の研究の発展があります。

ええ、確かにそうですね。それから、評価の思想というのは、これはアメリカが起源なのかはわからないのですが、確かにイギリスにもあって、『ヨー

ロッパ言語共通参照枠』の思想でもある。「Can-doリスト」がまさにそれですね。学習者が対象言語で何をできなければならないかを決め、それから学習者がそれをできるかどうかを「はい・いいえ」で自分自身を評価するためのテストを考えるのです。

　だが異文化間能力についてはとても難しい。一番容易な評価というものは知識に関する評価でしょう。例えば、エドワード・ホールの本を学生たちに読むように指示し、彼らはこの学者が考える時間に対する態度について理解できるかどうか。あるいは、人間関係や遂行すべき課題についての思想など、学生がこれらの原則を理解したかどうかを確かめる方法はたくさんありますね。ただ、彼らがこれらの原則を実践することができるかどうかということになると、評価するのは難しくなります。でも、彼らの態度を通して評価をすることは可能だと私は思います。結局、実践の場で評価する必要はあるでしょう。例えば、語学のオーラル試験で、学生たちを何か行動しなければならない状況に置くロールプレイをさせるのも良いでしょう。そうすることで、彼らの振る舞いがどれだけ優れているかを判断することができるでしょう。

■　教育によって異文化間能力を伸ばすことは可能でしょうか。

　原則としては、すべての能力は教育によって伸ばすことができます。そして教育においては、異文化間能力を伸ばす方法は確かにあります。クラス内で行う演習についても、本当にたくさんの可能性があると私は思います。もちろん、それは認知的な教育です。異文化間的知識を発展させることは容易ですし、エドワード・ホールや他の偉大な研究者について学ぶことは難しいことではありません。さらに、グループワークやロールプレイといった演習を行うのもいいと思います。今はクラス内に様々な学習者がいて、文化も多様なので、こういった活動は、以前よりむしろやりやすくなっています。私が異文化間能力に関する授業をした時は、学生それぞれの家族や社会での経験、彼らが話す言語や家族内で話す言語などについて他の人と比較させることから始めると、授業に入りやすかったです。例えば、ある学生にはドイツ人の祖父がいて、時々その学生の家に遊びに来ていたそうです。彼の祖父は、そこでまず料理を気に入り、つぎに風習、そして生活様式を好きになるといった順序があることに私たちは気づきました。このようなことがよくあります。このように、クラス内でこれらの経験を語り合ったことで、学生同士が打ち

解けたと思います。たくさんの異文化間性があの学生の個性のなかに隠れていたのです。この授業の学生たちは、何らかの方法で振る舞わなければならないことを知っていました。自分たちとは異なる生き方に心を開くようになると、彼らは自分自身の経験を語るようになり、クラスに活気が生まれます。これはとても充実した活動で、異文化間能力の育成には効果的なきっかけであると思います。

　——ということは、「態度」についても、教育によって伸ばすことができるとお考えですか。

　そう思います。そうすることが非常に重要であるとも思います。クラスは守られた空間で、ある状況に合った振る舞いについての規則を作り、それを練習することができます。これは、教室外で実際にそのように振る舞うための予備訓練なのです。例えば、クラスである人がある経験を共有すると、他の人はその人への敬意を示し、積極的にその人の経験に興味を示すようになります。この時点で、既に異文化間交流に対して前向きな姿勢を学んでいることになります。そしてこれはまさにクラス内で教えることができると私は思っています。これは義務であると言ってもいいでしょう。こういった経験がある学生ほど、こういった態度に気持ち良さを感じていることに気づいています。例えばある学生は、疎遠になってしまっていた親族に急に興味を持ち、なぜそうなってしまったのかを調べたくなったそうです。このように、経験の探求という初期の姿勢はとても重要な段階であると私は思います。教育者として、私たちは異文化の扉を開き、学生をその世界の入り口に導いてあげなければなりません。そして彼らにその可能性を与えることで、彼らはつながり、そして教室の外の世界との関わり、ネットワーク、共同というものを発展させるようになります。したがって教育とは、異文化間能力を育てるための「家」なのです。

■　では、どの程度、異文化間教育がイギリスの教育機関で実施されているのでしょうか。

　高等教育においては、異文化間教育は様々な方法で実施されていますし、多くの科目に、異文化間教育の要素が含まれています。もちろん異文化間を専門としたプログラムも少しはあります。サウサンプトン大学では異文化間コミュニケーション専攻の修士課程プログラムを準備しています。イギリス

でこのようなプログラムは既にあるのですが、数は多くありません。その代わり、異文化間能力が教えられている多くの大学では、これをテーマにした講義が行われています。一つ成功例を挙げましょう。1980年代に、ロンドンのある大学で開発された異文化間教育プログラムは、特に民俗学的見地が基礎となっており、さらに異文化間理解への入り口を含むものでした。1990年には、このプログラムが他の多くの大学やカリキュラム開発のプロジェクトで採用されました。私たちは、当時の教材や資料を最近見つけ出し、私たちのウェブサイトで見られるようにしました。

多くの大学が、この異文化間教育プログラムの流れを汲んだ研究を進めています。大抵は言語教育の分野においてですが、例えば社会科学、特に社会扶助の分野においても、異文化間に関する授業があります。他にも、平和学の分野においては、仲介者を育成するときや、紛争の解決に取り組むときも異文化間教育が重要です。ビジネススクールにおいても、経営学プログラムにおいても、多くの場合、異文化間教育の要素が見られます。例えば、多言語で多文化なチームをとりまとめるには、異文化間的な振る舞いが重要になってきます。そして心理学や社会学の分野においても、既に挙げた文化人類学や民俗学の分野と同様に、異文化間教育が存在します。実際、社会科学のたくさんのプログラムには、振る舞いに関する考察がありますし、異文化間的考察を促す振る舞いの相対性を重視しています。もちろん、教育学においても異文化間的考察は大きな注目を集めています。今後、教員は多文化なクラスを受け持つ機会が多くなるからです。

結局、異文化間的考察は多くの学問に及んでいます。既にお話した医療分野においては、医者や臨床医の養成において、この異文化間的考察は徐々に重要視されつつあります。法学の分野においても同様です。法律の相互作用や、国際関係上の法的な相互作用の複雑さが徐々に増えてきています。ビジネスについても既にお話しましたが、特に公共サービスの専門課程には、異文化間に基づいた職業訓練の要素が含まれていると思います。なので、専門課程が終わるころから、学生は警察官や医療といった職業の分野に足を踏み入れ、そして異文化間コミュニケーションや異文化間理解の中で、しっかり職業養成されるでしょう。したがって、あらゆる教育の段階で異文化間能力の養成は可能ですし、実際に実践がなされています。

■　異文化間能力の育成は高校や中学でも実践されているのでしょうか。
　そうですね……。実は中学や高校では、「異文化間能力」という用語では存在していません。少なくともイギリスでは、「多文化共生」という言葉が使われています。その特徴は、クラスメイトの風習や価値観や信仰を知るということです。つまり、お互いを尊敬し、他者との違いを受け入れ、さらにそこに価値を見出し、人の多様性を尊重することを教えることが目的です。これは異文化間能力というよりは、むしろ多様性や多文化性の学習として位置づけられています。私の見解では、中等教育で学ぶ内容は、高等教育において発展する考察の入り口なのです。中等教育の段階では、柔軟な姿勢で、幅広い経験をし、多様な社会に適応して生き抜くことができる成熟した市民を育むことの方が重要なのです。したがって、理論的には中等教育においても異文化間能力は形を変えて存在していると認識しています。
　それから、このことはどのように異文化間能力を伸ばすかという問いもつながっています。この点については、既に言及した言語教育におけるいくつかの障害も含めて、「異文化間言語教育」をどう発展させるかについて前向きに捉えてみる必要があると思います。それはつまり、学習者と学習言語の関係についてよりも、柔軟な姿勢を意味しています。それに取り組むにはいくつかの方法があります。例えば、学習言語における文化的経験を教育の材料として扱うことは重要です。なので、学習者自身の文化を忘れようとするのではなく、学習言語の文化と学習者の文化の間に何か関係があればそれを書き留めたり、学習言語の文化の複雑さについて書き留めることも重要です。
　以前フランス語の教師をしていた私は、授業で使う資料を準備していたとき、学習者に純粋なフランス語に触れてもらうため、フランス語圏の国とは関係のないほのめかしや、外来語を取り除いていたことがありました。しかし現実は、フランスがまるでその国以外に何もない世界に存在しているかのようにすることは本当の意味でフランス語を教えることではないということに気がつきました。なので、フランス語で書かれたあるテクストが外国語の単語や指示対象を含んでいるとき、そこからフランスのアフリカやアジア、ヨーロッパに対する関連性についての考察を発展させる機会を与えることは大切なことだと考えています。言語学的見地からすると、これは挑戦だと思います。ですが、異文化間能力を伸ばすだけでなく、言語文化の本当の複雑さに対してより現実的な視点を与えながら言語教育の異文化間的、文化的な

価値を見出すことは前進的だと思います。

　このような教育の例はたくさんあります。英語教育の専門家である私の同僚は、英語の話し方の多様性や、英語話者の文化と言語の関係の複雑さを徐々に意識してきていると思います。私たちは、フランス語を学ぶことはフランスを学ぶことだと考えがちです。フランス語を学ぶということは大事ですが、これはもっと広い意味でのフランス語の世界の入り口でもあります。それから、普遍主義の国として、あるいは少なくとも普遍主義的な任務を負ったフランスの歴史を理解するには、フランスが影響を及ぼした世界の複雑さを考慮する必要があります。実はフランスのアイデンティティは他のたくさんの国、もしくはたくさんの文化との相互作用によって形成されています。フランスの街角で見られる様々な名前に目を向けてみてください。例えばオペラの名前はイタリアから来ていますし、ピレネーの街角にはエジプトを思わせる名前がありますし、イギリス人やアイルランド人の名前が付いた通りもあります。さらに「アウステルリッツ」は戦争の名前ですね。これらはフランスが紛争に関与し、他のたくさんの国と条約を交わしたということを示しています。その意味では、フランスは決して「純粋」とは言えないのです。

　そしてヨーロッパにおいては、すべての国が他の国との相互作用によって形成されたということは深い事実です。例えば、サウサンプトンに行くには、ワーテルロー駅で電車に乗ります。この名前はどこから来たのでしょうか。これはベルギーの中部にある小さな村の名前なのですが、そこでイギリス人やフランス人、ドイツ人にベルギー人、はたまた他の国の人も入り混じって戦争をしたのです。イギリスの形成において特徴的なのは、同盟国や他国との関係や相互作用なのです。だから、言語教育において異文化間能力を発展させる可能性はありますが、実は私たちはその入り口に立っているに過ぎないのです。私たちはこのような発展にいつまでも取り組んでいるわけにはいきません。なぜなら、言語教育の未来は大きな争点だからです。言語は学生にとって重要であり、便利であり続ける必要がありますし、学生が教室外で得る経験に関わらない稀な教育領域であってはならないのです。

　私の大学では異文化間教育は十分実践されているとは思いません。私の大学の伝統はむしろ単一的ですし、学部はフランス語学科、ドイツ語学科、スペイン語学科などに分かれているからです。それぞれの学科はそれぞれの物の見方があり、とても狭い視野でそれぞれの言語の文化を見ており、それぞ

れの学科の特性に誇りを持っています。私の考えでは、悪い時はその特性が防衛反応となってしまうことがありますが、良い時は他の文化を発見するきっかけとなります。ですが、フランス語、ドイツ語あるいはイタリア語の教員には、たくさんの共通点があり、いわば学生獲得という競争意識を捨て、協力関係を受け入れるべきであることに少しずつ気づき始めています。この考え方は広がり始めていますが、私からすると、まだ十分ではありません。今日、多くの言語が学生の獲得に苦労していて、一種の競争となってしまっています。この問題に苦しんでいるのはイギリスだけではないはずです。学生がフランス語を勉強するのは、スペイン語を勉強しないからだ、といった具合です。それぞれの言語がその世界に閉じこもってしまう危険性はいつもあります。

――例えば、それは高校でも同様ですか。

いいえ、高校では、市民性教育が優先されます。この件については、既に多文化共生のクラスを例に挙げましたが、特に中等教育においては、学生はある特定の分野の専門的なプログラムを受講します。すると、彼らは他者との関連性や比較をする時間があまりありません。彼らはもっと一般的な事柄を学ぶための講義を週に1つか2つ受けることがよくあります。それらは、市民のための教育や一般教養と呼ばれたりしています。例えば、宗教や信仰、イデオロギー、倫理の問題を扱った講義がそれにあたります。一般的な事柄がたくさん含まれている異文化間能力は、学生に教えるべき態度と能力の総体の一部なのですが、これに関しては、十分に検討されていないため、真剣な選択肢としてみなされていません。このタイプの学問をカリキュラムの中で増やすためにはどうしたらよいかという問題はとても興味深いです。これは、現実的には容易なことではありません。なぜなら、中等教育では、ある科目における成功がすべてにおいて優先されるように圧力がかけられているからです。一般教育や一般教養は確かに望ましいですが、最重要課題ではありません。私は個々の科目の成績をより良くするための圧力をみたくはなく、もっと広い考察をするための余裕が欲しいところです。しかしどうやって実現させればよいのか、その問題に答えるのは私ではなくて、他の教師でしょう。

――では、中等教育では、このような教育は市民性教育と呼ばれているのですね。

これにはたくさんの呼び方があって、正しい呼び名はその年によって変わります。これはむしろ社会学の分野ではないでしょうか。正しい呼び方……

たしかに「市民性」という言葉は適切だと思います。
　——異文化間教育という言葉は使われないのですか。
　いいえ、中等教育ではむしろ多文化や教育の多文化的側面という言葉を使うでしょう。市民性教育の一般的な授業で多文化について話しますが、異文化間教育ではありません。高等教育ほど、中等教育ではこの用語は使われません。それで、このことは、異文化間教育と地球市民教育の違いは何なのかという重要な問題に関係しています。異文化間教育は市民性教育の一部であると私は考えています。地球市民教育は人間の実生活の全体を含んでいます。もちろん重要なのは寛容さ、柔軟さ、そして理解の姿勢と価値観を学ぶことです。ですがこれはたくさんの社会的論議を生み、国によって様々な答えがあるでしょう。もちろん、このような姿勢について反論もあるでしょう。どのような実践が文化的で、それ故興味深くて容認すべきなのでしょうか。そしてどのような実践が抑圧的で、それ故受け入れがたく、避けるべきなのでしょうか。それぞれの国で、これら二つの実践の間の境界線は異なる状況で引かれています。医療や医療倫理の問題を例に挙げると、どんな条件下で医者は患者の生命を維持し続けなければならないのか、また反対に安楽死を施すのか、あるいは生命科学の分野において、生物の繁殖にどの程度の介入が許されるのか、それから体外受精や遺伝子操作など、科学は多くのことを可能にしています。ですが、これらすべてのことが許可されるべきなのでしょうか。この問題は、たくさんの答えがあがり得る議論ですし、意見はいくつにも分かれるでしょう。私たちは他者の立場になって考察し、理解するために、急いで判断を下すのではなく、時間を取って考えてみることが必要でしょう。したがって、これは潜在的に巨大な分野であり、そこにある異文化間的な部分は他者の働きかけに対する柔軟な姿勢につながっているのです。そして、この柔軟さが重要なのですが、その定義がまた難しいのです……。

あとがき

　異文化間教育の重要な役割の一つは、他者に対する寛容な態度を育成することである。元国連事務総長アナン氏が2001年に「国際寛容デー」に寄せたメッセージで言っているように「グローバル化する世界において、寛容であることはかつてなく重要になっている」。さらに、2002年の「国際寛容デー」に寄せたメッセージでは、彼は「他の多くの理性的ではない態度と同様、不寛容はしばしば未知のものや自分と異なるものに対する恐怖、他者に対する恐怖に基づいている。このような恐怖の根底には、無知と教育の欠如がある。それが強い原因になって偏見、憎しみ、差別が生まれる。教育は、不寛容を予防するための最も効果的な手段である」と述べている。確かに、多くの不寛容な態度は、無知や無理解に基づいていると思われるので、教育により無知や無理解を少なくする必要がある。

　我が国の中央教育審議会は、2008年12月に「学士課程教育の構築に向けて」の答申を公表した。この答申によると、「国境を越えた多様で複雑な課題に直面する現代社会にあって、大学として、自立した21世紀型市民を幅広く育成する」(p.3)ことが重要であり、学習成果を重視する国際的な流れをふまえて教育の中味の充実を図る必要があるとしている。その第2章「学士課程教育における方針の明確化」の第1節「学位授与の方針について〜幅広い学び等を保証し、21世紀型市民にふさわしい学習成果の達成を〜」のところで、学士課程共通の学習成果に関する参考方針が示されている。この方針は、基本的には本書の第2章で取り上げたブルーム・タキソノミーに沿って示されていて、「知識・理解」のところは、つぎのようになっている：

（１）多文化・異文化に関する知識の理解
（２）人類の文化、社会と自然に関する知識の理解（p.12）

　21世紀型市民にふさわしい「学習成果に関する参考方針」ということで、異文化間教育と深く関係している「多文化・異文化に関する知識の理解」がクローズアップされているものと思われる。この答申はおおよそ10年前のものであるが、現在の大学で「多文化・異文化に関する知識の理解」のた

めの教育がそれ以前より盛んに行われ、成果をあげているかというとそれは疑問である。この事実は、1991年の大学設置基準の大綱化施行以降、多くの大学で教養教育の単位数の削減、専門教育の早期化が同時並行して行われ、スキルを養成する授業の増加など実学志向が強くなったことと関係している。この傾向について、この答申でも詳しく述べたあとで、「大学が学生に身に付けさせようとする能力と、企業が大学卒業生に期待する能力が乖離しているとの指摘もなされている。近年、『企業は即戦力を望んでいる』という言説が広がり、学生の資格取得などの就職対策に精力を傾ける大学が目立っている。しかしながら、実際に企業の多くが望んでいることは、むしろ汎用性のある基礎的な能力であり、就職後直ちに業務の役に立つような即戦力は、主として中途採用者に対する需要であると言われる」(p.9)。また、「各大学では、学生の変化や社会的ニーズに柔軟に応えようとする努力が見られる。しかし、その努力が、学士課程教育の本来の姿を実現し、教育水準の維持・向上に寄与しているとは言い切れない」(p.16) と注意を喚起している。つまり、大学が、文科省や産業界に過剰に「忖度」して、大学教育の本来の目的をゆがめてしまっていることに警鐘を鳴らしている。

答申によると、「学士課程教育の目的は、職業人養成にとどまるものではない。自由で民主的な社会を支え、その改善に積極的に関与する市民や、生涯学び続ける学習者を育むこと、知の世界をリードする研究者への途を開くことなど、多様な役割・機能を担っている」(p.10)。例えば、外国語科目については、大綱化により、必修は1か国語のみになり、大部分の大学で英語以外の外国語の取得単位数が削減された。また、英語についても TOEIC、TOEFL 等の資格取得のための授業が開設されている。このように少なくとも外国語については、特に英語においては、講読などを通じての「多文化・異文化に関する知識の理解」のための教育が後退しているのが現状である。

小学校から高等学校までの多文化・異文化に関する教育も従来よりも後退するであろう。一つには、小学校では、英語が教科化され、より運用能力の養成に力点を置き、また「総合的な学習の時間」の時数が削減されたので、これまで行っていた国際理解に関する活動を実施するのがむずかしくなる可能性がある。中高の英語について言えば、4技能を均等に養成することが求められているので、多文化・異文化について学ぶことが軽視される恐れがある。

アナン氏が述べているように、他者に対する無知や無理解をなくすには教

あとがき

育が最良の手段であるが、教育の現場では、そのための時間が十分ではない。したがって、ブルーム・タキソノミーの3領域「知識・理解」、「スキル」、「態度」すべてに関する教育目標を達成することはむずかしい。また、第1部2章5節で述べたような活動を授業ですべてすることもむずかしい。異文化間教育に関連する授業が単独で開設されている場合と異文化間能力の養成が別の能力を養成する授業に組み込まれている場合があるが、時間的制約が問題になるのは、後者の場合である。例えば、外国語科目の授業で特定言語の運用能力養成に加えて、異文化間能力の養成も実施されることがある。十分な時間がなくても、せめて「知識・理解」に関する教育目標だけは達成するようにしたい。無知、無理解は不寛容を生むことを肝に銘じておきたい。

2019年1月11日

大木　充

著者・訳者紹介（*は編著者）

西山教行* （にしやま のりゆき）（はじめに、第1部第4章）

京都大学人間・環境学研究科教授。言語教育学、言語政策、フランス語教育学、フランコフォニー研究。主な著作に『バイリンガルの世界へようこそ——複数の言語を話すということ』（監訳、フランソワ・グロジャン（著）、勁草書房、2018年）、『ヨーロッパの言語』（訳、アントワーヌ・メイエ（著）、岩波文庫、2017年）、『異文化間教育とは何か——グローバル人材育成のために』（編著、くろしお出版、2015年）など。

大木　充* （おおき　みつる）（第1部第2章、おわりに）

京都大学人間・環境学研究科名誉教授。フランス語教育学、外国語教育学、言語学。主な著書に『マルチ言語宣言——なぜ英語以外の外国語を学ぶのか』（編著、京都大学学術出版会、2011年）、『グローバル人材再考——言語と教育から日本の国際化を考える』（分担執筆、くろしお出版、2014年）、『世界と日本の小学校の英語教育——早期外国語教育は必要か』（編著、明石書店、2015年）など。

張　漢業 （チャン・ハノップ）（第1部第1章）

フランスのルーアン大学でフランス教育学博士号を取得し、その後1997年から梨花女子大学人文学部のフランス語文学科教授として勤めている。2009年からはヨーロッパの異文化間教育に関心を持ち始め、2014年には同大学一般大学院に多文化相互文化共同課程（修士博士課程）を新しく設置し、現在主任教授。2018年からは同大学梨花女子多文化研究所の所長を兼任。

細川英雄 （ほそかわ ひでお）（第1部第3章）

早稲田大学名誉教授、言語文化教育研究所八ヶ岳アカデメイア主宰。言語文化教育学・日本語教育。主な著作に『日本語教育は何をめざすか』（明石書店、2002年）、『研究計画書デザイン』（東京図書、2006年）、『ことばの市民になる』（ココ出版、2012年）など。

鳥飼玖美子 （とりかい くみこ）（第2部第1章）

立教大学名誉教授。英語教育学、異文化コミュニケーション学、通訳翻訳学。主な著作に『英語教育の危機』（ちくま新書、2018年）、『子どもの英語にどう向き合うか』（NHK新書、2018年）、『話すための英語力』（講談社現代新書、2017年）『英語教育論争から考える』（みすず書房、2014年）など。

著者・訳者紹介

仲　潔（なか　きよし）（第2部第2章）

岐阜大学教育学部准教授。社会言語学、英語教育。主な著書に *Professional Development of English Language Teachers in Asia: Lessons from Japan and Vietnam*（分担執筆、Routledge、2018年）、『これからの英語教育の話をしよう』（共著、ひつじ書房、2017年）、『行動する社会言語学』（分担執筆、三元社、2017年）、『かかわることば——参加し対話する教育・研究へのいざない』（分担執筆、東京大学出版会、2017年）、『異文化コミュニケーション能力を問う——超文化コミュニケーション力をめざして』（分担執筆、ココ出版、2013年）など。

Christoph Merkelbach（クリストフ・メルケルバッハ）（第2部第3章）

ダルムシュタット工科大学言語資源センター管理所長、異文化間能力センター所長。大学での様々な職務のうち、特に難民としてやってきた学生の言語訓練の責任者も務めている。また、ドイツの様々な州にて難民のための専門職およびボランティアの言語教師のための養成を行っている。編著として Hufeisen, Britta & Merkelbach, Christoph (Hrsg.) (2018), *Fremdsprache Deutsch 58/2018: Bildungssprache*. Berlin: Erich Schmidt Verlag. など。

Georges Lüdi（ジョルジュ・リュディ）（第3部第1章）

バーゼル大学名誉教授。リュディ氏の研究領域は、第2言語習得、多言語・複言語主義、社会言語学、職場での多言語使用などに展開している。リュディ氏は、スイスの多言語社会の中で複数言語話者が重層的に言語能力を習得し、実践する実態をバイリンガリズム研究を深化、発展させることにより解明した。また、彼は、移民労働者を多数かかえるスイスの労働環境における多言語使用の談話分析を通じて、非対称的言語能力によるコミュニケーションの有用性を看破した。

斎藤里美（さいとう　さとみ）（第3部第2章）

東洋大学文学部教授。専門は、教育社会学、比較教育学。
主な著訳書に、『移民の子どもと世代間社会移動』（共訳、OECD 編、明石書店、2018年）『移民の子どもと格差』（監訳、OECD 編、明石書店、2011年）、『シンガポールの教育と教科書——多民族国家の学力政策』（編著、明石書店、2002年）など。

大山万容（おおやま　まよ）（第2部第3章、第3部第1章訳）

立命館大学他非常勤講師。京都大学博士（人間・環境学）。著書に『言語への目覚め活動——複言語主義に基づく教授法』（くろしお出版、2016年）、訳書に『バイリンガルの世界へようこそ——複数の言語を話すということ』（共訳、勁草書房、2018年）など。

倉舘健一（くらだて けんいち）（第1部編者インタビュー訳）
慶應義塾大学総合政策学部講師。言語教育学、フランス語教育学、メディア教育学、フランス語教育史。翻訳に、ダニエル・コスト「複数文化と異文化間能力」（『異文化間教育とは何か──グローバル人材育成のために』くろしお出版、2015年)、主 な 論 文 に « Curriculum commun à plusieurs langues - Comment élaborer des descripteurs afin de s'orienter vers un curriculum commun des langues ? » (*Revue japonaise de didactique du français*, vol.11、共著、日本フランス語教育学会、2016年)など。

関デルフィン（せき　でるふぃん）（第2部編者インタビュー訳）
京都大学大学院人間・環境学研究科修士課程修了。外国語教育論講座で特にアンリ・オレックの自律学習を研究した。修士論文のタイトルは『外国語教育における「学習者の自律」その誕生と変遷── 1970年から1979年のCRAPELの論集における自律の言説をもとに』。

松川雄哉（まつかわ　ゆうや）（第3部編者インタビュー訳）
南山大学外国語学部フランス学科講師。言語教育学、フランス語圏研究。主な論文として「ケベック史におけるダンスパーティーの社会的な位置付けについて」『アカデミア文学・語学編』第105号（南山大学、2019年）、« Tisser une toile d'araignée : comment construire des réseaux lexicaux en langue seconde » (*Québec français*, vol. 171、2014年) など。

グローバル化のなかの異文化間教育
異文化間能力の考察と文脈化の試み

2019 年 3 月 15 日　初版第 1 刷発行

編著者	西　山　教　行
	大　木　　　充
発行者	大　江　道　雅
発行所	株式会社　明石書店

　　　　〒 101-0021　東京都千代田区外神田 6-9-5
　　　　電　話　03（5818）1171
　　　　ＦＡＸ　03（5818）1174
　　　　振　替　00100-7-24505
　　　　http://www.akashi.co.jp

装　丁	明石書店デザイン室
印刷／製本	モリモト印刷株式会社

（定価はカバーに表示してあります）　　ISBN978-4-7503-4801-8

JCOPY 〈(社) 出版者著作権管理機構 委託出版物〉
本書の無断複写は著作権法上での例外を除き禁じられています。複写される場合は、そのつど事前に、(社) 出版者著作権管理機構（電話 03-3513-6969、FAX 03-3513-6979、e-mail:info@jcopy.or.jp）の許諾を得てください。

異文化間教育

異文化間教育 文化間移動と子どもの教育
佐藤郡衛著 ◎2500円

異文化間葛藤と教育価値観 日本人教師と留学生の葛藤解決に向けた社会心理学的研究
加賀美常美代著 ◎3000円

異文化間を移動する子どもたち 帰国生の特性とキャリア意識
岡村郁子著 ◎5200円

多文化共生のための異文化コミュニケーション
原沢伊都夫著 ◎2500円

異文化間教育学大系【全4巻】
異文化間教育学会企画 ◎各巻3000円

世界と日本の小学校の英語教育 早期外国語教育は必要か
西山教行、大木充編著 ◎3200円

小学校の英語教育 多元的言語文化の確立のために
河原俊昭、中村秩祥子編著 ◎3800円

日本語教育は何をめざすか［オンデマンド版］ 言語文化活動の理論と実践
細川英雄著 ◎6500円

言語と教育 多様化する社会の中で新たな言語教育のあり方を探る
杉野俊子監修 田中富士美、波多野一真編著 ◎4200円

グローバル化と言語政策 サスティナブルな共生社会・言語教育の構築に向けて
宮崎里司、杉野俊子編著 ◎2500円

グローバル化と言語能力 自己と他者、そして世界をどうみるか
OECD教育研究革新センター編著 本名信行監訳 徳永優子、稲田智子、来田誠一郎、定延由紀、西村美由起、矢倉美登里訳 ◎6800円

言語教育における言語・国籍・血統「在韓」「在日コリアン」日本語教師のライフストーリー研究
田中里奈著 ◎5000円

英語教育原論
寺島隆吉著 ◎2600円

英語教育が亡びるとき「英語で授業」のイデオロギー
寺島隆吉著 ◎2800円

英語教育が甦えるとき 寺島メソッド授業革命
山田昇司著 ◎2500円

寺島メソッド 英語アクティブ・ラーニング
寺島隆吉監修 山田昇司編著 ◎2600円

〈価格は本体価格です〉